Facetten der Literatur
St. Galler Studien
Band 6

Herausgegeben von
Johannes Anderegg und Werner Wunderlich

Werner Wunderlich

Mozarts *Così fan tutte*

Wahlverwandtschaften und Liebesspiele

Verlag Paul Haupt Bern · Stuttgart · Wien

Redaktion: Lotte Gaebel (Universität St. Gallen)
Mitarbeit: Marie Isabel Kadelbach (Universität Fribourg)

Für Carla

Die Deutsche Bibliothek – CIP-Einheitsaufnahme

Wunderlich, Werner:
Mozarts Così fan tutte : Wahlverwandtschaften und Liebesspiele /
Werner Wunderlich. –
Bern ; Stuttgart ; Wien : Haupt 1996
(Facetten der Literatur ; Bd. 6)
ISBN 3-258-05252-2
NE: GT

Copyright © 1996 by Paul Haupt Berne
Jede Art der Vervielfältigung ohne Genehmigung des Verlages ist unzulässig
Dieses Papier ist umweltverträglich, weil es chlorfrei produziert worden ist
Printed in Switzerland

Vorwort

Diese Studie über Mozarts umstrittenste Oper ist von einem Germanisten und Literarhistoriker geschrieben. Musikologische Ausführungen und Einsichten verdanken sich deshalb in großem Maße der entsprechenden Fachliteratur. Daß diese in ausreichender Weise zur Verfügung stand, ist das Verdienst von Doris Überschlag (Kantonsbibliothek Vadiana St. Gallen). Dank für fachkundige Hilfe in Übersetzungsfragen gebührt Prof. Dr. Renato Martinoni (Universität St. Gallen). Marie Isabel Kadelbach (Universität Fribourg) hat dankenswerterweise die Abbildungen zusammengestellt. Lotte Gaebel (Universität St. Gallen) ist zu danken für die Einrichtung und Druckvorbereitung des Typoskripts. Die Universität St. Gallen (HSG) schließlich hat in vielfältiger Weise die Arbeiten an diesem Buch ermöglicht und seinen Druck großzügig gefördert, wofür der Forschungskommission aufrichtig zu danken ist.

St. Gallen, im Herbst 1995 W. W.

Inhalt

Grammatik und Partnertausch

Eine Wette als Vorspiel 1

Stoff und Motiv

Literatur und Theater 11
Materialismus und Naturlehre 28
Mozart und die Aufklärung 33

Werk und Wirkung

Entstehung und Uraufführung 39
Urteile und Mißverständnisse 56

Goethe und Mozart

Così fan tutte in Weimar 71
Wahlverwandtschaften und Paare 75

Sprache und Musik

Libretto und Komposition 83
Musik und Motto 90

Liebe und Spiel

Typen und Rollen 107
Konventionen und Illusionen 111
Verführung und Moral 125
Gefühle und Geschlechter 143

Plural und Geschlecht

Ein Rücktausch als Nachspiel 161

Bibliographie 177

CD-Aufnahmen und Videoproduktionen 193

Abbildungen 201

«Jeder Jüngling sehnt sich, so zu lieben,
Jedes Mädchen, so geliebt zu sein.
Ach, der heiligste von unseren Trieben,
Warum quillt aus ihm die grimme Pein?»
Goethe, *Die Leiden des jungen Werthers*

Grammatik und Partnertausch

Eine Wette als Vorspiel

FERRANDO E GUGLIELMO:
«Son donne,
Ma... son tali... son tali...»
DON ALFONSO:
«E in donne pretendete
Di trovar fedeltà?
Quanto mi piaci mai, semplicità!»
(Rezitativ I, 1: Ferrando und Guglielmo: «Frauen sind's, und was für welche...» Don Alfonso: «Und ihr bildet euch also ein, daß ihr bei Frauen Treue findet? Wie sehr gefällst du mir doch, edle Einfalt.»)

Drei Herren mit Zopf haben Zoff. Sie sind in einen Streit verwickelt, ein alter Zyniker und zwei junge Hitzköpfe. Ein Sommermorgen in schönen südlichen Gefilden: «La scena si finge in Napoli».[1] Man ist in Neapel – und Mann ist unter sich. Nach durchzechter Nacht. Im Kaffeehaus. Schwatzend, rauchend, trinkend. Und da wie dort und wie überall machen's die alle so, wenn sie unter sich sind: Weinselig über Frauen reden, und ob man eine jede herumkriegt. Und wie? Das ungleiche Trio ereifert sich, und das Allegrotempo des G-Dur Terzetts forciert in der Tonart, in der Arien und Ensembles von der Vergeblichkeit der Treue singen werden, einen temperamentvollen Streit. Ein weltkundiger und abgeklärter Kneipenhocker wird uns ob seiner reichlich gesammelten Lebenserfahrung als ein «vecchio filosofo», ein alter Philosoph, vorgestellt, der sich mit dem adeligen Höflich-

---

[1] Ursprünglich war offenbar das zu jener Zeit österreichische Triest als Handlungsort vorgesehen; die erste gedruckte Partitur nennt später Venedig. – S. dazu Dietrich, Dokumentation zur Uraufführung. In: *Così fan tutte*. Beiträge zur Wirkungsgeschichte, S. 44.

keitstitel eines «Don» schmückt. Dieser Don Alfonso hat zwei mit ihm befreundete, stolze Offiziere brüskiert. Offensichtlich hatte er mit Sticheleien die Treue und Lauterkeit der Frauen im allgemeinen und ihrer Verlobten im besonderen angezweifelt – oder auch umgekehrt. Nun zettelt er eine verwegene Wette an, bei der die zwei forsch aufbrausenden Militärs, Ferrando und Guglielmo[2], ebenso fahrlässig wie vehement in hochfliegender Eitelkeit dagegenhalten: Nichts und niemand könnte die Treue ihrer tugendhaften Geliebten ins Wanken bringen, keinem würde es gelingen, die Liebe ihrer Göttinnen zu ihnen zu erschüttern. So ist es! Ist es so?

Die kultische Verehrung der beiden Anbeter gilt den Schwestern Dorabella und Fiordiligi, «eroine di costanza, specchi son di fedeltà». (Nr. 15a: Heldinnen der Beständigkeit, Muster der Treue.[3]) Die Herren Offiziere schwärmen emphatisch von diesen Personifikationen der Sittlichkeit und Unschuld, auf deren Reinheit sie geradezu schwören: «La mia Dorabella capace non è...» (Nr. 1: Meine Dorabella ist dazu nicht fähig...) «La mia Fiordiligi tradirmi non sa...» (Nr. 1: Meine Fiordiligi kann mich nicht betrügen...) Der Auftrieb der Intervalle unterstreicht die übertriebene Empörung und die unangebrachte Selbstsicherheit. Der Alte meldet daran Zweifel an, und die Jungen wollen ihm deshalb ans Leder. Mit gockelhafter Selbstüberhebung und dem martialischen Griff zum Schwert wollen die aufbrausenden Einfaltspinsel in der erregten Pose des in seiner männlichen und soldatischen Ehre verletzten Gentiluomo den Verleumder weiblicher Treue noch in der «bottega di caffè» auf der Stelle degenfuchtelnd vom Gegenteil überzeugen. Aufgeblasene Kavaliere, die ihre sittliche Un-Ordnung gegenüber einem Besserwisser, der sich über sie mokiert, in ihrem Recht und ihrer Würde zu verteidigen meinen. Doch diese verliebten Toren mit konservativer männlicher Haartracht halten sozusagen nur an einem alten Zopf fest.

Die Offiziere liegen – wie es das Libretto beziehungsreich und bedeutungsvoll will – in Neapel in Garnison. In Neapel, einer Kapitale der heroischen Opera Seria[4] und einem Zentrum der europäischen Aufklärung. Ihrem Verhalten und ihrem Gemütszustand nach zu schließen, stammen sie aus verschiedenen Gesellschaftskreisen. Guglielmos hochfahrender Kavaliersstolz läßt an einen Aristokraten, Ferrandos empfindsame und zurückhaltendere Einstellung an einen Bürgerlichen denken. Ihrer beider Gesinnung aber

---

2 In der Partitur sowie im Erstdruck des Librettos von 1790 heißt die Baritonrolle noch «Guilelmo».
3 *Così fan tutte*. Hrsg. Csampai/Holland, S. 180/181.
4 S. dazu Robinson, Michael F.: Naples and Neapolitan Opera. Oxford 1972.

vermengt aristokratisches Herrendenken und bürgerliche Moralvorstellungen, weil sie bürgerliche Empfindsamkeit und deren Wertvorstellungen mit aristokratischer Anmaßung vertritt. Insofern spielen ständische Zugehörigkeit und soziale Gegensätze in dieser Oper – in deutlichem Gegensatz zu *Figaro* und zu *Don Giovanni* – keine wesentlich handlungstragende, konfliktbestimmende Rolle. Es geht nicht um lüsterne Libertinage als Adelsprivileg, nicht um Treueideale einer gelebten bürgerlichen Sittlichkeit. Es geht um Allzumenschliches.

Abb. 1: Neapel mit Blick über Hafen und Bucht auf den Vesuv

Zu allererst widersprechen die unreifen und unerfahrenen Junker ihrem Widersacher mit einer gehörigen Portion Selbstüberschätzung. Welche Frauen könnten denn überhaupt so männliche Prachtexemplare jemals betrügen? Sodann haben die Sachwalter ihrer eigenen Mannhaftigkeit illusionäre idealistische Vorstellungen von Liebenden, die – nach neoplatonischer Auffassung – füreinander vorherbestimmt und durch Affinität vereint seien. Nach ihrer künstlichen Definition von Liebe können ihnen ihre Verlobten gar nicht untreu werden, weil es ihre Vorstellung von Liebe unmöglich macht. Basta. Ein fundamentaler Trugschluß. Die Herren reden nämlich einer merkwürdigen Treue das Wort, die ihre Bräute zu austauschbarem Besitz macht. Nicht mehr individuelle Werte der geliebten Weibsperson sind ausschlaggebend für die Einstellung und Haltung der Mannsbilder, sondern konventionalisierte Normen eines ritualisierten Prestigekodexes, in dem sich die jungen Herren narzißtisch bespiegeln.

Der pubertierende Cherubino aus dem *Figaro* ist ihnen in dem Wissen voraus, daß er alle «holden Frauen» besitzen möchte, weil sie alle verschieden und weil sie alle der Liebe zugetan sind, die er als herrlich erlebt. So eine Liebe können Guglielmo und Ferrando niemals erleben, wenn sie die Frauen abgöttisch idealisieren und so wenig menschlich behandeln. Ihrer Mentalität nach sind sie keine echten Liebenden, und nur deshalb können sie die Liebe zum Gegenstand einer schulmeisterlichen Debatte und einer schulbubenhaften Wette machen. Hier sind keine obsessiven Erotomanen am Werk, wohl aber leidenschaftliche Männlichkeitsstrategen, die Opfer ihrer Besessenheit werden und die die Leiden der Liebe erfahren, ehe sie deren Wonnen richtig ausgekostet haben. Die Selbstverständlichkeit, mit der die Herren auf ihre Liebe anstoßen und diese dann sogleich ohne zu Zögern buchstäblich aufs Spiel setzen, setzt allerdings auch voraus, daß sich ihre Bräute – nach Überzeugung der Bräutigame – keinesfalls selbst ein solches Spiel vorstellen oder ausdenken können.

Es geht mithin nicht nur darum, den Glauben an die einzige und wahrhaftige Liebe zu nur einer einzigen bestimmten Frau als Illusion zu zerstören, sondern es geht vielmehr darum, die Illusion einer einseitigen Idealisierung von Treue als Irrglauben an die Liebe in den Grenzen männlicher Erfahrung zu entlarven. Dazu genügt es, daß der Eros plötzlich seinen wahren Charakter zeigen darf und Bedürfnisse hervorruft sowie Beziehungen stiftet, die sich gesellschaftlichen und moralischen Vorschriften entziehen. Die wahlverwandtschaftlichen Kräfte können diese Konventionen sprengen und untergraben, was im Rahmen der zivilisatorischen Sitten und kulturellen Institutionen einer Gesellschaft an Beziehungen zwischen den Geschlechtern reguliert und ritualisiert ist.

Alfonsos demonstrative Skepsis gegenüber der Treue der Frauen im allgemeinen beziehen die Offiziere auf ihre Verlobten im besonderen. Dadurch fühlen sich die beiden Ehrenmänner beleidigt, und entsprechend der gesellschaftlichen Konventionen und soldatischen Formalisierungen sehen sie sich zur spontanen Satisfaktionsforderung genötigt.[5] Alfonsos vorgetragene Ansicht verstößt gegen Regeln der Höflichkeit, des Taktes, der Etikette und beleidigt offensichtlich die Standesehre einer sozialen Gemeinschaft und militärischen Kaste. Auch wenn gar keine persönliche Ehrenbeleidigung vor-

---

5   S. dazu Guttandin, Friedhelm: Das paradoxe Schicksal der Ehre. Zum Wandel der adeligen Ehre und zur Bedeutung von Duell und Ehre für den monarchischen Zentralstaat. Berlin 1993 (Schriften zur Kultursoziologie, Bd. 13), bes. S. 12 ff., 76 ff., 93 und 238 ff.

liegt, fassen die stolzen Militärs deshalb Alfonsos provokative These als Angriff auf die Stellung ihrer Person auf. Eine Ehrenkränkung, die die Demütigung des Gegners zur Wiederherstellung der eigenen Ehre mit der Waffe in der Hand verlangt! Die Bereitschaft der beiden, als Duellanten ihr Leben aufs Spiel zu setzen, soll aber auch demonstrieren, daß sie notfalls sogar bereit sind, sich für die Lauterkeit ihrer Bräute selbst zu opfern. Denn wenn sie erst einmal tot sind, können ihnen Dorabella und Fiordiligi natürlich im Leben nicht mehr untreu werden.

Alfonso als ein Mann der skeptischen Rationalität und als ein Mann mit offenbar reichlich Erfahrung – nota bene: Vernunft ist meistens alt – aber hält jene Pose für eine Posse. Seine Stimmlage, der Baß, legt ihn auf die Rolle des – tatsächlich oder vermeintlich – Lebensklugen mit den Erfahrungen vieler Mannesjahre fest. So einer duelliert sich nicht mit den Waffen unvernünftiger Ehrenhändel. Er biegt deshalb die Herausforderung in eine Wette ab, die die beiden Offiziere auf ein vorgetäuschtes Feld der Ehre führen wird. Als Ehrenmänner wie als Liebhaber werden sie dort erleben, wie die wahren Gefühle, die Triebe und Affekte, die Scheinhaftigkeit der geltenden Moral sowie die Fassadenhaftigkeit der beanspruchten Ehre sichtbar machen.

Dem ergrauten Aufklärer Alfonso, der Sturm und Drang längst hinter sich gelassen hat, ist die übertriebene Zurschaustellung von Empfindungen als quasi-religiöse Schwärmerei und Ausdruck intoleranten Hochmuts suspekt. Außerdem und noch viel wichtiger: Er setzt auf die Erfahrung als die beste Lehrmeisterin, ausgehend von der optimistischen Prämisse, daß ein schlagendes Exempel die Unaufgeklärten überzeugen wird. Er leugnet nicht die Gefühle von Frauen, er spricht ihnen «nur» den Willen und die Möglichkeit zur Beständigkeit ab. Freilich, der Diskurs, den der Aufklärer mit seinen Anmerkungen zur Treue der Frauen eröffnet, ist von jenem Scharfsinn, welcher stets der Feind des Scharfblicks ist. Deshalb steht Alfonsos Richterstuhl der Vernunft auf sehr wackeligen Beinen. Seine Erkenntnis über die weibliche Natur und ihr Gesetz leitet Alfonso deduktiv aus einem Axiom ab. Von diesem will der Skeptiker die beiden Streithähne mit einem naturwissenschaftlichen Experiment überzeugen; er will ihnen damit aber auch noch eine persönliche Erfahrung vermitteln und die unüberlegte Selbstgewißheit austreiben. Dabei ist Alfonso überhaupt kein verstockter Misogyn Molièrschen Zuschnitts. Die Provokation der beiden Liebhaber zeugt nicht von pathologischer Frauenfeindschaft, sondern verrät allenfalls seine Überzeugung von der raschen Wandelbarkeit der Frauengunst. Seine philosophische Deduktion beruft sich – rhetorisch aufbereitet – gegenüber seinen

Wettgegnern auf den Willen der Natur. Ob nur graue Aufklärungstheorie, ob auch eigene Erfahrungspraxis mit der Liebe und den Frauen ihn zu dieser Haltung und Handlungsweise bringen, bleibt sein Geheimnis. Jedenfalls glaubt er von seiner männlichen Warte aus die Weiber mit wissenschaftlicher Genauigkeit zur Genüge zu kennen. Ihm, so meint er, werden das aufregende und aufgeschreckte Gefühlschaos sowie die erregende und erschreckende Abgründigkeit des Geschehens nichts anhaben können. Deshalb initiiert er das Spiel, dessen Regie ein bald konfuses und haltloses Personal auch selbst zu übernehmen bereit ist. So, als wolle uns die Bühne durch ein Spiel im Spiel das wirkliche Leben vorführen. Ein Zurück gibt es nicht mehr.

Am Ende aber wird sich Alfonso unfähig zeigen, seine Hypothese nach dem Resultat der empirischen Überprüfung durch das Experiment zu korrigieren. Den Einfluß von Empfindung und Gefühl auf das Denken und Wollen der Männer erforscht er nicht, und das Wesen der Frauen bleibt ihm verschlossen. Treue ist ein Bedürfnis wahrer Liebe, die dem Menschen wahres Glück schenkt. Partnerwechsel aber kann auch Partnersuche sein auf just diesem Weg zu echter Liebe, muß nicht egoistische Libertinage oder triebhaftes Verlangen sein. Alfonsos im Finale gepriesene universelle Verhaltensregel heiter-überlegener Gelassenheit aber geht darüber hinweg, und die rationale Welterklärung des Weisen flüchtet sich in eine hilflose Floskel, statt den Zwiespalt zwischen Vernunft und Wirklichkeit zu akzeptieren, die Hypothese zu revidieren und die menschliche Natur unabhängig von sozialen und moralischen Zwängen zu definieren.

Alfonso führt das zweite Terzett «E la fede delle femmine» (Nr. 2: Die Treue der Frauen), mit dem das Streitgespräch in der Wette gipfelt, in E-Dur an. Diese Tonart von Alfonsos herablassender Behauptung über die naturbedingte Treulosigkeit der Frauen ist ausgerechnet die «Liebestonart». Damit wird die Haltung der beiden Freunde verspottet. Und diese Tonart entspricht auf hintergründige Weise jener des Rondos, mit dem sich Fiordiligi später ein letztes Mal und nicht ohne berechtigte Selbstzweifel an den moralischen Grundsatz ihrer Treue erinnert, ehe «diese böse Lust» unmittelbar danach doch noch alle ihre guten Vorsätze hinwegfegt:

«A chi mai mancò di fede
Questo vano, ingrato cor?»
(Nr. 25: Wem ist dieses leichtsinnige, undankbare Herz je untreu gewesen?)

Mit der Distanziertheit des kühlen Diagnostikers frozzelt Alfonso süffisant in C-Dur, in der Rahmentonart, die für den scheiternden Rationalismus und den desillusionierenden Ausgang steht: Weibliche Treue gleiche dem Sinnbild des Undenkbaren, nämlich dem Phönix aus Arabien, von dem alle behaupten, daß er existiere, und spöttisch stellt der Don die rhetorische Frage «Dove sia?» (Nr. 2: Wo er ist?), die eigentlich keiner Erwiderung bedarf. Die Musik verflüchtigt sich wie der Phönix. Zuerst antworten die Streicher im «unisono pizzicato», dann nimmt Alfonso ihr Motiv «pianissimo» in seiner vorhersehbaren Antwort auf: «Nessun lo sa.» (Das weiß keiner.) Da aber der Vogel sich in die Flammen stürzt, um verjüngt wieder aufzuerstehen, ist das gewählte Beispiel so richtig wie falsch. Denn mit dem Phönix verglichen ist die weibliche Treue immer wieder aufs neue erlebbar und unsterblich. Daß man einen Mythos nicht sehen kann, heißt ja nicht, daß er als Metapher untauglich ist. Fiordiligi sei ein Phönix, Dorabella nicht minder, entgegnen Guglielmo und Ferrando erregt. Wie Recht sie haben. Ins Feuer der Liebe werden die beiden Vögelchen sich stürzen, von den Flammen verzehrt werden und danach wieder in ihrer alten Gestalt auferstehen.

Alfonso aber kennt den Phönix nur als Symbol für das Nichtvorhandene. Und für so ein flüchtiges Trugbild setzt einer wie Alfonso nicht sein Leben aufs Spiel: «Io son uomo di pace, e duelli non fo, se non a mensa.» Als ein Mann des Friedens duelliere sich Don Alfonso mit Messer und Gabel bewaffnet nur bei Tische. Mit dieser spöttischen Bemerkung parodiert der Alte die überzogene und hochtrabende Forderung der Jungen nach einem Waffengang und macht sie lächerlich.

Da Ponte übernimmt hier eine Arie aus Pietro Metastasios Libretto für *Demetrio* – von dieser Oper wird gleich noch die Rede sein – und parodiert damit die pathetische und hyperbolische Heroik der neapolitanischen Oper. Aus diesem typischen Werk der neapolitanischen Opera Seria übernimmt Da Ponte die erste Strophe der Arie, verändert aber ihren ersten Vers. Aus «E la fede degli amanti» macht er «E la fede delle femmine», um das Treueproblem für die pseudo-vernünftige Sichtweise Alfonsos ausdrücklich auf das weibliche Geschlecht zu begrenzen. Mozarts musikalische Ironie und Da Pontes Parodie deuten vereint voraus auf die Selbsttäuschung der Männer, von denen sich keiner das «memento amori» als einflußreiche Lebenskomponente vorstellen kann. Die Offiziere verfallen nämlich in Alfonsos Melodie vom Trugbild, während sie mit ihren Reden ihren trügerischen Standpunkt weiter vertreten.

Alfonso führt sich selbst als ein Intrigant ein, der die Fäden zieht und sich auf die Kunst des Argumentierens versteht. Seine Machenschaften kann der Spiritus Rector der Wette und der ruchlose Ränkeschmied natürlich nur im Zusammenspiel mit anderen entfalten. Als einziger aus dem Opernpersonal ist er deshalb an allen Ensembles beteiligt. Seinen Eigenschaften und Verhaltensweisen entspricht seine dramatische Rolle. Sie kennt nur eine winzige Arie, das Allegro Agitato von 38 Takten im «tragischen» f-Moll, mit dem er «alla breve», begleitet von den synkopischen Streichern, die seine Atemlosigkeit simulieren, den Mädchen die bevorstehende Abreise ihrer Verlobten ankündigt und doppelbödig prophezeit:

«Oh, che gran fatalità!
Dar di peggio non si può:
Ho di voi, di lor pietà!»
(Nr. 5: Oh, was für ein großes Unglück! Schlimmer kann's nicht kommen! Mitleid hab ich mit euch und mit ihnen!)

Alfonsos aufgeklärter Materialismus glaubt zu wissen, daß konventionelle Moralregeln nichts gegen die Stärke des Naturtriebs vermögen. Und so wartet er denn auch lieber mit einem ziemlich delikaten Vorschlag auf. Schluß mit dem Theoretisieren über Liebe und Treue: Die jungen Herren sollen in den nächsten 24 Stunden seinen Anweisungen folgen und in Verkleidung als amouröse Fallensteller die Standhaftigkeit ihrer Damen einmal selbst erproben. Die Regeln dulden keinen Zweifel. Auf ihr Offiziersehrenwort geloben die beiden Freunde, ihren Bräuten nichts von diesem Komplott zu verraten. Hier fängt das abgekartete Spiel an, kompliziert zu werden. Wären die Liebhaber ihrer Sache gar so sicher, müßten sie sich doch nicht auf den Wettvorschlag dieses Verächters der Liebe einlassen: Changez les femmes! Das ist mehr als ein riskantes Glücksspiel, das an einem einzigen Tag, «in un giorno», die ursprünglichen Verhältnisse folgenreich durcheinanderbringen wird. Bezeichnenderweise im Seccorezitativ liefern die Kontrahenten Alfonsos sehr trockene, weil sehr abstrakte und allgemeine «Beweise» für die Treue ihrer «amanti»; Beweise, denen der Lehrmeister höchst «handgreifliche» Gegenbeweise verspricht, wenn man ihn nur machen ließe. Am Ende wettet Alfonso mit den Liebenden um das Lebensglück der Geliebten. Top, die Wette gilt, und wetten, daß dieses konspirative Spiel subversiven Ernst macht bis zum bitteren Ende; denn die Einhaltung der Wette ist schließlich nach dem Offizierswort der beiden Ehrensache.

Die Wette in jenem neapolitanischen Verwirrspiel geht um immerhin 100 Zechinen oder Golddukaten, was im übrigen der Hälfte des Honorars entspricht, das Mozart für die Komposition just dieser Sextettoper erhalten hatte. Es geht demnach um keinen geringen materiellen Wetteinsatz; der persönliche Preis freilich ist ungleich höher, und einen Gewinn wird es nicht geben. Das aber wissen die beiden uniformierten Heißsporne noch nicht, denn sonst würde der siegesgewisse Guglielmo kaum einen verzehnfachten Wetteinsatz um die Bräute vorschlagen, von denen ihm die von ihm zuerst verführte dann keine zwei Groschen mehr wert sein wird. Die Jeunesse dorée ist völlig hilflos gegenüber dem, wovor sie der in dieser Beziehung offensichtlich erfahrene, alte Fuchs warnt, und was dann über sie hereinbrechen wird. Denn der Ausgang des Experiments, das die Gefühle und Bindungen in der überschaubaren sozialen Versuchsanordnung einer extremen Bewährungsprobe unterwirft, steht von Anfang an fest. Die ungeheuerlichen Folgen für die Seelen sind indes unabsehbar. Zuletzt aber wird dem gesellschaftlichen System und der herrschenden Moral doch Genüge getan werden: Love and Order. Freilich offenbaren sich nun gerade darin die Verwirrung der Gefühle und die Entfremdung der Individuen von ihrer natürlichen Wesenhaftigkeit und von ihren ureigensten Bedürfnissen.

Siegessicher aber beschließen «i due campioni di Ciprigna e di Marte», die beiden Helden der Venus und des Mars, vorerst einmal, den schon sicher geglaubten Wettgewinn für ein Fest zu Ehren ihrer Göttinnen auszugeben, zu dem sie großzügig im dritten aufeinanderfolgenden Terzett[6] auch den Drahtzieher einladen. Die läppisch auftrumpfenden Sexten verraten allzu vorschnelle Siegesgewißheit, und die eifrig beanspruchte Mythologie tut es kund: Die Kavaliere werden sich ihres verräterischen Wortgebrauchs gar nicht gewahr. Vom Götterkosmos im allgemeinen und von Eros im besonderen ist unentwegt die Rede, aber die zwei Redseligen wissen offenbar gar nicht wovon sie da reden. Den Eros beschwören die beiden im blinden Vertrauen darauf, daß sie seine Macht schon zu instrumentalisieren wissen, und daß er den Bräuten nur die Zier ihres göttlichen Reizes liefert, aber nicht deren existenzielle Verunsicherung bewirken kann. Die Musik deutet es hier schon an, daß Tugend und Treue zum lächerlichen Lippenbekenntnis verkommen, wenn ihre Forderungen im Widerspruch zur Natur des Menschen und damit zum Glück wahrer Liebe stehen. Die Treuehymnen der beiden Freunde sind lächerlich, weil unsinnig, da naturnotwendig unwirksam.

---

6 Mozart bricht hier mit der italienischen Tradition und beginnt seine Oper nicht mit einem, sondern gleich mit vier Ensembles (drei Terzette, ein Duett). – S. dazu die Tonartenanalyse für die Rollenauftritte in beiden Akten bei Landon, H.C. Robbins: A Commentary on the Score. In: Mozart. *Così fan tutte*, hrsg. von John, S. 17-32.

Die Dur-Tonarten der drei Terzette, G – E – C, ergeben eine C-Dur Harmonie, den Grundakkord für die Oper. Damit ist der richtige Ton angeschlagen: Das Spiel kann jetzt beginnen. Ein fatales Spiel um einen Kasus, der zwei Spielpartner in eine gleich dreifache Zwickmühle bringt. Zum einen: Je besser Ferrando und Guglielmo spielen, desto eher verlieren sie die Wette, einhundert Goldstücke und die treulos gewordenen Bräute. Zum anderen: Spielen sie ihre Rollen schlecht, verletzten sie ihre Ehre als Offiziere und ernten neben Spott auch Schande. Zum dritten: Selbst wenn sie die Wette gewinnen, verlieren sie den Nimbus ihrer unwiderstehlichen Männlichkeit; denn sie mußten ja vorher notwendigerweise von ihrer jeweils ursprünglichen Geliebten verraten worden sein. So entwickelt sich eine grotesk-widersprüchliche Handlung: Die Verführer selbst wollen die Verführung verhindern, sind aber unfähig dazu, weil sie gar nicht anders können als ihre Geliebten zu täuschen und zu tauschen. Der Erfolg begründet damit auch zugleich die Niederlage. Es ist ein fatales Spiel, das Don Alfonso initiiert und inszeniert, ein Spiel, das völlig aus den Fugen geraten wird, weil «das anarchische Prinzip der Erotik»[7] die Regie übernimmt. Dann wird aus dem Partnertausch zum Schein des ersten Aktes der Partnerwechsel als Sein im zweiten Akt stattgefunden haben.

---

7 S. dazu Csampai, Das anarchische Prinzip der Erotik, S. 14 ff.

Stoff und Motiv

Literatur und Theater

Così fan tutte ist nur ein Werk unter vielen, die im 18. Jahrhundert Partnertausch und Treueprobe behandeln, zumal im Kontext der aufklärerischen Frage nach der Naturbedingtheit von Handeln und Gefühl. Da Pontes Libretto hat Vorbilder.[8] Handlungssituationen und Motive, Figuren und Thema sind keine einmaligen Erscheinungen. Sie wurden im Gegenteil von Komödie und Opera Buffa der Zeit – besonders in Wien[9] – als erfolgreiche Konfliktmodelle und bewährte Repertoirs sehr oft auf die Bühne gebracht: prahlerische Soldaten, flatterhafte Damen, lächerliche Notare, gewitzte Zofen, exotische Fremde, Männerwetten, Treueproben, Verkleidungspossen, Verführungsintrigen, Frauentausch... Für die zentralen Motive der literarischen Fabel[10] hat sich Da Ponte – wie in den meisten seiner Libretti – bei den altüberlieferten Requisiten der Weltliteratur bedient. Opera Buffa und Dramma Giocoso sind ohnehin geradezu Paradebeispiele für eine literarische Erscheinung, die die Postmoderne gerne als «Intertextualität» bezeichnet. Figuren, Handlungsmotive oder Komikelemente entstammen oft der Commedia dell'arte, die Stoffe liefern häufig Märchen, Romane oder Theaterstücke. Heroische Gesten und pathetische Posen, affektierte Bekenntnisse und gefühlvolle Geständnisse entleiht die Opera Buffa in Form musikalischer Anspielungen wie textlicher Zitate zu parodistischen und satirischen Zwecken häufig der Opera Seria. Vor allem Metastasios Libretti mußten dafür immer wieder herhalten. Auch Da Ponte griff für seine buffonesken Libretti auf Metastasio zurück, nicht anders als etwa Vincente Martín y Solers Oper *L'arbore di Diana* (Der Baum der Diana), die eine Bearbeitung von Metastasios *Endimione*, eine Opera Seria über die klassische Fabel von Diana und Endymion, dar-

---

8   Ansichten, wie sie beispielsweise Greither über das Libretto äußert («Es ist die freie Erfindung Da Ponte's.») lassen die Motivtradition und Stoffüberlieferung völlig außer Acht. – S. dazu Greither, *Così fan tutte*, S. 150.
9   Zur Opernsituation in Wien zu Mozarts Zeit s. Ford, *Così*, S. 97 ff. und Link, The Viennese Operatic Canon, S. 111 ff.
10 Zu den literarischen Quellen vgl. Kramer, Da Pontes *Così fan tutte*, S. 43-78; Steptoe, The Sources of *Così fan tutte*, S. 281-294; Vignal, Sources, composition et créateurs, S. 6-15.

stellt.[11] Da Ponte freilich verstand sich hervorragend darauf, aus Werkvorlagen und überlieferten Stoffen eigenständige Werke zu schaffen, die einen literarischen Rang erreichten, der sie aus der Produktion anderer Libretti weit heraushob.

Keuschheitswette (AaTh 882: The Wager of the Wife's Chastity[12]; Mot. N15: Chastity wager[13]) und Treueprobe (Mot. H422: Tests for true husbands; Mot. H492: Test of faithfulness of husband and wife[14]) sind sehr geläufige Motive in der Weltliteratur. Als Normenkonflikte werden sie im historischen Wandel wechselnder Wertesysteme immer wieder neu und anders gestaltet. Konstant bleibt das Motiv des verstörten oder gar zerstörten Zweiflers am Ende. Literatur und Theater der Aufklärung haben im Umfeld von Mozart und Da Ponte diese Motive in zahlreichen stofflichen und thematischen Variationen gestaltet.[15]

Von einer literarisch immer wieder aufgegriffenen Treueprobe erzählen zwischen 2 bis 8 n. Chr. schon Ovids *Metamorphosen*, jene Wunschvorstellungen und Angstträume vom Leiber- und Formentausch der Seelen. Der verkleidete Cephalus treibt seine ihn treu liebende Gattin Procris mit seiner manischen Eifersucht zu Unrecht aus dem Haus:

«Adest, mala, fictus adulter: Verus eram coniux; me, perfida, teste teneris.»
(Da steht, du Schlimme, ein falscher Verführer: dein Gatte bin ich, dein rechter! Ertappt bist du Treulose: selbst bin ich Zeuge!).[16]

---

11 S. dazu Hunter, Mary: Some Representations of opera seria in opera buffa. In: Cambridge Opera Journal 3 (1991), S. 89-108, hier S. 91 ff. und 101 ff.
12 The Types of the Folktale. A Classification and Bibliographie. Antti Aarne's Verzeichnis der Märchentypen, translated and enlarged by Stith Thompson. 2., rev. Aufl. Helsinki 1981, S. 299 f.
13 Motif-Index of Folk-Literature, revised and enlarged ed. by Stith Thompson, Bd. 5. Bloomington, Indianapolis [1985], S. 79.
14 Motif-Index (Fn. 13), Bd. 3, S. 413 und 417.
15 S. dazu die Darstellung von Kritsch/Zeman, Das Rätsel eines genialen Opernentwurfs, S. 364 ff; Zemann, Herbert: Die literarische Welt Wolfgang Amadeus Mozarts. In: Zaubertöne. Mozart in Wien 1781-1791. Ausstellung des Historischen Museums der Stadt Wien im Künstlerhaus 6. Dezember 1990 bis 15. September 1991. Wien [1990], S. 38-47.
16 P. Ovidii Nasonis *Metamorphoseon* Libri XV/Publius Ovidius Naso *Metamorphosen*. Epos in 15 Büchern. Hrsg. und übers. von Hermann Breitenbach. Zürich 1958, S. 490 f. – S. dazu Gombrich, *Così fan tutte* (Procris included), S. 372 ff.

Im Mittelalter finden wir das Motiv der Treueprobe vor allem in französischen Fabliaux, deutscher Schwankliteratur oder Giovanni Boccacios *Il Decamerone* (1349/53). Die neunte Novelle des zweiten Tages erzählt, wie Ambrogiuolo unter Hinweis auf die Natur der Frauen gegenüber Bernabo bestreitet, daß diesem seine Frau unter allen Umständen treu sein könnte. Bernabo selbst schlägt die Wette vor, Ambrogiuolo solle seine Frau zu verführen versuchen. Ambrogiuolo täuscht die Verführung indes gegenüber Bernabo nur vor, der seine Frau deshalb zu Unrecht umbringen lassen möchte. Am Ende freilich findet sich das Paar nach Irrungen und Wirrungen wieder.[17]

Das Epos *Orlando furioso* (Der rasende Roland, 1516) von Ludovico Ariosto[18], dessen Bewunderer Da Ponte war, enthält im 43. Gesang eine an Ovid erinnernde Amphytriade.[19] Der Ritter Brandimart aus Mantua wird von der Zauberin Melissa begehrt, die dem Zweifelnden die Untreue seines schönen und ihm zärtlich zugetanen Eheweibes erweisen will. Brandimart läßt sich in einen ihrer früheren Verehrer aus Ferrara, Heimatstadt auch von Donabella und Fiordiligi, verwandeln und kann mit mit Hilfe kostbarer Juwelen die Frau zum Ehebruch bewegen. Als sich der Ritter zu erkennen gibt, verläßt ihn die Getäuschte und läßt einen bitter bereuenden Gatten zurück. Neben dem Motiv der Treueprobe des verkleideten Ehemannes und außer dem Herkunftsort des vermeintlichen Liebhabers, Ferrara, sind es vor allem die Namen weiblicher Figuren aus dem Epos, die an Da Pontes Personal erinnern: Fiordiligi heißt die treue Ehefrau Brandimarts, Doralice ist eine unbeständige Liebhaberin und Fiordespina ein leidenschaftliches Mädchen.

In Shakespeares Drama *Cymbeline* verleitet Jachimo den von Cymbelines Königshof nach Italien verbannten Posthumus zu einer Wette, in deren Verlauf der Schurke mittels einer Intrige den «Beweis» für die Untreue von Imogen, Cymbelines Tochter und Posthumus' Gemahlin, liefert. Am Ende versöhnen sich dann alle wieder.[20] Entzweiung und Wiedervereinigung von

---

17 *Das Decamerone*. Neubearb. Ausg. von Johannes von Guenther. Gütersloh [o.J.], S. 124-133.
18 S. dazu Caruso, Carlo: Dal poema al melodrama. In: Nuova secondaria 7 (1994), S. 26-30.
19 Ludovico Ariosto. *Orlando furioso*. Vorwort und Anmerkungen von Lanfranco Caretti. Turin 1966, S. 1262 ff.; Ariost's rasender Roland. Neu übers. von Hermann Kurtz, Bd. 3. Pforzheim 1841, S. 313 ff.
20 *Cymbeline*. In: The Arden Shakespeare. Hrsg. von James Nosworthy. London 1955.

Liebenden, deren ursprünglich gleichlaufende Gefühle kreuzweise gelenkt und dann wieder in die richtige Ordnung gebracht werden, davon handelt auch *A Midsummer Nigths Dream* (Ein Sommernachtstraum)[21], wo Possenspiel und Romanzendrama zusammenwirken. Wenn hier noch Geisterzauber und Wunderblume die Verwirrung der Gefühle knüpfen und wieder lösen, um zu demonstrieren, daß Liebe eine dämonische Macht ist, der Sterbliche wie Unsterbliche unkontrolliert erliegen, so demonstrieren wenig später Commedia dell'arte in Italien und Typenkomödie in Frankreich oder Deutschland die Lasterhaftigkeit und Lächerlichkeit von Charakterschwächen derer, die sich in unstandesgemäßes oder unmoralisches Liebesverlangen verstricken.

Ann Livermore macht auf zwei Stücke von Tirso de Molina, den Da Ponte ja wegen seines *Don Giovanni* kennen mußte, aufmerksam. In Tirsos Dramen finden sich Motive und Handlungselemente, die denen in *Così fan tutte* ähneln.[22] In der Komödie *El amor médico*[23] tritt die Dienerin Jerónima – wie auch Despina – in männlicher Verkleidung auf, um als Doktor wirken zu können. Sie allerdings ist so erfolgreich, daß sie es bis zum Leibarzt des Königs von Portugal bringt. Vor allem aber Handlungskonstellation und Personal von *La celosa de sí misma*[24] (Die Rivalin ihrer selbst[25]) erinnern entfernt an Da Pontes Libretto. Don Melchor verliebt sich in seine als neapolitanische Prinzessin Chirinola verkleidete Braut Doña Magdalena. Eine Verkleidung, die auch Doña Angela wählt, die ihrerseits in Melchor verliebt ist. Unter dem Einfluß des alten Don Alonso und der Dienerin Quiñones entspinnt sich ein Spiel voller Gefühlsverwirrungen, Schmerzen und Verzweiflungen, zumal Melchor das Trugbild für begehrenswerter hält als eine der realen Frauen.

Leichtfertige Untreue und komische Eifersucht zwischen zwei Paaren, die sich verstellen oder maskieren, um sich über Kreuz unter der Regie eines Intriganten auf die Probe zu stellen, waren beliebte Komödienmodelle auch im 18. Jahrhundert. Mozarts und Da Pontes gemeinsames Werk weist einige

---

21 Ebd.
22 Livermore, *Così fan tutte*: A well-kept Secret, S. 316-321.
23 Tirso de Molina (Fray Gabriel Tellez). Obras Dramaticas Completas. Hrsg. von Blanca de los Rios, Bd. 2. Madrid 1962, S. 961-1021. – S. die deutsche Zusammenfassung in Braunfels, Ludwig: Schauspiele von Tirso de Molina. Leipzig [o.J.] (Spanisches Theater, Bd. 5), S. 25 f.
24 Tirso de Molina, Bd. 2, S. 1433-1492.
25 Meisterlustspiele der Spanier. In freier deutscher Übertragung von Ludwig Fulda, Bd. 1. Berlin 1925, S. 145-267.

Parallelen zu solchen Theaterstücken auf, die das tiefe männliche Mißtrauen gegenüber der Verläßlichkeit weiblicher Empfindungen thematisieren. Das Gift der Eifersucht animiert Federico und Leonora, Donna Ardemia und Alessandro auf Veranlassung Carlos zum Wechselspiel in *Droghe d'amore* (Das Liebeselexier, 1776) von Da Pontes venezianischem Landsmann Carlo Gozzi.[26] Unter der Regie des Zynikers Carlo finden die Paare Federico und Leonora sowie Alessandro und Ardemia nach wechselseitiger Eifersucht wieder zur alten Liebe. In Gozzis Tragikomödie *Le due notti affannose ossia gl'inganni dell'immaginazione* (Die zwei schlaflosen Nächte oder Die Trugbilder der Einbildung) geht es ebenfalls um Gattentreue und deren Prüfung, freilich diesmal durch die verlassene Ehefrau Metilde, die durch einen Rollentausch die Treue ihres Gatten erprobt und ihn dadurch wieder zurückgewinnt. Für die deutsche Bearbeitung von Johann Gottfried Dyk, *Die zwei schlaflosen Nächte*[27], hatte Mozart 1780 für den in Salzburg gastierenden Emanuel Schikaneder ein Rezitativ und eine Arie (KV 365a = Anh. 11a: «Warum, o Liebe, treibst du jenen grausamen Kurzweil» und «Zittre, töricht Herz und leide!») komponiert.

In Frankreich sind es vor allem Stücke und Romane von Pierre Carlet de Marivaux, die sich in sorgfältig konstruierten Handlungskonstellationen immer wieder der Frage der experimentellen Manipulierbarkeit menschlicher Beziehungen zuwenden. In dem Stück *Le jeu de l'amour et du hasard* (Das Spiel von Liebe und Zufall, 1730) vollziehen Silvia und Dorante mit ihrer Dienerschaft Lisette und Arlequin incognito den Rollentausch durch Kleiderwechsel, um unter Monsieur Orgons Anleitung Dorantes Liebe und Beständigkeit einem Härtetest zu unterziehen.[28] Im Rollentausch wird so der innere Kampf zwischen Liebe und Ehre durchgespielt. Besonders *La dispute*[29] (Der Streit oder Welches Geschlecht brach zuerst die Treue) behandelt 1744 das Treuethema unter Voraussetzungen, die Parallelen zur Wette in *Così fan tutte* aufweisen. Zwischen einem Fürsten und einer Hofdame war ein Disput über die Frage entbrannt, wer von Natur aus beständiger sei, Männer oder Frauen. Um die Frage beantworten zu können, hatte der Fürst ein behavioristisches Experiment begonnen. Zwei Jungen und

---

26 Ex. Biblioteca Marciana Venezia, Sign.: MS. autog. cart, IX-686, 12076.
27 Theatralische Werke, Bd. 5. Berlin 1779, S. 115-300.
28 Marivaux, [Pierre Carlet de]: *Le jeu d'amour et du hasard*. In: Théâtre. Nachdr. Paris [1984], S. 51-110.
29 Théâtre de Marivaux. Avec une introduction par Louis Moland, Bd. 2. Paris [o.J.], S. 115-170.; Marivaux, Pierre Carlet: *Der Streit, oder welches Geschlecht brach zuerst die Treue*. Jena 1778.

zwei Mädchen waren je für sich nach ihrer Geburt in natürlicher Umgebung isoliert worden. Beim Erreichen der Geschlechtsreife führt man den Jungen Eglé und das Mädchen Azor sowie das Mädchen Adine und den Jungen Mesrin zusammen. Als die jungen Leute dann aber über Kreuz miteinander konfrontiert werden, endet das Stück mit einem Partnertausch und der Moral, daß die Ideale menschlicher Beständigkeit und Treue angesichts natürlicher Neigungen unrealistisch sind. Eine Einsicht, der sich freilich die Paare in der Oper am Ende verschließen.

Die Hauptfigur aus Denis Diderots 1748 erschienenem Roman *Les bijoux indiscrets*[30] (Die geschwätzigen Kleinode), der Sultan des Kongoreiches, Mangogul, erinnert mit seiner empirisch fundierten Aufgeklärtheit an Don Alfonso. Der Sultan besitzt einen magischen Ring. Wenn er diesen auf das «Kleinod» einer Frau, ihren Schoß, richtet, enthüllt jene all ihre Liebesaffären. Der aufgeklärte Mangogul baut auf den «bon sens» und beurteilt die Untreue der Frauen nicht unter einem moralischen Aspekt, sondern unter dem Blickwinkel von Freiheit und Notwendigkeit. Frauen seien in ihrem Tun und Lassen nicht frei, sondern ihre Unbeständigkeit sei durch ihren natürlichen Trieb bedingt. Gegen solche weiblichen «automates» könnten die Gebote der Sittlichkeit nichts ausrichten, und im übrigen möge man doch kleinere Affären nicht so ernst nehmen. Mangogul vertritt damit eine Sexualmoral, die durch den Materialismus Diderots und der Enzyklopädisten geprägt ist. Des Sultans Schlußfolgerung, man habe sich eben mit der unausrottbaren Treulosigkeit der Frauen abzufinden, gleicht der Einsicht Don Alfonsos, der ebenfalls weibliche Untreue für ein Naturgesetz hält.

Die Komödie *Les fausses infidélités* (Die falschen Ungetreuen) des Poeten und Theaterautors Nicolas-Thomas Barthe[31] war am 25. Januar 1768 in Paris – angeblich unter der Mitwirkung von Marie-Antoinette, der Schwester Josephs II., die eine Rolle übernommen hatte – uraufgeführt worden.[32] In dem Stück sind es der Marquis de Valsain und der Chevalier Dormilli sowie die junge Witwe Doriméne und deren Cousine Angélique, die sich von Mondor zur Treueprobe verleiten lassen. Mondor schreibt mit Wissen seiner Freunde gleichlautende Liebesbriefe an die Damen, die sich zum Schein auf den lächerlichen Gecken einlassen, um die Launenhaftigkeit

---

30 2 Bde. Paris 1748. – S. dazu Groh, Ruth: Ironie und Moral im Werk Diderots. München 1984 (Theorie und Geschichte der Literatur und der Schönen Künste NF, R. B, Bd. 69), S. 183 ff.
31 *Les fausses infidélités*. Comédie en un acte et en vers. Paris 1768.
32 S. dazu de Saint-Foix, G[aston]: W.-A. Mozart. Sa vie musicale e son œuvre (1789-1791), Bd. 5: Les dernières années. Paris 1946, S. 22 f.

ihrer Liebhaber zu bestrafen, was ihnen die Männer mit gleicher Münze heimzahlen. Am Ende aber versöhnen sich alle Paare wieder und Mondor bezahlt als einziger die Lektion.

Immer wieder werden in der zu Ende gehenden Zeit des Ancien Régime Libertinage, Verführung und Liebesprobe thematisiert und problematisiert. Hans Mayer interpretiert dies als «Vorgang einer *Erotisierung und Ästhetisierung des Lebens*»[33]. Erotischer Genuß und ästhetische Formvollendung seien an die Stelle einer Lebensperspektive getreten, Rituale und Konventionen ersetzten Verbindlichkeit und Wahrhaftigkeit, verwirrten die Identität der Menschen und machten sie zu Opfern. Wie kaum ein anderes Werk führt dies Pierre-Ambroise Choderlos de Laclos' Briefroman *Les liaisons dangereuses* (Gefährliche Liebschaften) vor, der 1782 einen Skandalerfolg erlebte.[34] Freilich, die Wahlverwandtschaft dieser «bonne compagnie» wird durch die Mechanismen des Lasters und die wechselseitige Anziehungskraft des moralisch Bösen bestimmt. Die einander durch zahlreiche tückische Verabredungen verbundenen Verführer operieren methodisch nach der Eigenlogik des Bösen. Sie zerstören Gefühle und Beziehungen, nachdem die bloße Vereinigung zu belanglos geworden ist. Im Gegensatz zu Mozarts Personal werden von den Protagonisten der Verworfenheit, dem Vicomte de Valmont und der Marquise de Merteuil, wahre Gefühle als Torheiten abgelehnt. Vor wahren Gefühlen gefeit indes sind auch die moralisch Verkommenen nicht. Erotische Faszination geht einem Naturgesetz gleich in Liebe über. Valmot wird seinen und der Marquise Prinzipien durch eine Gefühlsbeziehung zu der von ihm verführten Madame de Tourvel untreu. Die Marquise analysiert dies mit genüßlicher Nüchternheit in bezug auf den Vicomte, dem sie jene Gefühle vorrechnet, die sie sich selbst nicht eingesteht:

«Oui, vicomte, vous aimiez beaucop Mme de Tourvel, et même, vous l'aimez encore; vous l'aimez comme un fou: mais parce que je m'amusais à vous en faire honte vous l'avez bravement sacrifiée. Vous en auriez sacrifié mille, plutôt que de souvir une plaisanterie.

---

33 Mayer, *Così fan tutte* und die Endzeit des Ancien Régime, S. 18.
34 S. dazu Scharnowski, Susanne: Grausame Liebschaften. Zum literarischen Typus des Verführers. In: Die andere Kraft. Zur Renaissance des Bösen. Hrsg. von Alexander Schuller und Wolfert von Rahden. Berlin 1993, S. 251-275, hier 258 ff. – Zur Motivverwandtschaft mit Mozarts Oper s. Vill, Das psychologische Experiment in de Laclos' *Les Liaisons Dangereuses* und in Mozarts *Così fan tutte*, S. 132 ff.

Où nous conduit pourtant la vanité! Le sage a bien raison, quand il dit qu'elle est l'ennemie du bonheur.»[35]
(Ja, Vicomte, Sie liebten Frau von Tourvel sehr und lieben sie sogar noch. Sie lieben sie wahnsinnig; weil ich Sie aber zum Spaß damit beschämte, haben Sie sie tapfer zum Opfer gebracht. Lieber hätten Sie tausend geopfert, als einen Scherz ertragen. Wohin doch unsere Eitelkeit uns bringt! Der Weise hat sehr recht, wenn er sagt, daß sie die Feindin des Glücks ist.[36])

Wo der Verführer Valmont gegenüber Madame de Tourvel, wo die Intrigantin Merteuil gegenüber Valmont echte Gefühle entwickelt, wird dennoch Zynismus geheuchelt, um die wahren Empfindungen zu vertuschen. Erotisches Genießen, ästhetisch inszeniert, setzt alle Figuren gewollt und ungewollt zueinander in Beziehung; ästhetisch inszenierter Verrat macht die Bindungen zwischen ihnen zunichte. Die manipulierten Beziehungen kollidieren mit den echten Gefühlen und enden im Fiasko. Etablierte Moral und soziale Konvention erweisen sich als verfallende Werte und obsolete Normen einer abdankenden Gesellschaft. Von der gegenteiligen Auffassung der Protagonisten ausgehend, die falsche Gefühle als Torheiten ablehnen, problematisiert auch Mozarts und Da Pontes Werk die ästhetisch inszenierte Erotisierung des Daseins und läßt die Liebenden, Männer wie Frauen, als Individuen ihre Erfahrungen zwischen Lüge und Wahrheit, zwischen echten und falschen Gefühlen sammeln.

Die italienische Opera Buffa wurde 1639 ins Leben gerufen, und zwar durch Virgilio Mazzocchis und Marco Marazzolis Vertonung der Komödie *Chi soffre, speri* (Wer leidet, der hoffe) von Giulio Rospigliosi, dem späteren Papst Clemens IX. Seit Giovanni Battista Pergolesis anhaltendem Erfolg mit der Drei-Personen-Oper *La Serva Padrona* (Die Dienerin als Herrin, 1733) ist der Opera Buffa der Spott über die Schicksale der Menschen angelegen. Von Neapel aus – Handlungsort der Mozartoper – gelangte Buffooper auf Buffooper mit den immer gleichen Elementen von Situationskomik – aberwitzige Intrige, groteske Verkleidung, ungelegene Ankunft, peinliche Entdeckung – und den immer gleichen Variationen des Themas von

---

35 Choderlos de Laclos. *Les liaisons dangereuses*. Préface et notes de Jacques Faurie. Lyon 1948, S. 310.
36 Choderlos de Laclos. *Schlimme Liebschaften*. Übertragen und eingeleitet von Heinrich Mann. Leipzig 1920; Frankfurt a.M. 1976 (insel taschenbuch 12), S. 420.

Treue und Untreue, männlicher Eifersucht und weiblicher Unbeständigkeit auf die Opernbühnen Europas.

Werke wie Domenico Cimarosas *Giannina e Bernardone* (1781), Antonio Salieris *La scola de'gelosi* (Schule der Eifersüchtigen, 1780) und *La grotta di Trofonio* (Die Höhle des Trofonio, 1785), Pasquale Anfossis Opern *Lo sposo di tre e il marito di nessuna* (Der Bräutigam von drei Frauen und der Ehemann von keiner, 1768), *Il geloso in cimento* (Die Prüfung des Eifersüchtigen, 1775), *La donna instabile* (Die unbeständige Frau, ca. 1780) und *Le gelosie fortunate* (Glückbringende Eifersucht, 1788) oder Pietro Alessandro Guglielmis *La sposa fedele* (Die treue Braut, 1769), *La donna amante di tutti e fedele a nessuno* (Die Frau, die alle liebt und keinem treu ist, ca. 1780) und *L'inganno amoroso* (Die Täuschungen der Liebe, 1787) waren in Wien bekannte und beliebte Stücke. In der zuletzt genannten Oper[37] freilich weicht der Schluß geradezu gattungswidrig vom sonst üblichen Handlungsschema ab: Giulietta wird von zwei Liebhabern umschwärmt, von denen der eine am Ende leichten Herzens auf die Geliebte verzichtet, um sich deren Zwillingsschwester Lauretta zuzuwenden, die sich in ihn verliebt hatte. Ende gut, alles gut. In Salieris *Scuola de'gelosi*[38] nach dem Text von Giovanni Bertati erscheint die Eifersucht als Geisteskrankheit, die nur durch ihre Übertragung auf den untreuen Partner geheilt werden kann. Notwendigerweise herrsche in einer Beziehung bald Langeweile, die eifersüchtige Rivalen im Werben um eine Frau bannen wollen. Am Ende freilich triumphiert die Treue als Voraussetzung und Grundlage einer glücklichen Ehe.

Steptoe und Heartz machen noch auf Carlo Goldonis Libretto für das «dramma giocoso per musica» *Le pescatrici* (Die Fischerinnen, 1752) aufmerksam, weil es verblüffende Motivparallen zu Da Pontes Libretto enthält.[39] Das Stück spielt an den Ufern des Golfes von Tarent auf Sizilien. Die Seriarollen haben Lindoro, der Prinz von Sorrent, und die adelige Eurilda inne, die sich ewige Treue schwören. Beide besteigen im 3. Akt eine Barke, um zu einer Liebesfahrt aufzubrechen. Am Ufer intoniert der Chor ein Abschiedslied, das große Ähnlichkeit mit Worten und Atmosphäre des Abschiedsterzetts «Soave sia il vento» (Nr. 10: Sanft wehe der Wind) hat, das Fiordiligi, Dorabella und Don Alfonso den davonsegelnden Offizieren hinterhersingen. Bei Goldoni bekommt das gemeinsam sich einschiffende Liebespaar zu hören:

---

37 *L'inganno amoroso*. Opera buffa in due atti. Wien 1787.
38 *La scuola de gelosi*. Dramma giocoso per musica. Wien 1780.
39 Steptoe, The Sources of *Così fan tutte*, S. 281-294; Heartz, Mozart's Operas, S. 230 ff.

«Soavi zeffiri
Al mar c'invitano,
Son l'onde placide,
Non v'è timor.
Procelle torbide
Dal mar spariscono
Quando si naviga
Col dio d'Amor.»[40]
(Sanfte Zephire laden uns auf das Meer ein, die Wellen sind ruhig, und es herrscht keine Furcht. Dunkle Wolken verschwinden vom Meer, wenn man mit dem Gott der Liebe steuert.)

Seit der ersten Römerode von Horatius wird Zephyros, der Gott des Westwindes, zum Lieblingswind der Dichter, den sie durch grüne Täler säuseln oder die sanften Wellen kräuseln lassen.[41] Weil Zephyros in der griechischen Mythologie Psyche in den Schoß des Eros trug, wurde der Gott auch als poetische Metonymie für zärtliche Lüfte zum Ausdruck hoffnungsvoller Sehnsucht nach dem Zusammensein mit dem Geliebten. Ilia beschwört in *Idomeneo* dieses Bild:

«Zeffiretti lusinghieri,
Deh volate al mio tesoro:
E gli dite, ch'io l'adoro
Che mi serbi il cor fedel.»
(Nr. 19: Linde Lüfte, sanft und schmeichelnd, fliegt und eilt zu dem Geliebten: sagt ihm zärtlich, daß für ihn nur, daß für ihn mein Herz nur schlägt.[42])

---

40   Tutte le opere di Carlo Goldoni. Hrsg. von Guiseppe Ortolani. [o. O.] 1951, S. 1056-1101: *Le pescatrici*, hier S. 1099.
41   Im Carminum liber tertius heißt es: «[...] non Zephyris agitata tempe.» ([...] nicht Tempe, von Zephyrn durchsäuselt.) – S. dazu Quintus Horatius Flaccus: Oden und Epoden. Lateinisch und deutsch. Übers. von Christian Friedrich Karl Herzlieb und Johan Peter Uz. Eingel. und bearb. von Walther Killy und Ernst A. Schmidt. Zürich, München 1981 (Die Bibliothek der alten Welt), S. 186/187.
42   Wolfgang Amadeus Mozart. *Idomeneo*. KV 366. Dramma per musica in drei Akten. Textbuch italienisch/deutsch. Text von Giambattista Varesco. Übers. und Nachwort von Kurt Honolka. Stuttgart 1988 (Universal-Bibliothek Nr. 9921), S. 64/65.

Zurück zu Goldonis Libretto. Im Gegensatz zu den Seriafiguren erleben die Buffocharaktere des Stückes *Le pescatrici* die Folgen eines Rollentausches, wie sie auch das Quartett in *Così fan tutte* durchstehen muß. Zwei junge Fischer, Burlotto und Frisellino, verkleiden sich als Adelige, um die Treue ihrer Geliebten Nerina und Lesbina zu testen. Die letzte Szene des Stückes bringt das Ende der Maskarade. Der alte und weise Mastriccio schilt die beiden Tester heftig wegen des scheiternden Versuchs, vereint die ursprünglichen Paare wieder Hand in Hand und schlägt den Männern als Lösung Heirat vor:

«Se bene a lor volete
Sposatele, tacete, e non parlate:
Si strapperà, se troppo la tirate.»[43]
(Wenn ihr sie brav wollt, heiratet sie, schweigt und sagt nichts: Was zu sehr gespannt wird bricht.)

Das sieht man ein, und das Finale eint alle Akteure in der Überzeugung des Vergebens und Vergessens als einer großzügigen und vernünftigen Lösung.

Auch ein Roman der Weltliteratur liefert der Opera Buffa des 18. Jahrhunderts die Vorlage für eine Treueprobe: In Cervantes' *Don Quijote* findet sich die Episode *La novela del curioso impertinente* (Die Novelle vom unverschämten Neugierigen), in der der Florentiner Anselmo unbedingt die Treue seiner Frau Camila erproben möchte; er schickt ihr seinen Freund Lotario als Buhlen – und wird zum Opfer seiner «unziemlichen Neugier».[44] Ähnlich ergeht es schon in Apuleius' *Asinus aureus* (Der goldene Esel, nach 175) der verzweifelten Psyche, die der Neugier nicht widerstehen konnte, Amor auf dem nächtlichen Lager trotz des Verbotes des Liebesgottes zu betrachten. Erst nach vielen weiteren Treueproben kann sie den Entschwundenen wieder in die Arme schließen. Cervantes' kleine literarische Fabel fand mit dem Text von Giovanni Bertati und der Musik von Pasquale Anfossi 1783 als Oper *Il curioso indiscreto*[45] (Der unbescheidene Neugierige) den Weg auf die Bühne. Mozart hatte zur

---

43 Goldoni, *Le pescatrici* (Fn. 40), S. 1118.
44 Cervantes Saavedra, Miguel de: *El ingenioso Hidalogo Don Quijote de la Mancha*, Bd. 3. Madrid 1912, S. 171-277.
45 *Il curioso indiscreto*. Dramma giocoso per musica. Wien 1783. – S. dazu Angermüller, Rudolf: Il curioso indiscreto, in: Pipers Enzyklopädie des Musiktheaters: Oper, Operette, Musical, Ballett. Hrsg. von Carl Dahlhaus, Bd. 1. München, Zürich 1986, S. 44.

Wiener Aufführung am 30. Juni für seine Schwägerin Aloysia Lange, die die Clorinda sang, drei Einlagenarien (KV 418: Arie für Sopran/I, 6 «Vorrei spiegarvi, oh Dio» [Ich möchte Ihnen erklären, o Gott], «Ah conte, partite» [Ach, Graf, gehen Sie weg!]; KV 419: Arie für Sopran/II, 7 «No, no, che non sei capace» [Nein, nein, du bist nicht fähig]) und für den befreundeten Valentin Adamberger, den Sänger des Grafen, eine Arie (KV 420: Arie für Tenor/II, 4 «Per pietà, non ricercate» [Seien Sie gnädig, suchen Sie nicht]) komponiert.[46] In dieser Oper finden sich einige Handlungselemente, die später auch von Da Ponte verarbeitet werden: Ein junger Marchese will die Treue seiner Verlobten Clorinda durch seinen Freund Contino prüfen lassen, der ihn ebenso eindringlich davor warnt wie später Alfonso die beiden Leichtsinnigen. Natürlich verlieben sich die namensähnlichen Contino und Clorinda ineinander und wollen heiraten. Der Marchese gibt daraufhin seine Verlobte selbstlos frei, und die Zofe Emilia räsonniert in gleicher Weise illusionslos wie die Dienerin Nicoletta aus Anfossis Oper *Le gelosie fortunate* (Die glückbringende Eifersucht) oder eben wie Despina über Liebe und Treue:

«Cos'è in amor la fede?
Si giura per piacer,
ma è un scherzo passegger,
che il vento in un momento seco portando va.»[47]
(Was ist schon die Treue in der Liebe? Man schwört, um zu gefallen, doch es ist ein flüchtiger Scherz, den der Wind in einem Augenblick mit sich fortträgt.)

Eine fast wörtliche Anleihe nimmt Da Pontes Libretto aus Pietro Metastasios Libretto *Demetrio*, das 1731 in der Vertonung von Antonio Caldara erstmals in Wien aufgeführt worden war. Die Handlung trennt zwei Liebespaare durch ein unglückliches Schicksal voneinander und vereint sie am Ende wieder glücklich. Was Don Alfonso im deklaratorischen Gestus den beiden Freunden gleich zu Beginn über die Treue der Frauen, die dem sagenhaften Phönix gleiche, vorträgt (Nr. 2), ist ein Zitat aus *Demetrio*. Mit einem feinen Unterschied allerdings: Während Metastasio das

---

46 W.A. Mozart. Neue Ausgabe sämtlicher Werke (NMA), Reihe II, 7, Bd. 3. Kassel 1971. – S. dazu Kramer, Da Pontes *Così fan tutte*, S. 8; Angermüller, *Il curioso indiscreto* (Fn. 45), S. 44.
47 *Il curioso indiscreto* (Fn. 45), II,2.

Ideal der Treue bei allen Liebenden, «la fede degli amanti», skeptisch beurteilen läßt, schränkt Da Pontes Alfonso diese Bewertung im Dienste der Wetthandlung auf die Frauen und deren Treueverhalten ein: «E la fede delle femmine.» (Nr. 2).[48] Als erster hat Antonio Caldara, Vizekapellmeister am Wiener Hof, Metastasios Textbuch vertont. Seine Oper wurde 1731 in Wien uraufgeführt. Mozart kannte Metastasios *Demetrio* in der Vertonung von Johann Adolf Hasse. Anfang Januar 1770 hatte er die Oper in Mantua gesehen. Am 26. Januar 1770 berichtet Mozart seiner Schwester Nannerl darüber und bekundet sein Interesse an diesem Stoff:

«Just, ehe ich diesen brief angefangen habe, habe ich eine aria aus dem *Demetrio* verfertigt, welche anfängt so:
Misero Tu non sei.
Tu spieghi il Tuo Dolore;
e se non desti amore;
Ritrovi almen pietà. [...]
Die opera zu mantua ist hübsch gewesen, sie haben den Demetrio gespillet...[49]

Auf den Tag genau 20 Jahre später, nachdem Mozart dies seine Schwester hatte wissen lassen, hatte *Così fan tutte* Premiere.

Als barockes Emblem für Eifersucht diente Ovids Exempel aus den *Metamorphosen* zur Illustration des mahnenden Mottos «A matrimonio absit suspicio» (Argwohn sei der Ehe fremd).[50] Gewissermaßen unter dieser Devise war das Sujet als Stoff auch noch von anderen Komponisten wie etwa Francesco Araja 1755 für Seriaopern gestaltet worden. Für die auch in Wien bekannte Oper *Céphale et Procris* wurden Ovids *Metamorphosen* von dem Librettisten Jean François Marmontel und dem Komponisten André Erneste Modeste Grétry 1773 als Vorlage verwendet.

Doch nicht nur die italienische Opera Buffa oder auch die Opera Seria, ebenso die Opéra Comique hatte sich des Motivs der Frauentreue und seiner Variationen angenommen. 1753 beispielsweise hatte Jean Joseph Vadé das Libretto für Antoine D'Auvergnes Oper *Les troqueurs* (Die

---

48 S. dazu Lang, Ein Metastasio-Zitat in *Così fan tutte*, S. 22 f.
49 Wolfgang Amadeus Mozart. Briefe. Ausgew. und hrsg. von Stefan Kunze. Stuttgart 1987 (Universal-Bibliothek Nr. 8430), S. 36 f.
50 Emblemata. Handbuch zur Sinnbildkunst des XVI. und XVII. Jahrhunderts. Hrsg. von Arthur Henkel und Albrecht Schöne. Neudruck Stuttgart 1978, S. 1592 f.

Tauschenden) geschrieben, die erste französische Oper im Stil der italienischen komischen Oper. Auch hier werden zwei Paare in einen Frauentausch verwickelt. Zu einem Textbuch des Joseph von Kurtz (gen. Bernardon) soll angeblich Joseph Haydn 1751 bzw. 1758 die heute verschollene Musik komponiert haben[51]: In der Oper *Der krumme Teufel*[52] zieht die die Titelfigur Asmodues die Fäden, um Arnoldus von der angeborenen Treulosigkeit der Frau zu überzeugen. Hier versöhnen sich «in dulci jubilo» am Ende die Paare wieder.

Deutsche Singspiele und Theaterstücke setzten sich ebenfalls als scherzhafte Lehrstücke aufklärungsoptimistisch mit der Treue auseinander. 1778 hat auch noch Karl Wilhelm Ramler ein Singspiel nach Ovids Vorlage gedichtet. Vorher hatte schon 1766 Johann Elias Schlegel Ovids Episode von Cephalus und Procris zu einer Kantate verarbeitet. Ebenfalls von Schlegel stammt eine weitere Kantate, *Der Weibertausch*, in der zwei Eheleute einen Partnertausch desillusioniert rückgängig machen:

«Schatz! du bist doch immer mein!
Ich kann doch nichts beßres finden!
Dieser Handschlag soll uns binden,
Stets mit uns vergnügt zu seyn.
Wechselt nur, ihr ekeln Gäste!
Man wird auch den Wechsel satt.
Was man hat, ist stets das Beste.
Man behalte, was man hat.»[53]

Daß Mozart mit diesem Theatersujet vertraut war, verrät eine Mitteilung an Nannerl. 1781 schreibt Mozart seiner Schwester, wie sehr ihm Gottlieb Stephanies Komödie *Das Loch in der Tür* gefallen habe. Auch dieser Autor, Stephanie d. J., läßt eine Treueprobe durch eine Scheinwerbung zu einem empfindsamen Liebeskonflikt ausarten: Adolph liebt Louise, wähnt sich ihrer aber nicht würdig und möchte deshalb aus Vernunftgründen die Ehe mit Friederike, dem Mündel seines Onkels, eingehen. Um die

---

51 Joseph Haydn: Thematisch-bibliographisches Werkverzeichnis. Zusammengestellt von Anthony van Hoboken, Bd. 2. Mainz 1971, S. 440 f.: Nr. 1a, 1b.
52 *Asmodeus der krumme Teufel*. Eine opéra comique von zwey Aufzügen. Wien 1770.
53 Schlegel, Johann Elias: *Der Weibertausch*. An ein Paar Eheleute. In: Johann Elias Schlegels Werke, Bd. 4. Hrsg. von Johann Heinrich Schlegel. Kopenhagen, Leipzig 1766, S. 210-374, hier S. 226.

Auserwählte zu testen, überredet er von Klings, Friederikes Verehrer zu spielen. Aus dem Spiel wird Ernst, am glücklichen Ende aber finden sich mit Adolph und Louise sowie von Klings und Friederike die Paare, die sich auch tatsächlich lieben.[54]

1789 hatte Paul Weidmann für das Wiener Hoftheater das Lustspiel *Der Mädchentausch oder Die Liebe macht sinnreich* geschrieben und darin die soziale Unziemlichkeit sowie die unvernünftige Emotionalität eines Partnerwechsels als lehrreiches Exempel demonstriert.[55]

All diese Stücke, Typenkomödien ohne psychologisch differenzierte Charaktere, enden mit dem einsichtsvoll abgewickelten Rücktausch und dem Triumph von Herz, Tugend und Verstand über Mißtrauen, Verdächtigungen und Intrigen. Der Aufklärungsoptimismus entwickelte eine Moral, die durch die rationalen Exempel auch die Vorstellungen der Empfindsamkeit gleichsam bestätigt. Eine Ausnahme davon stellt Johann Friedrich Schmidts 1777 im Wiener Nationaltheater uraufgeführtes Stück *Wer ist in der Liebe unbeständig? Sind's die Mannspersonen? Sind's die Frauenzimmer?* dar. Das Lustspiel ist die Bearbeitung der schon genannten Komödie *La dispute* von Marivaux aus dem Jahre 1744.[56] Geradezu unter umgekehrten Vorzeichen erleben die schon durch die Namensähnlichkeit als gleiche Temperamente charakterisierten Paare Theodor und Therese, Karl und Karoline Leidenschaft und Gefühlsverwirrung, um dann unter vernünftigen Gesichtspunkten abgeklärt jeweils den Partner des anderen für den Lebensbund zu wählen. Ein Lehrstück, das ein Fürst einer Gräfin bietet, und das eine falsche Partnerwahl, in der es nach biederer Aufklärungsmoral entschieden zu leidenschaftlich zugeht, gemau aus diesem Grund wieder rückgängig macht. Die Partnerwahl war unter praktischen Gesichtspunkten offenbar für die vernünftig-nüchterne Planung einer tugendhaft-gesitteten Ehegemeinschaft so falsch, daß es unvernünftig wäre, an der unreifen Entscheidung festzuhalten. Sozusagen das andere Extrem zum gefühlsreich empfundenen und emphatisch artikulierten ewigen Liebesbund. Immerhin bleibt aber am Ende der fürstliche Trost als philantropische Einsicht:

---

54 *Das Loch in der Thüre*. Ein ursprünglich deutsches Lustspiel in fünf Aufzügen. Von Herrn Stephanie dem Jüngeren. Wien 1781.
55 *Der Mädchentausch oder Die Liebe macht sinnreich*. Ein Originallustspiel in zwey Aufzügen. Wien 1789.
56 Zur pädagogisierenden Bearbeitungstendenz s. Splitt, Gespielte Aufklärung, S. 59 ff.

«Sie sehn's, die grosse Frage: welches von beyden Geschlechtern das treueste und beständigste sey? bleibt noch immer unentschieden – wird nie entschieden werden, weil wir alle Menschen sind!»[57]

Das Motiv wird von Christoph Martin Wieland in der Novelle *Liebe und Freundschaft auf der Probe* 1803 erneut aufgegriffen. Selinde und Mondor, Klarisse und Raymund sind einander jeweils eng verbunden und heiraten. Die Paare müssen nach einer Weile Eheleben feststellen: «Aber ewig konnte er freylich nicht dauern der süße Wahn.»[58] Es entstehen heftige Neigungen über Kreuz. Die Männer, in bestem Einvernehmen, sind die treibende Kraft bei der Scheidung mit anschließendem Partnertausch, den die Frauen mehr oder minder willenlos mitmachen. Mondor findet bei Klarisse, Raymund bei Selinde aber nur anfangs alles, was die erste Ehefrau jeweils nicht gewähren konnte. Schnell dämmert allen, die ursprünglichen Ehen seien doch die angemesseneren Partnerschaften gewesen. Eine Art doppelter Wahlverwandtschaft macht nach einem Lernprozeß die Enttäuschung bewußt, und es kommt zum Rücktausch: «Alles trat nun wieder in die alte Ordnung zurück.»[59] In den früheren Verhältnissen kehrt dauerhafte Zufriedenheit ein. Aufgeklärte Vernunft belehrt jugendliche Ungeduld eines Besseren.

Das Regietheater unserer Tage hat *Così fan tutte* in zwei modernen Inszenierungen aktualisiert. Peter Sellars verlegt 1989 die Handlung in die USA unserer Gegenwart und verändert damit auch Konzeption und Inhalt des Stücks. Sellars läßt die italienisch gesungene Oper in «Despina's Cafeteria» an einem US-Highway spielen[60]: Der Bartender Alfonso handelt aus enttäuschter Liebe zu Despina, wenn er die beiden Freunde zur Wette provoziert. Diese geben vor, von der US Marine einen überraschenden Einsatzbefehl erhalten zu haben und kehren verkleidet zurück. Im ersten Akt bemühen sie sich noch jeweils um die eigene Verlobte, und erst nach der Wahl der Frauen – «ich den Braunen, du den Blonden» – machen sie den Partnertausch im Rahmen ihrer Wette mit. Damit forciert Sellars die weibliche Entschlußkraft zu einer neuen Beziehung und betont insgesamt die tra-

---

57 *Wer ist in der Liebe unbeständig? Sind's die Mannspersonen? Sind's die Frauenzimmer?* Ein Lustspiel in zween Aufzügen, vom Herrn Schmidt. Wien 1777, S. 40.
58 *Liebe und Freundschaft auf der Probe*. In: C. M. Wielands Sämmtliche Werke XII, Bd. 38: *Das Hexameron von Rosenhain*. Leipzig 1805; Nachdruck Hamburg 1984, S. 217-280, hier S. 241.
59 Wieland, *Liebe und Freundschaft auf der Probe* (Fn. 58), S. 279.
60 Video ORF/Mediascope/Plaza Media.

gische Rolle aller drei Männer als unglückliche Liebende. Das englisch gesungene Kammerspiel des Music Theatre London in der Inszenierung von Tony Britten[61] verlegt die ebenfalls aktualisierte Handlung auf einen englischen Luftwaffenstützpunkt: Dorabellas und Fiordiligis Gelüste werden durch die ausgeflippt kostümierten Ferrando und Guglielmo auf sehr drastische Weise geweckt und befriedigt.

Vielfältig sind die musikalischen Bearbeitungen der gesamten Oper wie auch ihrer einzelnen Nummern. Das Repertoire reicht von Arrangements für Harmoniemusik, kammermusikalische Besetzungen bis hin zu Einrichtungen für einzelne Instrumente.[62] Abschließend sei auch noch auf die dramatische Rezeption von *Così fan tutte* der Gegenwart hingewiesen. Igor Strawinskis Oper *The Rakes Progress* (1951), die virtuos mit Elementen der Buffooper des 18. Jahrhunderts spielt, nimmt mit manchen musikalischen Anspielungen auf Mozarts Oper Bezug. Claus Peymann schließlich inszenierte 1994 Elfriede Jelineks als «pornographisch» angekündigtes Theaterstück um zwei Ehepaare in mittleren Jahren, *Raststätte oder Sie machens alle*[63], im Wiener Akademietheater: Zwei lüstern-neugierige Damen, Claudia und Isolde, tauchen in einer schäbig-schmuddeligen Autobahnraststätte auf, um sich mit zwei Herren, Herbert und Kurt, zu paaren, die per Kontaktanzeige «tierische Lust» versprochen hatten: «Mit ihren mächtigen Geschlechtspaketen sind sie auf der Suche nach einem lieben Schoß, in dem sie auf Dauer wohnen möchten, diese Männer.»[64] Die Inserenten, es sind die Ehemänner der sexerpichten Damen, haben sich beim Wort genommen und sind in den Balg eines Elches und eines Bären geschlüpft. Auf der Damentoilette kommt es schließlich zum deprimierenden Doppelakt. Titel, Figurenkonstellation, Handlungsführung spielen natürlich deutlich auf *Così fan tutte* an, das durch Elfriede Jelinek mit Hilfe der aus Shakespeares *Midsummer Nights Dream* entliehenen Koituskostüme seiner einseitigen Geschlechtermoral buchstäblich entkleidet wird.

---

61 Sendung des Dritten Fernsehprogramms N3, 25.12.1994, 23.00 Uhr.
62 S. dazu Vill, Die Ausstellung «*Così fan tutte* – Werk und Wirkung auf dem Theater», S. 24.
63 Jelinek, Elfriede: *Raststätte oder Sie machens alle*. Wien 1994 (Burgtheater Wien Programmbuch Nr. 130).
64 Ebd, S. 11.

Materialismus und Naturlehre

Als versierter Philosoph will Alfonso seine aufgestellte Behauptung natürlich auch beweisen, und deshalb schickt er als aufgeklärter Pädagoge die beiden unfreiwilligen Zöglinge in die «Scuola degli amanti», in die Schule der Liebenden. Mit diesem Untertitel, den Mozart im Januar 1790 in das «Verzeichnüss aller meiner Werke»[65] so eingetragen hatte, ist der Spielraum der Oper charakterisiert, in dem Don Alfonso nach seiner eigenen Selbsteinschätzung mit überlegener Lebensweisheit argumentiert und agiert.

Der Rationalist will den beiden Wettgegnern als aufgeklärte Einsicht die naturgegebene Ambivalenz weiblicher Empfindungen und daraus resultierend die Unhaltbarkeit eines männlichen Treueideals demonstrieren. Er kann sich dabei auf die Anthropologie seines Jahrhunderts berufen, die das menschliche Individuum als Vernunftwesen für berechenbar hielt. Die «Psychologia empirica» der Spätaufklärung widmete sich der menschlichen Seele mit dem Anspruch einer «Experimentalphysik».[66] Die Kategorie der Vernunft verbindet sich mit den naturwissenschaftlichen Gesetzen der Physik und Chemie, da durch diese Natur logisch und mechanisch, d.h. widerspruchsfrei eingerichtet werde. Naturwissenschaften hatten begonnen, Reize und Anziehungskräfte von Materie empirisch-experimentell zu erforschen und mit physikalischen sowie chemischen Methoden auch Reaktionen und Abläufe von Lebensvorgängen wie mit der Exaktheit und Gewißheit von Newtons mechanischen Gesetzen der Physik als naturbedingt zu erklären. Mechanistische Erklärungsweisen wurden mit den Verweisen auf dynamische Gesetzlichkeiten verbunden sowie Organisches und Anorganisches auf gemeinsame Prinzipien zurückgeführt.

Damit waren die Voraussetzungen gegeben, um die Natur des Gesellschaftlichen und das Gesellschaftliche der Natur wechselseitig zu reflek-

---

65 Mozart. Briefe und Aufzeichnungen. Gesamtausgabe. Hrsg. von der Internationalen Stiftung Mozarteum Salzburg. Ges. und erl. von Wilhelm A. Bauer und Otto Erich Deutsch, Bd. 4. Kassel 1963, Nr. 1116.
66 S. dazu Riedel, Wolfgang: Anthropologie und Literatur in der deutschen Spätaufklärung. Skizze einer Forschungslandschaft. In: 6. Sonderheft Internationales Archiv für Sozialgeschichte der deutschen Literatur, Forschungsreferate, 3. Folge. Tübingen 1994, S. 93-157, bes. S. 105 ff.; Riedl-Dorn, Claudia: Die Naturwissenschaften zur Zeit Mozarts in Wien. In: Zaubertöne. Mozart in Wien 1781-1791. Ausstellung des Historischen Museums der Stadt Wien im Künstlerhaus, 6. Dezember 1990 bis 15. September 1991. Wien [1990], S. 66-70.

tieren. Vor allem französische Enzyklopädisten wie Claude Adrien Helvétius oder Paul Henry Thiery d'Holbach wollten alles menschliche Handeln mechanistisch aus physikalischen oder biologischen Funktionen erklären. In seinem Hauptwerk *De l'esprit* (Vom Geist) erklärte Helvétius 1758 den Menschen als eine Maschine, die – ein Widerspruch zu einem seelenlosen Apparat – durch ihre sinnlichen Empfindungen zu Handlungen angetrieben werde.[67] Holbach entwickelte 1770 im *Système de la nature* (Die Ordnung der Natur) ein Konzept des atheistischen Materialismus. Beide Enzyklopädisten waren wegen ihrer Schriften von Staat und Kirche heftig kritisiert worden und in Österreich verboten.

Abb. 2: Karikatur von Mesmers tierischem Magnetismus

Gleichwohl gründete Adam Weishaupt, ehemaliger Professor an der Jesuitenuniversität zu Ingolstadt, 1776 die Geheimgesellschaft «Illuminati», die

---

67 De l'Esprit. Paris 1759, bes. S. 187 ff.: Discours III. Si l'Esprit doit être considéré comme un don de la Nature, ou comme un effet de l'éducation.

jene szientistischen, utilitaristischen Prinzipien für eine radikale bürgerliche Gesellschaftsreform nutzbar machen wollte. Innerhalb der Wiener Freimaurerszene war besonders die Loge «Zur wahren Eintracht» mit den Ideen der «Illuminati» verbunden. Mozart, der sich 1784 der Loge «Zur Wohltätigkeit» und nach deren Schließung 1786 der Loge «Zur neugekrönten Hoffnung» angeschlossen hatte, war also zweifellos mit diesem Gedankengut der radikalen Wiener Aufklärung vertraut.[68]

Bekannteste Beispiele der auf menschliche Verhältnisse und Beziehungen übertragenen Naturphänomene waren die Vorstellung von den sogenannten Wahlverwandtschaften (von denen noch die Rede sein wird), Franz Anton Mesmers Magnetismuslehre sowie La Mettries Physiologie. Alle drei Auffassungen wurden für Darstellung und Interpretation von Geschlechterbeziehungen bedeutsam. Mesmer kann man einer influxionistischen Anthropologie zurechnen, d.h. einer auf empirische Untersuchungen gegründeten Ansicht, wonach Geist und Seele über Nerven und Gehirn von Körperreaktionen abhängig sind. Nach Mesmers Vorstellung[69] war der menschliche Körper ein mechanischer Maschinismus, der mit allen anderen Körpern des Weltalls in Wechselwirkung steht und teilhat an einem Fluidum kosmischer Strahlen. Jenes Fluidum bestünde aus unsichtbaren Feuerstrahlen, die auch den menschlichen Körper auf den Nervenbahnen durchdringen, diese und die Muskeln heilsam in Bewegung versetzen könnten. Dadurch würde gestörte Harmonie im Körper wiederhergestellt. Diesen Energietransfer nannte Mesmer «Magnetisieren». In seinem *Mémoire sur la Découverte du Magnétisme animal* (Abhandlung über die Entdeckung des animalischen Magnetismus) hatte der Arzt 1779 dieses System der Wechselwirkungen beschrieben.[70] Er verglich die Heilwirkungen, die vom Magnetisieur auf das Medium übergingen, als «actio in distans» mit den Wirkungen des Magneten, nachdem er entdeckt hatte, daß das Auflegen von Magneten dank der Suggestionswirkungen des Magnetiseurs überflüssig war. Er nannte deshalb dieses Phänomen im Unterschied zum mineralischen den animalischen oder den «thierischen Magnetismus».

68 S. dazu Till, Mozart and the Enlightenment, S. 192 ff.
69 S. dazu Schott, Heinz: Die «Strahlen» des Unbewußten – von Mesmer zu Freud. In: Freiburger Universitätsblätter 25 (1986), H. 93, S. 35-54; Franz Anton Mesmer und der Mesmerismus. Wissenschaft, Scharlatanerie, Poesie. Hrsg. von Gereon Wolters. Konstanz 1988.
70 Abhandlung über die Entdeckung des thierischen Magnetismus. Karlsruhe 1781; Neudr. Tübingen 1985. – S. auch Schreiben über die Magnetkur von Herrn A. Mesmer, Doktor der Arzneygelährtheit, an einen auswärtigen Arzt. Wien 1775.

Auch die Musik im übrigen ist nach dieser Auffassung in der Lage, den tierischen Magnetismus zu übertragen.[71]

Der französische Philosoph Julien Offray de la Mettrie war der wichtigste Vertreter eines physiologischen Materialismus, der das Denken als unwillkürliche Geistestätigkeit dem Gehirn zuschrieb, das Wollen dem physiologischen Mechanismus von Lust- und Unlustreizen. Diese einseitige Menschenbetrachtung nahm unter solchen Aspekten vorzugsweise das weibliche Geschlecht ins Visier. In seiner Schrift *L'Homme Machine* (Der Mensch eine Maschine) behauptet La Mettrie 1748 vom schönen Geschlecht, daß es auf äußere Reize ganz automatisch leidenschaftlich reagiere, wohingegen natürlich beim männlichen Geschlecht die solide Vernunft auf Grund eines stabilen Nervenkostüms vorherrsche:

«Dans le beau sexe, l'Ame suit encore la Délicatesse du tempérament: de là, cette tendresse, cette affection, ces sentiments vifs, plutôt fondés sur la passion, que sur la raison; ces préjugés, ces superstitions, dont la forte empreinte peut à peine s'effacer etc. L'Homme, au contraire, dont le cerveau et les nerfs participent de la fermeté de tous les solides, a l'esprit, ainsi que les traits du visage, plus nerveux: l'Education, dont manquent les femmes, ajoute encore de nouveaux degrés de force à son ame.»[72]

(Beim schönen Geschlecht gehorcht die Seele noch der zarten Empfindung des Temperaments: daher diese Zärtlichkeit, diese Gemütsbewegung, diese heftigen Gefühle, die eher auf der Leidenschaft als auf der Vernunft beruhen; diese Vorurteile, dieser Aberglaube, deren starker Eindruck sich kaum verwischen läßt usw. Im Gegensatz dazu sind der Geist wie auch die Gesichtszüge des Mannes, dessen Hirn und Nerven an der Härte aller Festkörper teilhaben, markanter: die mangelhafte Erziehung der Frauen verleiht seiner Seele noch weitere kraftvolle Züge.)

Dieser materialistische Determinismus wirkte sich nachhaltig auf einen Erziehungsoptimismus aus; denn wenn alle Verhaltensweisen chemischphysikalisch verursacht sind, müßten ja nur deren Ursachen verändert werden, um menschliches Handeln durch Kontrolle und Manipulation von Umweltbedingungen berechenbar im Sinne einer bürgerlichen Aufklä-

---

71 S. dazu Schuler, Manfred: Musik im Mesmerismus. In: Freiburger Universitätsblätter 25 (1986), H. 93, S. 23-31.
72 La Mettrie: L'homme machine. Leiden 1748, S. 17 f.

rungsmoral zu beeinflussen. Insofern hat Da Ponte, der sich als junger Mann sehr intensiv mit Jean-Jacques Rousseaus von La Mettrie beeinflußter Pädagogik befaßt hatte, seinen Untertitel «La scuola degli amanti» als – wie sich herausstellt – ironische Entlarvung eines scheiternden Erziehungsexperiments gedacht.

Dieses rationale Bedürfnis der Aufklärung, die Seelenregungen des Menschen durch Experiment und Empirie zu ergründen und zu manipulieren, ist schon vor Mozart in einer Oper thematisiert worden, und zwar in Salieris *La grotta di Trofonio*[73] nach dem Libretto von Giambattista Casti. Auch hier sind vier junge Leute einander paarweise nach den Vorstellungen der Temperamentenlehre zugeordnet. Die ernsthaften und philosophisch grüblerischen Eufelia und Artemidoro sowie die scherzhaften und leichtsinnigen Dori und Plistene gehören zusammen. Trofonio, gleich Alfonso «ein alter Philosoph», ist ein Seelentüftler, der die menschlichen Temperamente in seiner Höhle nach physikalischen Gesetzen experimentell in ihr Gegenteil verwandelt – und wieder rückgängig macht. Ordnung und Gesetzmäßigkeit der Vernunft steuern die lebensweltliche Praxis in die Glückseligkeit, die dort entsteht, wo Widersprüche und Konflikte einer prästabilisierten Harmonie untergeordnet werden.

Freilich, diese Physiologie der Liebe weiß nichts von der Psychologie der Liebe. Die Schlüssigkeit chemischer und physikalischer Experimente ist eine andere als die individuellen und subjektiven Verhaltens. Menschen reagieren nicht wie chemische Substanzen. Menschen sind eben keine zum Lieben und zum Leiden unfähigen Maschinen. Liebe spielt sich außerhalb des Bereichs rationaler Kontrolle ab und macht gegenüber einer rationalen Naturlehre und einem rationalen Menschenbild ihre eigenen Unvernunftgründe in individuellen Gefühlen und subjektivem Glücksverlangen geltend. Deshalb muß sich Liebe auch nicht mit der Universalzuständigkeit von vernünftigen Naturerkenntnissen rechtfertigen oder sich nach diesen richten.

---

73 *La grotta di Trofonio*. Opera comica da rappresentarsi nell'imperial villegiatura di Luxembourg l'anno 1785. Wien 1785.

Mozart und die Aufklärung

Mozarts Zeitgenossin Karoline Pichler behauptet in ihren *Erinnerungen* von 1843/44, Mozart habe «keine andere hervorragende Geisteskraft und beinahe keinerlei Art von Geistesbildung, von wissenschaftlicher oder höherer Richtung»[74] besessen. Diese Klischeevorstellungen von einem nur aufs leichtsinnige Scherzen versessenen Wolferl und von dem durch himmlische Inspiration zum Götterliebling erhobenen Amadeus widerlegen allein schon die Bücher im Besitz des «Tonsetzers», die Mozarts literarische Bildung und seine Auseinandersetzung mit der Aufklärung bezeugen. Gewiß, eine Schule oder gar Universität hat Mozart nie besucht; gleichwohl hat er durch die väterliche Erziehung, durch Reisen und vor allem auch durch eigene Lektüre sich seine Welt erschlossen.

Mozart hat sich nie über seine Bücher und kaum über seine Leseerfahrungen geäußert. Einzig in der Nachschrift eines Briefes seiner Mutter an den Vater aus Mannheim vom 20. Dezember 1777 erfahren wir von seiner Leselust:

«um 6 Uhr gehe ich zum Cannbich und lehre die Mad:^{selle} Rose; dort bleibe ich beym nacht essen, dann wird discutirt — oder bisweilen gespielt, da ziehe ich aber allzeit ein buch aus meiner tasche, und lese — wie ich es zu salzburg zu machen pflegte.»[75]

Vermutlich war Mozart durchaus ein mehr oder minder regelmäßiger Leser, der nach literarischer, ästhetischer und wissenschaftlicher Bildung trachtete.[76] Gerade die in *Così fan tutte* thematisierten aufklärerischen Naturlehren und die parodierten Klischees des literarischen Rokoko lassen ihre Lektüre durch den Komponisten vermuten.

Aufschlußreich dafür ist Mozarts Privatbibliothek, deren Grundstock offenbar das zwischen dem 6. und 9. Dezember erstellte «Verzeichniß und Schätzung der Bücher des verstorbenen Tl. Herrn W.A. Mozart Kays:

---

74 Mozart. Die Dokumente seines Lebens. Gesammelt und erläutert von Otto Erich Deutsch. Kassel [u.a.] 1961, S. 473.
75 Mozart. Briefe (Fn. 49), S. 95.
76 S. dazu Valentin, Erich: Mozart und die Dichtung seiner Zeit. In: Neues Mozart-Jahrbuch 1 (1941), S. 79-113.

Kapellmeister» dokumentiert.[77] Außerdem liefern Briefe und Kompositionen Mozarts Hinweise auf seinen Bücherbesitz und seine Lektüre. Die nachgelassene Büchersammlung enthielt neben Musikalien eine ganze Reihe von Werken empfindsamer Literatur, anakreontische Lyrik, Theaterstücke, Schriften der Josephinischen Aufklärung über Staat, Philosophie und Ästhetik, Bücher über Friedrich den Großen und Joseph II., daneben auch metaphysische und okkulte Schriften.

«Es ist der Geist der Aufklärung [...], der die Bibliothek Mozarts als Ganze entschieden beherrscht»[78], und zwar vor allem in Gestalt von «Sonnenfels gesammelten Schriften. 1.2.3.4. Band Wien 783»[79], «Eberts Vernunftlehre. 774»[80] oder «Phädon von Mendelsohn. Berlin 776»[81]. Daß Mozart über die Bücher seines Nachlasses hinaus auch noch weitere Dichtungen und Aufklärungsbücher gekannt hatte, darf als sicher gelten.

Der Jurist Joseph von Sonnenfels war ein maßgeblicher Vertreter der österreichischen Aufklärung. Über seine Mitgliedschaft in der Freimaurerloge «Zur wahren Eintracht», eine Geschwisterloge von Mozarts Loge «Zur Wohltätigkeit», war er mit dem Komponisten wohl auch persönlich bekannt. In seinen gesammelten Schriften befaßt sich von Sonnenfels mit den zentralen Fragen, die auch Alfonsos aufgeklärte Einstellung zu Frauen bestimmen. Im Spannungsfeld von Sinnlichkeit und Eigennutz werden nach den Prinzipien einer Hausvätervernunft Probleme wie «Warum ist des Frauenvolkes größtes, beinahe einziges Geschäft die Liebe?», «Wie erwirbt sich das Mädchen Hochachtung?», «Wie ist ein unbeständiger Mann zurecht zu bringen?», «Ein Streit über den Vorzug beider Geschlechter» erörtert. Ein weibliches Orakel, Lokutia, verkündet dabei immer wieder den Triumph der ehelichen Tugend als Voraussetzung und Grundlage für eine beständige Liebesgemeinschaft. Dabei halst es der Frau den größeren Teil der Verantwortung auf und verbrämt diese als eigentliche frauliche Bestimmung und weibliches Glück:

---

77 Verzeichniß und Schätzung der Bücher des verstorbenen H. Wolfg. Amadeus Mozart, kays. Kapellmeister. In: Joh[ann] Ev. Engl: Studien über W. A. Mozart, 3. Folge. Salzburg 1895, S. 8. – S. dazu Konrad, Ulrich; Staehelin, Martin: allzeit ein buch. Die Bibliothek Wolfgang Amadeus Mozarts. Weinheim 1991 (Ausstellungskataloge der Herzog August Bibliothek, Nr. 66).
78 Konrad/Staehelin, allzeit ein buch (Fn. 77), S. 28.
79 Sonnenfels gesammelte Schriften, 10 Bde. Wien 1783-87.
80 Ebert, Johann Jacob: Kurze Unterweisung in den Anfangsgründen der Vernunftlehre. 2. Aufl. Frankfurt a.M., Leipzig 1774.
81 Mendelsohn, Moses: Phädon oder über die Unsterblichkeit der Seele, in drey Gesprächen. 4. Aufl. Berlin, Stettin 1776.

«Das Glück des Frauenstandes ist gleich dem Glücke des Fürsten; glücklich seyn, dadurch, daß man glücklich machet – den Gemahl durch Tugend, Sanftmuth, Gefälligkeit und Mitempfindung [...]. Es sind vielleicht wenige Weiber, die dieses Glück des Frauenstandes kennen und zu empfinden fähig sind.»[82]

Abb. 3 Joseph von Sonnenfels (1733-1817)

Auf die Frage schließlich «Ob eine Frauensperson beständig seyn könne?» geben die Frauen eine Antwort, die im fiktiven Spiel orakelnder Wahrheiten die weitverbreitete, aufgeklärte Ansicht von der flatterhaften Natur der Frauen beglaubigt:

«Ach, wenn die Natur uns nicht vergönnet, beständig zu seyn, was habt ihr uns in Hinkunft vorzuwerfen, Männer oder Liebhaber? Sagt

---

82 Sonnenfels gesammelte Schriften (Fn. 79), Bd. 5. Wien 1784, S. 89 f.

zu dem leichten Laube: laß dich von dem Winde nicht umhertreiben!»⁸³

Das ist gleichsam eine Bestätigung der anthropologischen Erkenntnis von der naturhaften, naturbedingten und naturgemäßen Unbeständigkeit des weiblichen Geschlechts. Mozarts und Da Pontes Oper freilich setzt den Gegenakzent in der Einschätzung menschlichen Verhaltens in Liebesdingen, die Frauen wie Männer unterschiedslos betreffen.

Das Nachlaßverzeichnis Mozarts listet auch als einunddreißigste Position «Die Metaphysick in der Connexion mit der Chemie, von J. Oetinger, Schw. Halle» auf.⁸⁴ Der lutherische Pietist Friedrich Christoph Ötinger freilich zweifelt an der blinden Mechanik chemischer Anziehungs- und Abstoßungsprozesse im lebendigen Zusammenhang des göttlichen Heilsplanes:

«Die Grundmischung der bißherigen Subjekten enthält den Grund der chemischen Operationen; daher kan man definitiones reales, nicht nur nominales machen: aber geometrisch demonstriren kan man in der Chemie nicht, weil so viel contraria zu vereinigen seyn.»⁸⁵

Und mit einem Seitenhieb auf den Leibarzt Maria Theresias, Gerhard van Swieten, Vater von Mozarts Musikfreund und Direktor der Wiener Hofbibliothek Gottfried van Swieten, fährt Ötinger fort:

«...aber was nicht die Lehre der Ausnahmen von den Regeln der Vollkommenheit nutzt, das nutzt weiter nichts als zum nominaliter beweisen. Man läßt weg, was noch so reel ist, wenn man es nicht in diese geometrische Ordnung bringen kan. Inzwischen hat Baron van Suiten in der Chirurgie eine der geometrischen ähnliche Ordnung angebracht, aber in der Chemie geht es nicht an, weil die Dinge der Chemie so vielerley Puncten und Kräften ineinander stecken haben, oder weil die extensa zugleich intensa seyn.»⁸⁶

---

83 Ebd., S. 121.
84 Verzeichniß und Schätzung der Bücher des verstorbenen H. Wolfg. Amadeus Mozart (Fn. 77), S. 8: Nr. 31. – Oetinger, Friedrich Christoph: Die Metaphysic in Connexion mit der Chemie [...]. Schwäbisch Hall [1770].
85 Die Metaphysic in Connexion mit der Chemie (Fn. 84), S. 411.
86 Ebd., S. 411 f.

Eine Ansicht, die Verlauf der Wetthandlung und Ausgang des Experiments in der Oper bestätigen. Alfonsos Rationalität hingegen erhebt geradezu hartherzig und eindimensional den universalen und absoluten Anspruch auf Richtigkeit und Geltung, angewandt freilich nur auf das weibliche Geschlecht. Dieses trübselige Naturgesetz heißt Alfonso bei den Frauen «necessità del core». Eigentlich müßte diesem Don, dem Aristokraten der Lebenserfahrung, die Vernunft doch sagen, daß so ein Naturgesetz auch für Männer und deren Treueverhalten gelten müßte! Aber für solche der Wirklichkeit abgelauschte Erkenntnis hat er nichts übrig; auf diesem Ohr scheint Alfonso taub zu sein. Deshalb muß er am Ende erleben, wie im Ernstfall der Konflikte Liebe sich selbst überlassen nach eigenem Gutdünken operiert und sich nicht um seine Prämissen schert. Hier ist der nach Bestätigung drängende Beweisdrang Alfonsos nicht mehr weit vom zersetzenden Absolutheitsanspruch jener «liaisons dangereuses» entfernt, auf die sich die Marquise de Merteuil und Valmont aus machtgieriger Berechnung einlassen.

So ist das Haupt- und Leitmotiv der Oper *Così fan tutte* ganz und gar der Aufklärung und dem Rationalismus verpflichtet. Das Thema der Oper aber stellt just beide Haltungen im Fokus ihres naturgesetzlichen Experiments ebenso in Frage, wie es naive Empfindsamkeit oder Sturm und Drang in der ironischen Brechung musikalischer Verfremdung relativiert.

Werk und Wirkung

Entstehung und Uraufführung

Die «Kammeroper aller Kammeropern»[87] war während des Wiener Faschings unter Leitung ihres Komponisten einen Tag vor dessen vierunddreißigstem Geburtstag am 26. Januar 1790 im «k.k. National-Hof-Theater nächst der Burg zu Wien» am Michaelerplatz – schon 1776 auf Veranlassung des Kaisers zum Nationaltheater erklärt – während des Direktoriums von Franz Brockmann erstmals über die Bühne gegangen. Die kaiserliche Loge war an diesem Abend leer geblieben; Joseph II. war bereits todkrank.

Abb. 4: Theaterzettel zur Uraufführung am 26. Januar 1790

---

87 Adorno in Anspielung auf die bekannte und allgemein geläufige Charakterisierung von *Don Giovanni* als «die Oper aller Opern». – S. dazu Adorno, Theodor W.: Mozartfest in Glyndbourne. In: Ders.: Musikalische Schriften, Bd. 6. Frankfurt a.M. 1984, S. 278-280, hier S. 278.

Die Bühnenbilder hatte der bekannte Josef Platzer gestaltet. Die sechs Sänger waren alle erfahrene Mozart-Sänger.[88] Für Luise Villeneuve (Dorabella) hatte Mozart schon Einlagearien für Opern von Cimarosa und Soler geschrieben. Adriana Francesca del Bene, «la Ferrarese» (Fiordiligi), hatte im Sommer 1789 die Susanna, Dorotea Bussani (Despina) 1786 den ersten Cherubino gesungen. Ihr Ehemann, Francesco Bussani (Don Alfonso), war der erste Wiener Kommendatore gewesen und mit der Rolle des Bartolo vertraut. Francesco Benucci (Guglielmo) war der erste Figaro und der erste Wiener Leporello, und Vincenzo Calvesi (Ferrando) schließlich war 1785 der Conte in Francesco Bianchis Oper *La villanella rapita* (Das entführte Bauernmädchen), für die Mozart das Quartett für Sopran, Tenor und zwei Bässe «Dite almeno, in che mancai» (KV 479: Sagt mir wenigstens, worin ich gefehlt habe) sowie das Terzett für Sopran, Tenor und Baß «Mandina amabile» (KV 480: Liebenswerte Mandina) komponiert hatte. Obwohl Joseph II. von den epochalen Neuerungen vor allem der instrumentalen Musik wenig Notiz nahm – bei den kaiserlichen Privatkonzerten wurden die führenden Komponisten der Zeit nicht gespielt –, stellte er doch für öffentliche Konzerte und Aufführungen jener Komponisten Burgtheater, Belvedere oder Augarten zur Verfügung. So auch für Mozart, den er als Kind 1762 kennengelernt hatte.

Der Anschlagzettel des Burgtheaters verkündete am Tag der Uraufführung:

«Neues Singspiel. Im kaiserl. königl. Nazional-Hoftheater wird heute Dienstag den 26ten Jäner 1790 aufgeführt: (zum erstenmal) COSI FAN TUTTE, o sia: LA SCUOLA DEGLI AMANTI. So machen sie's, oder: die Schule der Liebhaber. Ein komisches Singspiel in zwey Aufzügen. Die Poesie vom Hrn Abbate da Ponte, Dichter des italiänischen Singspiels beym k.k. Hoftheater. Die Musik ist vom Herrn Wolfgang Mozart, Kapellmeister in wirklichen Diensten Sr. Majestät des Kaisers. – Die Bücher sind bloß italiänisch beym Logenmeister um 24 kr. zu haben.»[89]

---

88 S. dazu Vignal, Sources, composition et créateurs, S. 12 ff.
89 Mozart. Dokumente seines Lebens. Hrsg. von Otto Erich Deutsch und Joseph Heinz Eibl. 3. Aufl. München, Kassel [u.a.] 1991, S. 167.

Abb. 5: Altes Burgtheater

Über Anlaß und Umstände der Entstehung des Werkes wissen wir kaum etwas. Natürlich kann man eine Parallelität zwischen den beiden Schwesternpaaren Dorabella – Fiordiligi und Aloysia – Constanze sehen. In Aloysia Weber war Mozart heftig und unglücklich verliebt, Constanze hat er schließlich geheiratet. Ob diese persönliche Erfahrung für den Opernentwurf eine Rolle gespielt hat, läßt sich selbstverständlich nicht ausschließen, ebensowenig aber unterstellen. Ob Mozarts private Lebensumstände – ob eine heftige Liebschaft, ob eine Ehekrise – die Komposition beeinflußt haben, können wir nicht mit Bestimmtheit sagen. Im August 1789 schreibt Mozart zwar an Constanze nach Baden, sie möge sich an ihr Geständnis erinnern, sie sei zu nachgiebig. Deshalb ermahnt er sie:

«mich freut es ja, wenn Du lustig bist – gewis – nur wünschte ich daß Du Dich bisweilen nicht so gemein machen möchtest – mit N.N. machst Du mir zu freye... ebenso mit N.N: als er noch in Baaden war [...].»[90]

90 Mozart. Briefe (Fn. 49), S. 388.

Jede Spekulation aber darüber, wer N.N. gewesen ist, der bis zum letzten Brief Mozarts vom 14. Oktober 1791 immer wieder von diesem verdächtigt und geschmäht wird, gelegentlich Backpfeifen in Aussicht gestellt bekommt oder auch dem Belieben Constanzes anheim gestellt wird, ist müßig. Ob sich hinter dem Unbekannten eine Affäre verbirgt, die Mozart in seiner Opernkonzeption beeinflußt haben könnte, ist nicht mehr als eine Vermutung.[91] Ein Verdacht, aber auch wirklich nicht mehr, ist die Annahme, Mozarts Schüler Franz Xaver Süßmayr, der Constanze seit 1789 bei ihren Kuraufenthalten in Baden bei Wien immer wieder begleitet oder betreut hatte, könnte jener ominöse N.N. sein. Daraus eine Parallelität zwischen Mozarts Gefühlssituation zwischen Liebe und Eifersucht einerseits und der Handlungssituation der Oper andererseits tiefenpsychologisch zu folgern sowie schlankweg Mozart mit Guglielmo, Süßmayr mit Ferrando, Fiordiligi mit Aloysia, Dorabella mit Constanze zu identifizieren, ist reichlich gewagt.[92]

Vor allem wissen wir auch nicht, von wem der kaiserliche Kammerkompositeur, der 1787 in diesem Amt Nachfolger Christoph Willibald Glucks geworden war, den Auftrag zu dieser Oper tatsächlich erhalten hat. Ganz offenkundig aber ließ das Amt des Kammerkomponisten Mozart genügend Freiraum, um weiterhin auch als Opernkomponist tätig sein zu können. Die erfolgreiche Wiederaufnahme von *Le nozze di Figaro* am 29. August 1789 in Wien könnte tatsächlich die Aufmerksamkeit wiederum auf Mozart gelenkt und einen neuen Auftrag für eine Oper veranlaßt haben, die, wie schon der *Figaro*, ebenfalls in der zeitgenössischen Gegenwart spielen sollte.[93] Ob Joseph II. selbst diesen Auftrag erteilt hat, ist nicht zu ermitteln; daß er gar dieses ganz bestimmte Stück bestellt haben soll, ist eher unwahrscheinlich und wohl eine Erfindung der Nachwelt.

---

91 Trowell vermutet, eine tiefe Krise in der Beziehung zu der in Baden zur Kur weilenden Constanze habe die Komposition, besonders das Abschiedsterzett im 1. Akt und Fiordiligis Arie «Per pietà», beeinflußt. – S. dazu Trowell, Mozart at the time of *Così fan tutte*, S. 10.

92 S. dazu Boesch, *Così fan tutte*, wo aus vager Subjektivität heraus solche Gleichsetzung ohne weiteres vorgenommen und Mozart eine Seelenverwandtschaft mit Guglielmo unterstellt wird. Er, Mozart, hätte mit einem Mal erkannt, «daß die Identifikation mit dieser Figur in Schichten seines Herzens vordrang, deren Berührung ihm wehtat, ja mehr sogar, ihm ins Mark des Unbewältigten und Verdrängten traf – vielleicht ist *Così fan tutte* Mozarts Versuch gewesen, sich zu befreien, oder besser, sich freizukomponieren.» (S. 128)

93 S. dazu Kunze, Mozarts Opern, S. 436 f.

Abb. 6: Dorothea Stocks 1789 entstandenes Mozart-Porträt

Mozart selbst nennt als vereinbartes Honorar ursprünglich die doppelte Summe dessen, was ausgezahlt wurde, nämlich 200 Dukaten[94], nach heutiger Kaufkraft immerhin fast 30.000,— Mark[95]. Es scheint, als habe er wäh-

---

94 100 Dukaten sind 450 Gulden.
95 S. dazu Rosendorfer, Herbert: Einige Gedanken zu *Così fan tutte*. In: *Così fan tutte*. Hrsg. von Csampai/Holland, S. 183-191, hier S. 184. – Drüner, Ulrich: Wohin geht unser Mozart-Bild? In: Zweiundvierzigstes Deutsches Mozartfest der Deutschen Mozart-Gesellschaft. Augsburg 1993, S. 18-34, hier S. 25. – Carl Baer berechnet die Kaufkraft eines Gulden: «Die gebräuchlichsten Münzsorten waren unter den Goldmünzen der Dukaten, unter den Silbermünzen der Gulden und unter den Kupfermünzen der Kreuzer. 1 Dukaten = 4 1/2 Gulden (fl.), 1 Gulden = 60 Kreuzer (kr.). [...] Um ein lebendiges, mit den heutigen Lebensumständen vergleichbares Bild vom Wirtschaftsalltag zur Zeit Mozarts zu bekommen, wäre also der Gulden mit 30, der Kreuzer mit 50 zu multiplizieren.» S. dazu Bär, Carl: «Er war ... kein guter Wirth» Eine Studie über Mozarts Verhältnis zum Geld. In: Acta Mozartiana 25 (1978), S. 30-53, hier S. 31 f.

rend der Kompositionsarbeit durchaus genügend Geld verdient, um damit nach anspruchsvollem bürgerlichen Standard angemessen über die Runden zu kommen. Gleichwohl aber scheint er nicht genügend Mittel gehabt zu haben, um seinen luxuriösen und aufwendigen Lebensstil uneingeschränkt fortsetzen zu können.[96] In einem flehentlichen Brief, geschrieben im Dezember 1789 an seinen Logenbruder, den Kaufmann Johann Michael Puchberg, ihm mit 400 Dukaten aus der «größten Verlegenheit» zu helfen, erwartet Mozart noch die doppelte Summe des ausgezahlten Honorars, das er als Sicherheit für den erbetenen Betrag bietet:

«...künftigen Monat bekomme ich von der Direction (nach ietziger Einrichtung) 200 Ducaten für meine Oper.»[97]

Tatsächlich sandte ihm Puchberg 300 Gulden und später noch einmal 100 Gulden. Der von Mozart hier genannte Betrag von 200 Dukaten entspricht der Summe von 900 Gulden und wäre das Doppelte dessen gewesen, womit sonst üblicherweise eine Opernkomposition für das Nationaltheater aus dem kaiserlichen Theaterbudget honoriert wurde. Gelegentlich wurde diese Summe dann bei großem Publikumserfolg verdoppelt. Salieri war mit seinen Opern *La grotta di Trofonio* in der Spielzeit 1785/86 und *Axur* ein Nutznießer solcher gönnerhaften Geste. Auch Belohnungen und Geschenke als kaiserliche Extras sind bekannt. Mozart und Salieri als Komponisten sowie die Theatertruppe und das Orchester des «Opernwettstreits» der beiden Stücke *Der Schauspieldirektor* und *Prima la musica* in der Orangerie von Schönbrunn durften 1000 Dukaten aus Josephs II. Privatschatulle unter sich aufteilen.[98] Daß der Kaiser während seiner Erkrankung oder auch angesichts der angespannten Haushaltslage infolge des Türkenkriegs zu solcher Generosität im Falle von *Così fan tutte* geneigt gewesen sein sollte, ist eher unwahrscheinlich. Der erste Band des *Kassabuchs der beiden Hoftheater* weist denn auch unter den «Extra Ausgaben» für die Woche vom 23. bis zum 29. Januar 1790 «dem Mozart Wolfgang, für Componirung der Musi zur Opera Così fan Tutte 450.—» an.[99] Es ist fraglich, ob Mozart wirklich mit gutem Grund 200 Dukaten respektive 900

---

96 Zu den hohen Honoraren und Einkünften Mozarts und seinem finanziellen Ruin s. Angermüller, Rudolf: «seine Fehler waren, daß er das Geld nicht zu dirigieren wußte». Mozarts finanzielle Verhältnisse. In: Collectanea Mozartiana hrsg. zum 75jährigen Bestehen der Mozartgemeinde Wien. Tutzing 1988, S. 19-39.
97 Mozart. Briefe (Fn. 49), S. 390.
98 S. dazu Edge, Mozart's Fee for *Così fan tutte*, S. 231.
99 Ex. Österreichische Nationalbibliothek Wien, Sign. Theatersammlung M 4000.

Gulden erwarten durfte, ob er Puchberg mit der Angabe dieses Betrages eine größere Sicherheit für die erbetene Summe suggerieren wollte oder ob in der Tat nur die Hälfte des versprochenen Honorars als Ausgabe verbucht wurde.

Abb. 7: Antonio Salieri (1750-1825)

Den Gedanken an eine Opera Buffa über ein Verwirrspiel von Liebe und Treue hatte Mozart schon länger mit sich herumgetragen. Nach den großen Erfolgen 1781 mit *Idomeneo re di Creta* und 1782 mit der *Entführung aus dem Serail* hatte Mozart 1783, ausdrücklich aufgefordert durch den Direktor des Hoftheaters, Graf Orsini-Rosenberg, zwei Kompositionen aus dem Bereich der Opera Buffa begonnen. Anfang 1783 hatte Mozart den 1782 als Hofpoeten nach Wien berufenen Lorenzo Da Ponte im Hause des Kaufmanns Karl Abraham Wetzlar von Blankenburg kennengelernt. Mit einem Seitenblick auf Da Pontes Libretto für Salieris «dramma giocoso per musica», *Il rico d'un giorno* (Der Reiche für einen Tag), wünschte er sich selbst auch so ein Textbuch. Im Frühjahr 1783 gab «der Herr Italiener» sein Versprechen für ein «ganz Neues büchel». Eingelöst hat er diese Zusage dann erst 1785 mit der Bearbeitung von Beaumarchais' sechs Jahre lang von der kaiserlichen Zensur verbotenen Komödie *La folle journée ou le mariage de Figaro* (Der verrückte Tag oder die Hochzeit des Figaro).

Da also Da Ponte zu jener Zeit vertraglich an Salieri gebunden war, sichtete Mozart mehr als 100 Libretti, befand indes keines für gut genug. Deshalb war er auch bereit, die Zusammenarbeit mit dem Textdichter des *Idomeneo*, Giovanni Battista Varesco, mit dem er sich zerstritten hatte, zu erneuern. Vom künftigen Libretto hatte Mozart schon feste Vorstellungen. Ein komisches Stück mit sieben Rollen sollte es sein:

> «das nothwendigste dabey aber ist. recht *Comisch* im ganzen. und wenn es dann möglich wäre 2 *gleich gute frauenzimmer Rollen* hinein zu bringen. – die eine müsste Seria, die andere aber Mezzo Carattere seyn – aber an *güte* – müssen beide Rollen ganz gleich seyn. – das dritte frauenzimmer kann aber ganz Buffa seyn, wie auch alle Männer wenn es nöthig ist.»[100]

Dieses Vorhaben indes wurde nie ausgeführt. Und ein anderes Projekt, *Lo sposo deluso ossia la rivalta di tre donne per un solo amante* (Der gefoppte Ehemann oder Die Rivalität von drei Damen um einen einzigen Liebhaber, KV 430 [424a]), blieb Fragment. Unsicher ist, ob nicht etwa schon Da Ponte für diese Buffooper als Librettist gewonnen werden konnte und – aus unbekannten Gründen – nur wenige Szenen geliefert hat.[101]

Ebenfalls unvollendet geblieben ist ein dritter Versuch auf dem Gebiet der Opera Buffa. *L'oca del Cairo* (Die Gans von Kairo, KV 422) hat aber zweifellos die Rollen für *Così fan tutte* vorgeprägt. Von *L'oca del Cairo*[102] ist der erste Akt mit auskomponierten Gesangstücken fertiggestellt, vom zweiten Akt existiert eine Handlungsskizze. Wie in *Così fan tutte* nimmt das verwickelte Geschehen aus einer Wette seinen Lauf: Der alte Don Pippo wettet mit Biondello, daß er ihm seine Tochter Celidora zur Frau gebe, wenn es dem jungen Mann binnen eines Jahres gelänge, in den Turm einzudringen, in dem er Celidora und deren Freundin Lavina eingeschlossen hält. Lavinas Geliebter Calandrino bastelt eine mecha-

---

100 Mozart aus Wien am 17. Mai 1783 an seinen Vater Leopold in Salzburg. In: Mozart. Briefe (Fn. 49), S. 330.
101 S. dazu Köchel-Verzeichnis, S. 463 und Einstein, Mozart, S. 399.
102 S. dazu Czucka, Eckehard: Mozarts *Die Gans von Kairo*. Zum Verhältnis von Satire und Lustspiel am Beispiel eines Opernfragments. In: Kairoer Germanistische Studien 6 (1991), S. 267-279. – Weitere Literaturangaben in: Köchel-Verzeichnis, S. 458-460: Nr. 422, hier S. 460.

nische Gans, in der sich Biondello versteckt. Verkleidet als Frau aus Kairo präsentiert Pantea, verlassene Gattin Don Pippos, auf dem Jahrmarkt das Wunderwerk, das Don Pippo dann in den Turm schaffen läßt. Unterstützt wird der Plan von Don Pippos Diener Chichibio, Liebhaber von Panteas kecker Zofe Auretta. Am Schluß finden sich dann vier mehr oder minder glückliche Paare. Die genretypischen Rollen in diesem Stück nun lassen sich unschwer als die Vorläufer des *Così*-Personals identifizieren: Die Kammerjungfer Auretta ist Despinas schalkhafte Vorgängerin, Don Pippos Wetteifer gleicht dem Don Alfonsos, die Liebespaare Celidora und Biondello sowie Lavina und Calandrino zeigen in Temperament und Stimmlage Verwandtschaft mit Dorabella und Guglielmo sowie Fiordiligi und Ferrando. Und hier wie dort wird eine Täuschung inszeniert, wird der Wahrheit durch eine Lüge ans Licht verholfen. Freilich finden hier alle füreinander bestimmten Paare auch tatsächlich zueinander. Was Chichibio, der Liebhaber Aurettas, über die Treue der Frauen anstimmt, wird sich erst in *Così fan tutte* bewahrheiten:

«Ogni momento dicon le donne
siamo colonne di fedeltà.
Ma picciol vento d'un cincinnato
inzibettato cader le fa.
Non dico delle brutte;
son sode quasi tutte,
se vento non ci van.
Delle belle vanarelle
io non parlo;
già si sa, già si vede,
che la fede nelle belle è rarità.»[103]
(Nr. 3: Die Frauen sagen täglich aufs neue: Wir stehen in Treue fest wie ein Turm. Doch wenn Sie fragen: Beim kleinsten Winde fallen sie rasch ganz ohne Sturm. Fest sind in diesem Falle die Häßlichen nur alle, solange der Wind nicht geht. Doch von jenen wirklich Schönen will ich schweigen, ihr versteht – denn bei ihnen ist zu dienen Treue wahrlich kein Magnet.[104])

---

103 Wolfgang Amadeus Mozart. *L'oca del Cairo*. Hrsg. von Friedrich-Heinrich Neumann. Kassel [u.a.] 1960 (Neue Ausgabe sämtlicher Werke, Serie II: Bühnenwerke, Werkgruppe 5: Opern und Singspiele, Bd. 13), S. 15 f.
104 Wolfgang Amadeus Mozart. Sämtliche Opernlibretti. Hrsg. von Rudolf Angermüller. Stuttgart 1990 (Universal-Bibliothek Nr. 8659), S. 591-611, hier S. 601 f.

Genau 40 Jahre nach der Komposition von *Così fan tutte* wird noch ein Gerede über bis zu jenem Zeitpunkt unbekannte Umstände, unter denen die Oper entstanden sein soll, in Umlauf gesetzt. Eine Äußerung von Mozarts jüngstem Sohn Franz Xaver Wolfgang, von seiner Mutter Constanze in Wolfgang Amadeus d.J. umbenannt, stellt die unbewiesene Behauptung auf, Salieri hätte in jener Zeit *Così fan tutte* ursprünglich selbst komponieren wollen. Die Vermutung, ein viertes Stück sei so schlecht gewesen, «daß Salieri, der mit dem Komponieren schon begonnen hatte, es nicht zu Ende bringen mochte»[105], stützt sich allerdings auf spätere Überlieferung. Wenig schmeichelhaft ist diese Aussage im übrigen auch für Wolfgang selbst, den Salieri unterrichtet und gefördert hatte. Im Jahre 1829 waren Vincent und Mary Novello, enthusiastische Mozart-Verehrer aus London, nach Salzburg gekommen und hatten am 14. Juli eine längere Unterredung mit Mozarts Sohn. Für den 15. Juli notierte Mary in ihrem Reisetagebuch:

> «Salieris Feindschaft begann mit Mozarts Komposition von *Cosi fan tutte*. Er hatte die Oper selbst begonnen, aber aufgegeben, da er sie für unwürdig hielt, in Musik gesetzt zu werden.»[106]

Und Vincent ergänzt dazu:

> «Salieri versuchte zuerst, die Oper zu komponieren, aber es gelang ihm nicht. Der große Erfolg Mozarts soll seinen Neid und Haß erregt haben und der Beginn seiner Feindschaft und Bosheit gegenüber Mozart gewesen sein...»[107]

Da Ponte hatte wohl während seines Engagements für Mozart auch für Antonio Salieri die Libretti *Il talismano* (Der Glücksbringer, 1789 nach Carlo Goldoni), *Il pastor fido* (Der treue Hirte, 1788 nach Giovanni Battista Guarini) und *La cifra* (Die Zahl, 1789 als Neufassung von *La dama pastorella*, Die Dame als Schäferin, nach Guiseppe Petrosellini) geschrieben. Ob er aber wirklich das Textbuch für *Così fan tutte* zuerst für Salieri gemacht hat, ist nicht nachzuweisen. Fest steht, der Abbate lieferte im Herbst 1789 für

---

105 Vogel, Martin: Musiktheater IV: Mozarts Aufstieg und Fall. Bonn 1987 (Orpheus, Bd. 47), S. 158.
106 Eine Wallfahrt zu Mozart. Die Reisetagebücher von Vincent und Mary Novello aus dem Jahre 1829. Hrsg. von Nerina Medici di Marignano und Rosemary Hughes. Deutsche Übertragung von Ernst Roth. Bonn 1959, S. 79.
107 Eine Wallfahrt zu Mozart (Fn. 106), S. 80.

die dritte und letzte der «Welschen opera» nach dem *Figaro* und dem *Don Giovanni* für Mozart das gewünschte «büchel». Und daß ausgerechnet der nicht eben grandiose Erfolg dieser Oper Mozarts Salieris Eifersucht entfacht und angestachelt haben soll, ist doch eher unwahrscheinlich. In der Einladung an Puchberg zur Opernprobe am 31. Dezember hatte Mozart zwar Differenzen mit Salieri eingeräumt:

«Mündlich werde ich Ihnen Cabalen von Salieri erzählen, die aber alle schon zu Wasser geworden sind – adjeu.»[108]

Aber ob sich hinter jenen Ränken Salieris feindselige Attacken oder Intrigen gegen Mozart und Da Ponte verbergen, weil Mozart die Komposition zu *Così fan tutte* im Gegensatz zu seiner eigenen vollendet hatte und die Oper zur Aufführung gelangen sollte, ist mehr als zweifelhaft. Zumal Salieri als Präsident der «Tonkünstler-Sozietät» kurz vorher Mozarts Klarinettenquintett (KV 581) zur Uraufführung gebracht hatte. Sehr viel naheliegender ist – wie Braunbehrens vermutet – ein Theaterkonflikt. Am 11. Dezember 1789 nämlich hatte *La cifra* Premiere und wurde dann in einer Zeit aufgeführt, in der Mozart mit den Proben zu seiner Oper begann. Die dicht aufeinanderfolgenden Opernpremieren mögen zu Reibereien geführt haben, ebenso wie die Besetzung der Eurilla aus Salieris Oper und der Fiordiligi durch ein und dieselbe Sängerin, nämlich die von Mozart als Sängerin verehrte, als Person und Geliebte Da Pontes aber nicht sonderlich geschätzte Adriana Francesa Del Bene:

«Und im Spielplan mußte solch gewichtiger Einsatz einer Sängerin natürlich berücksichtigt werden, konnten sich also die Aufführungen von *La cifra* und *Così fan tutte* gegenseitig behindern. Aber ein tiefer greifender Streit zwischen Mozart und Salieri ist natürlich aus diesem ganz normalen Theaterkonflikt nicht abzulesen.»[109]

Entstanden ist *Così fan tutte* drei Jahre nach dem *Don Giovanni*, und zwar offenbar in einer Zeit, da Mozarts Schaffenskraft und Kreativität weniger produktiv gewesen war. Der Werkkatalog für die Jahre 1789 und 1790 enthält ungewöhnlich wenig Kompositionen. Das mag zum einen daran gelegen haben, daß sich Mozart Zeit nahm, sich mit neuen Stilen wie dem Kontra-

---

108 Mozart. Briefe (Fn. 49), S. 390.
109 Braunbehrens, Volkmar: Salieri. Ein Musiker im Schatten Mozarts. München, Zürich 1989, S. 205.

punkt und der Polyphonie Johann Sebastian Bachs und Carl Philipp Emanuel Bachs zu beschäftigen. Zum anderen zeigen die Fragmente unfertiger Kammermusiken für Bläser und Streicher (KV 580 a, KV 580 c, KV 581 a), die vier Klaviersonatenversuche (KV 588 b, KV 590 a, b und c) sowie die unvollständig ausgeführten Kompositionsaufträge für Friedrich Wilhelm II. von Preußen – statt sechs Streichquartette nur drei *Preußische Quartette* (KV 575, KV 589, KV 138), statt sechs Klaviersonaten für Prinzessin Friederike nur eine (KV 576) – die hemmenden Auswirkungen krisenhafter Lebensumstände. Die Hungerrevolten in den Wiener Vorstädten infolge der schweren Mißernten, die Unruhen in Ungarn und den Niederlanden, der kostspielige Türkenkrieg hatten verheerende Konsequenzen für die österreichische Wirtschaft. Auch Mozart muß die Folgen als freier Komponist wie auch als Hofkomponist zu spüren bekommen haben. Die Subskriptionen seiner Konzerte ließen zu wünschen übrig. 1789 hat Joseph II. die Italienische Oper wegen ihrer hohen Personal- und Ausstattungskosten untersagt. Deshalb dürfte der neue Opernauftrag Mozart als künstlerische Herausforderung und willkommene Finanzquelle besonders gelegen gekommen sein.

Wie es scheint, hat er sich deshalb in kurzer Zeit sorgfältig auf die Aufgabe vorbereitet. In der zweiten Jahreshälfte von 1789 entstehen für die Sängerinnen der Uraufführung mehrere Arien nach Texten von Da Ponte. Für die Ferrarese schrieb er im Juli 1789 das Rondo für Sopran «Al desio, di chi t'adora» (KV 577: Auf Wunsch dessen, der dich anbetet) und die nicht ins eigene Verzeichnis aufgenommene Arie für Sopran «Un moto di gioia mi sento» (KV 579: Ich spüre eine Regung der Freude). Für die Villeneuve entstanden im Herbst die Arien für Sopran «Chi sà, chi sà, qual sia» (KV 582: Wer weiß, wer weiß, wer es ist) und die im deklamatorischen Beginn Fiordiligis Felsenarie ähnelnde «Vado, ma dove?» (KV 583: Ich gehe, aber wohin?). Da die Ensembles für den ersten Akt schon fast alle fertig waren, ehe Mozart die Arien zu komponieren begonnen hatte, könnten ihm die eigens geschriebenen Stücke als Test für einzelne Akteure der Premierenbesetzung gedient haben, ehe er sich an die Komposition der übrigen Teile machte. Neben diesen Konzertarien hatte Mozart vor Beginn der Arbeit an *Così fan tutte* noch das Klarinettenquintett in A-Dur (KV 581), Ende September das «Stadler-Quintett» und im Dezember zwölf Menuette (KV 585), zwölf Deutsche Tänze (KV 586) sowie den Kontretanz in C-Dur, «Der Sieg vom Helden Coburg» (KV 587) komponiert.

Abb. 8: Joseph von Eybler (1765-1846)

Nach den Eintragungen in seinem Werkverzeichnis muß Mozart *Così fan tutte* im Oktober 1789 zu komponieren begonnen haben. Im Werkverzeichnis hat Mozart die Oper auch noch als «Opera Buffa in 2 Atti» bezeichnet, während das Libretto und die zeitgenössischen Partiturkopien dagegen von einem «Dramma Giocoso» sprechen.[110] Die Partitur scheint in großer Hast geschrieben worden zu sein, da der Autograph für Mozart ungewöhnlich viele Abkürzungen aufweist. Der von Mozart hochgeschätzte kaiserliche Vizekapellmeister, der spätere Nachfolger Salieris, Joseph von Eybler, der auch als erster eine Vollendung des Requiems in d-Moll (KV 626) versuchte, hatte bei den Proben zu *Così fan tutte* geholfen. Am Silvestertag 1789 hatte Mozart in seiner neuen Wohnung auf dem Judenplatz hinter dem Palais Colalto Haydn sowie seinem Gönner Puchberg aus der neuen Oper vorgespielt. Die erste Orchesterprobe, zu der Mozart dann am 20. Januar

---

110 S. dazu Ferguson/Rehm, Vorwort, S. VIII.

Puchberg und Haydn ebenfalls persönlich eingeladen hatte, hatte am 21. Januar 1790 im Theater stattgefunden:

«Morgen ist die erste Instrumental-Probe im Theater – Haydn wird mit mir hingehen – erlauben es Ihre Geschäfte, und haben Sie vielleicht Lust der Probe auch beyzuwohnen, so brauchen Sie nichts als die Güte zu haben sich Morgen Vormittag um *10 Uhr* bei mir einzufinden, so wollen wir den alle zusammen gehen.»[111]

Daß Mozart den väterlichen Freund und von ihm hoch geschätzten Komponistenkollegen Haydn zu den Proben eingeladen hat, läßt vermuten, daß er sich der Qualität seiner Musik und der Oper sicher war.

Mozarts Autograph ist nur unvollständig erhalten[112] und wird heute von zwei Bibliotheken aufbewahrt. Erworben hatte die Handschrift um 1800 der Offenbacher Musikverleger Johann Anton André von Mozarts Witwe Constanze. 1873 gelangte die Handschrift in die damalige Königliche Bibliothek zu Berlin, wo die beiden Akte gebunden wurden. Der erste Akt befindet sich seit Kriegsende – wie viele Bestände der ehemaligen Preußischen Staatsbibliothek – in der Jagiellonischen Bibliothek zu Krakau.[113] Die fragmentarische Handschrift des zweiten Aktes wird heute wieder in der Staatsbibliothek zu Berlin Preußischer Kulturbesitz aufbewahrt[114].

Das Libretto, das gegenüber Mozarts Originalhandschrift mehrere Abweichungen aufweist[115], muß kurz hintereinander zweimal gedruckt worden sein. In der vermutlich Anfang Januar 1790 gedruckten Erstausgabe ist noch die Guglielmoarie «Rivolgete a lui lo sguardo» (Nr. 15a: Richten Sie den Blick auf ihn) enthalten gewesen[116], deren Text Mozart dann für die Vertonung an einigen Stellen leicht verändert hat. Das endgültige Libretto wurde wenig später gedruckt.

---

111 Mozart. Briefe (Fn. 49), S. 392.
112 Es fehlen Nr. 21, das Rezitativ vor Nr. 25, die 13. Szene des 2. Aktes, Nr. 30, Klarinetten- und Trompetenstimmen zu Nr. 13 sowie in verschiedenen Takten Bläserstimmen und Pauken. – S. dazu Ferguson/Rehm, S. XIII.
113 Ex. Biblioteka Jagiellonska Kraków, Sign: Mus. ms. autogr. Mozart K 588.
114 Sign.: Mus. ms. autogr. W.A. Mozart 588. – S. dazu Wolfgang Amadeus Mozart. Autographe und Abschriften. Katalog bearb. von Hans-Günter Klein. München 1982, S. 89 f.
115 S. dazu im Detail Ferguson/Rehm, S. XVI.
116 Così fan tutte o sia La scuola degli amanti. Dramma giocoso in due atti da rappresentarsi nel teatro di corte l'anno 1790. Wien [o.J.], S. 29 f. – Ex. Wiener Stadt- und Landesbibliothek, Sign.: A 23.482.

Abb. 9: Mozarts Handschrift der Partitur des 1. Aktes, Blatt 105ʳ:
Beginn der Arie «Rivolgete a lui lo sguardo»

Im endgültigen Libretto befindet sich auch die neue Guglielmoarie «Non siate ritrosi» (Nr. 15: Seid nicht widerspenstig).[117] Das vorangehende Rezitativ Guglielmos endet in diesem Druck noch mit der ersten Zeile der gestrichenen Arie: «Rivolgete a lui lo sguardo.» Dieser an Fiordiligi gerichteten Aufforderung, den Blick auf Ferrando zu richten, folgt in der alten Arie wenige Zeilen später die Bitte an Dorabella, sich ihm, Guglielmo, zuzuwenden. Da sich «Non siate ritrosi» ausdrücklich auf beide Mädchen zugleich bezieht, macht die Regieanweisung hinter dem stehengebliebenen ersten Vers der alten Arie «(a Fiord.)» vor der neuen wenig Sinn, muß also ein Satzfehler sein. Die neue Arie «No siate ritrosi» hat im Libretto zwei Strophen[118], auf deren Vertonung Mozart verzichtet hat:

---

117 Così fan tutte o sia La scuola degli amanti. Dramma giocoso in due atti da rappresentarsi nel teatro di corte l'anno 1790. Wien [o.J.], S. 29 f. – Ex. Wiener Stadt- und Landesbibliothek, Sign.: A 44.404.
118 Così fan tutte o sia La scuola degli amanti (Fn. 116), S. 29 f. – S. auch die Ausgabe von Fubini/Bonora, S. 975 f.

«Voi siete forieri
Di dolci pensieri
Chi guardavi un poco
Di foco si fan.

Non è colpa nostra
Se voi ci abbruciate
Morir non ci fate
In sì buona età.»
(Ihr seid Boten süßer Gedanken. Wer euch ein bißchen anschaut, fängt Feuer. Es ist nicht unsere Schuld, wenn ihr uns zum Glühen bringt. Laßt uns nicht sterben in so jungen Jahren.)

Warum Mozart die beiden Arien ausgetauscht hat, läßt sich nur vermuten: «Non siate ritrosi» preist die Qualitäten beider Liebhaber weniger pompös, eher komödiantisch, persiflierend an und ist damit der Situation dramatisch angemessener als die ursprüngliche, auch sehr viel längere und umständlichere Arie. «Rivolgete a lui lo sguardo» wird heute als Konzertarie geführt (KV 584) und höchst selten von Inszenierungen eingesetzt.

COSÌ FAN TUTTE

O SIA

LA SCUOLA DEGLI AMANTI.

DRAMMA GIOCOSO

IN DUE ATTI

DA RAPPRESENTARSI

NEL TEATRO DI CORTE L'ANNO 1790.

VIENNA
PRESSO LA SOCIETÀ TIPOGRAFICA.

Abb. 10: Titelblatt des Libretto-Erstdrucks mit der ursprünglichen Guglielmoarie «Rivolgete a lui lo sguardo»

Urteile und Mißverständnisse

Bis zur Schließung des Hoftheaters Ende Februar anläßlich des Todes von Joseph II. standen auch noch einige andere Opern auf dem Spielplan, für die Da Ponte das Libretto geliefert hatte: Martìn y Solers *Una cosa rara* (Eine seltene Sache), *L'arbore di Diana* und *Il burbero di buon cuore* (Der Griesgram mit dem guten Herzen), Salieris *La cifra* und schließlich auch Mozarts *Figaro* (8. Januar 1790). Diese «Da Ponte-Opern» erlauben es, wenigstens im Vergleich und im Verhältnis zu Da Pontes und Mozarts gemeinsamen Bühnenwerk *Così fan tutte* einige Erkenntnisse zu dessen Erfolg beziehungsweise Mißerfolg im Jahr seiner Uraufführung zu gewinnen.

Kriterien für den Publikumserfolg eines musikalischen Werkes im 18. Jahrhundert zu finden, ist äußerst schwierig. Verwertbare musikkritische Quellen gibt es kaum, da das journalistische Rezensentenwesen noch nicht entwickelt war. Für die wirtschaftliche Einschätzung von Besucherzahlen, Aufführungshäufigkeit sowie Theatereinnahmen als objektive Erfolgskriterien geben wenigstens die Zahlen und Daten einer Opernproduktion und ihrer Realisierung im Spielplan relative Hinweise. Unter Berücksichtigung der Zahl der Aufführungen von *Così fan tutte* war diese Oper so gänzlich erfolglos nicht, wie gelegentlich behauptet wird; auch dann nicht, wenn man sie nur an den grandiosen Erfolgen von *Le nozze di Figaro* und *Don Giovanni* 1787 in Prag mißt. Schon am 28. und 30. Januar sowie am 7. und 11. Februar wurde *Così fan tutte* wiederholt. Der Tod Josephs II. am 20. Februar unterbrach die Aufführungsserie. Wegen der Staatstrauer blieb das Burgtheater bis zum 11. April geschlossen und erst am 6. und 12. Juni, am 6. und 16. Juli sowie am 7. August wurden die *Così*-Aufführungen fortgesetzt. Im Gegensatz dazu brachten es *Die Entführung aus dem Serail* und *Figaro* zu Mozarts Lebzeiten auf immerhin je 38 Bühnenaufführungen in den Wiener Hoftheatern. Und auch Opern von Hofkapellmeister Antonio Salieri, von seinem Nachfolger in diesem Amt, Domenico Cimarosa, von Martìn y Soler (seine Oper *Una cosa rara* war der größte Opernerfolg in Wien), Giovanni Paisiello oder Guiseppe Sarti wurden innerhalb weniger Jahre dutzendfach aufgeführt.[119] Bis zu Mozarts Tod am 6. Dezember 1791 ist *Così fan tutte* noch in Prag

---

119 S. dazu Branscombe, *Così* in Context, S. 463 und ders.: Mozart und das Theater seiner Zeit. In: H. C. Robins Landon (Hrsg.): Das Mozart-Kompendium. Sein Leben – seine Musik. München 1991, S. 415-431, hier S. 428 f.

und in Dresden in der italienischen Originalfassung gespielt worden. In Wien kam es erst 68 Jahre nach der Uraufführung wieder zu Aufführungen in italienischer Sprache mit Da Pontes Libretto.

Abb. 11: Frontispiz der Leipziger Erstausgabe des Klavierauszugs von *Così fan tutte*

Allerdings: Gemessen am Erlös des Kartenverkaufs der Premiere, war *Così fan tutte* sogar ein regelrechter Kassenschlager. Die Einnahmen der Uraufführung erbrachten 553 Gulden und 19 Kreuzer – mehr als jede andere Opernaufführung der Saison. Zum Vergleich: Das zweite der beiden einzigen Auftragswerke dieser Opernsaison, Salieris *La cifra*, spielte bei der Premiere nur 485 Gulden und 21 Kreuzer ein.[120]

---

120 S. dazu Edge, Dexter: Mozart's Reception in Vienna 1787 bis 1791 (im Druck).

Noch im Jahr der Uraufführung von *Così fan tutte* wurden in Wenzel Sukowatys Wiener Kopiaturwerkstatt zwei zweibändige Partiturkopien der Oper[121] angefertigt. Aus der Zeit der Jahrhundertwende sind noch drei weitere Kopien überliefert.[122] Von der Partitur wurden zu Mozarts Lebzeiten das Duett «Il core vi dono» (Nr. 23: Mein Herz schenke ich Euch) durch den Kopisten Lausch am 20. Februar 1790 im Druck bei dem bekannten Wiener Musikverlag Artaria veröffentlicht.[123] Die Ouvertüre und die Nummern «Ah, guarda, sorella» (Nr. 4: Ach, schau nur, Schwester), «Al fato dàn legge quegli occhi vezzosi» (Nr. 7: Dem Schicksal geben Gesetze diese liebevollen Augen), «Bella vita militar» (Nr. 8: Schön ist das Soldatenleben), «Non siate ritrosi» (Nr. 15: Seid nicht widerspenstig), «Una donna a quindici anni» (Nr. 19: Eine Frau von fünfzehn Jahren), «Prenderò quel brunettino» (Nr. 20: Ich nehme den Braunen), «Il core vi dono» (Nr. 23: Mein Herz schenke ich Euch) und «È amore un ladroncello» (Nr. 28: Amor ist ein kleiner Dieb) wurden im Klavierauszug ebenfalls noch 1790 bei Artaria herausgebracht.[124] Eine deutschsprache Partitur, die Librettoübersetzung Bretzners, erschien erst nach 1810 im Leipziger Verlag Breitkopf & Härtel.[125]

Daß die Wiener *Così fan tutte* auch nach der Wiederaufnahme der Oper im Sommer 1790 offenkundig geringeres Interesse als der *Entführung aus dem Serail* oder dem *Figaro* entgegenbrachten, hängt sicher mit dem Ende der Josephinischen Ära zusammen, deren Versuch gescheitert war, Aufklärung und Absolutismus im Interesse und in Übereinkunft mit den Untertanen zu verbinden. Die Vernunft hatte sich gegen ihre Indienstnahme durch ein System gewehrt, das ihrer Freiheit und ihren Möglichkeiten enge Grenzen setzte. Die verbreitete Unzufriedenheit mit Josephs Reformen, die Nachrichten über die Französische Revolution, das Desaster des Türkenkrieges hatten zu einer allgemeinen schlechten Stimmung von enttäuschten Hoffnungen geführt. Hinzu kam auch ein Umschwung im Lebensgefühl, in der Einstellung zu verfeinertem Sinnengenuß. Wenn Frivolität und Libertinage im *Figaro* und im *Don Giovanni* letztlich bestraft wurden, wie konn-

---

121 Ex. Österreichische Nationalbibliothek Wien, Sign.: O. A. 146 und Ex. Privatbesitz Alan Tyson (London).
122 S. dazu Ferguson/Rehm, Vorwort, S. XV f.
123 Raccolta d'arie, Nr. 73. Wien 1790.
124 Raccolta d'arie, Nr. 56-66. Wien 1790.
125 *Cosi fan tutte*. Dramma giocosa in due Atti con Musica di W. A. Mozart. Partitura. *Weibertreue oder die Mädchen sind von Flandern*. Komische Oper in Zwey Aufzügen von W. A. Mozart. Partitur. Leipzig [o.J.]. – Vgl. dazu auch die Hinweise zu den Übersetzungen und Überarbeitungen sowie zur entsprechenden Sekundärliteratur in Fn. 156.

te man dann die Spiele des Partnertausches in *Così fan tutte* akzeptieren, noch dazu, wo diese – im Gegensatz zu den nachtdunklen Szenerien der beiden anderen Opern – am sonnenhellen Tag oder in hellerleuchteten Räumen stattfinden? Die allgemeine Tristesse und Verunsicherung ließen *Così fan tutte* offenbar als eine Oper erscheinen, die der Zeitstimmung nicht angemessen und für die politisch-gesellschaftlichen Umstände nicht angebracht war. Späteren Generationen kam die Oper offenbar wie eine Apotheose des Rokoko vor, wie eine freche Rechtfertigung frivoler Schlüpfrigkeit, amoralischen Zynismus', eleganter Galanterie, leichtsinniger Spielerei oder graziöser Oberflächlichkeit.

Über den Abend des 25. Januars 1790 notierte Premierenbesucher Graf Zinzendorf in seinem Tagebuch:

«Avant 7^h au nouvel Opera. Cosi fan tutte osia la Scuola degli amanti. La musique de Mozart est charmante, et le sujet assez amusant.»[126]
(Vor 7 Uhr in der neuen Oper. Così fan tutte oder die Schule der Liebenden. Die Musik Mozarts ist bezaubernd und der Stoff ziemlich amüsant.)

Der gräfliche Hofbeamte, Mozart nicht unbedingt gut gesonnen, stellt damit ein durchaus freundliches Zeugnis aus: Er lobt sowohl die Musik als auch die Handlung der Oper. Auf fast einhellige Ablehnung dagegen stieß *Così fan tutte* sehr bald außerhalb Österreichs: Ein reizendes Schäferspielchen, alberne Mimikry, nicht mehr. Daneben, vor allem im 19. Jahrhundert, oft geäußerte Mißbilligung der Unwahrscheinlichkeit von Konflikt und Handlung. Unglaubwürdig sei vor allem, daß die beiden Damen ihre verkleideten Verlobten nicht wiedererkennen. Der Vorwurf der Realitätsferne ist absurd, denn die Theaterrealität ist die Illusion, derer sich die Imagination der Zuschauer bemächtigt. Wirklichkeitsfern zu sein, kann man praktisch jeder Oper vorwerfen. Aber Oper muß weder wahrscheinlich noch naturgetreu, schon gar nicht realistisch sein. Oder hat man je Wagner vorgeworfen, er lasse die Rheintöchter unter Wasser singen, was in Wirklichkeit ja nicht möglich ist? Oder hat man je davon gehört, daß die übrigen Verkleidungsszenen in Mozart-Opern wie *La finta giardiniera* oder *Le nozze di Figaro* als spielerisches Bühnenmittel der Verstellung und des Versteckspiels untauglich seien? Setzt etwa der als Don Giovanni verkleidete Leporello die Glaubwürdigkeit von Donna

---

126 Zit. nach Ferguson/Rehm, Vorwort, S. VII.

Elviras Vergebungs- und Liebesbereitschaft herab, als er sie im Auftrag seines nach Elviras Kammerzofe trachtenden Herrn von diesem ablenkt? Oder wird nicht erst Don Giovannis Scheitern in der Demaskierung, will sagen im Kostüm seines Dieners, symbolhaft deutlich? Was als Bühnenillusion und Theaterkonvention im Dienste von Stück und Handlung steht, hat damit seine Nützlichkeit schon erwiesen.

Vor allem aber wird immer wieder Befremden laut wegen der angeblichen Frivolität und der vermeintlich mangelnden Moral dieser Oper und der irritierenden, ja irreführenden Fähigkeit ihrer Musik, wahre und echte Gefühle auszudrücken. Empörter Protest gegen Anzüglichkeit und Schlüpfrigkeit des Librettos, das zwei «Fremde» so mir nichts dir nichts erfolgreich nach den verlobten Damen schmachten läßt:

> «Singspiel von Mozart componirt, ist ein elendes Ding, das alle Weiber herabgesetzt...»[127]

Mozarts erster Biograph, Franz Niemetschek, kann sich 1798 gar nicht über den textlichen Fehlgriff des Komponisten beruhigen:

> «...man wundert sich allgemein, wie der Mann sich herablassen konnte, an ein so elendes Machwerk von Text seine göttlichen Melodien zu verschwenden.»[128]

Fast wortwörtlich hat sich fünf Jahre später der Lehrer «für junge Tonkünstler» Ignaz Ernst Ferdinand Arnold in einem der frühen Bücher über Mozart diesem Urteil angeschlossen.[129] Arnold gehört mit zu jenen Kritikern des frühen 19. Jahrhunderts, deren veröffentlichte Meinung über das schlechte Libretto und seine Rettung durch die Komposition, die ablehnende, auch

---

127 Der berühmte Schauspieler Friedrich Ludwig Schröder über die Frankfurter Inszenierung am 1. Mai 1791. – Zit. nach Dietrich, Dokumentation zur Uraufführung, S. 37.
128 Niemetschek, Franz: Ich kannte Mozart: Leben des K.K. Kapellmeisters Wolfgang Gottlieb Mozart nach Originalquellen beschrieben. Hrsg. von Jost Perfahl. Mit einem Nachwort, Berichtigungen und Ergänzungen von Peter Krause. 3. Aufl. Leipzig 1984, S. 29.
129 Mozarts Geist. Seine kurze Biografie und ästhetische Darstellung seiner Werke. Ein Bildungsbuch für junge Tonkünstler. Erfurt 1803, S. 390: «Man muß sich in der That wundern, wie Mozart sich herablassen konnte, an ein so elendes Machwerk seine himmlischen Melodien zu verschwenden.»

widersprüchliche Rezeption sogar in der Musikwissenschaft[130] für viele Jahrzehnte mit auslöste und Mozarts Oper den Stempel eines oberflächlichen Bühnenscherzes aufdrückte:

«Man kann in diesem Stück weder Plan noch Anordnung finden, und es würde schwer halten, es als e i n Kunstwerk zu beurtheilen. Es ist eine Sammlung einzelner Schönheiten, doch tragen sie größtentheils das Gepräge froher, muthwilliger Laune.»[131]

Deshalb auch beschied Beethoven 1825 sittenstreng und knapp:

«Dagegen habe ich einen Widerwillen – Ich hätte solche Stoffe nicht wählen können, sie sind mir zu leichtfertig.»[132]

Wagner bemäkelte 1851 die «schale und unwürdige Grundlage»[133] der Oper. In seltener Einigkeit mit Wagner hielt auch dessen unerbittlichster Kritiker, Eduard Hanslick, Mozarts Oper für ein schwaches Werk:

«Die grenzenlose Plattheit des Textbuches ist es, was Mozart's lieblicher Musik zu *Così fan tutte* überall den Garaus macht. Die Bildung unserer Zeit kann bei bestem Willen damit keinen Vergleich mehr schließen.»[134]

Der vermeintliche Gegensatz zwischen Libretto und Partitur freilich diente Mozarts zweitem Biographen, Constanzes zweitem Ehemann, Georg Nikolaus Nissen, dazu, die Komponistenleistung umso überragender erscheinen zu lassen:

---

130 S. dazu Ackermann, Zur Rezeption von Mozarts Oper in der Musikwissenschaft, S. 17 ff.
131 Arnold, Mozarts Geist (Fn. 129), S. 390.
132 Beethoven im Mai 1825 zu Ludwig Rellstab. – Zit. nach Ackermann, Zwischen Kritik und Provokation, S. 176.
133 Zit. nach *Così fan tutte*, hrsg. Csampai/Holland, S. 227.
134 Hanslick, Eduard: Die moderne Oper. Kritiken und Studien. Berlin 1875, S. 43. – Vgl. dazu auch Merian, Hans: Mozarts Meisteropern. Leipzig [o.J.], S. 58: «Bei einem Texte, wie er ihm [Mozart] in *Così fan tutte* geboten wurde, frivol, oberflächlich, ohne innere Vertiefung, konnte er das, was sein Bestes war, nicht in Anwendung bringen.»

> «Wenn man den schlechten Text dieser Oper betrachtet, so muss man über die Fruchtbarkeit des Mozart'schen Genie's erstaunen, welches fähig war, ein so trockenes, einfältiges Sujet zu beleben und solche Schönheiten hervor zu bringen.»[135]

Der Mozart-Bewunderer, Musikdirektor, Operndichter und Erzähler E.T.A. Hoffmann dagegen ist von der Kongenialität der herrlichen Musik und des poetischen Textes begeistert und liefert eines der seltenen frühen Zeugnisse uneingeschränkter Zustimmung zu Komposition und Libretto, wenn er Ferdinand in der 1813 entstandenen Dialogerzählung *Der Dichter und der Komponist* aus dem ersten Band der *Serapions-Brüder* (1819) bemerken läßt, daß «der verachtete Text dieser Oper eben wahrhaft opernmäßig ist.»[136] Höchste und uneingeschränkte Anerkennung erfährt Mozarts Oper auch wenig später aus dem Kreis um Goethe. Der Berliner Komponist und Freund Goethes, Carl Friedrich Zelter, hat nach Kanzler von Müllers Aufzeichnungen 1823 diese Oper zusammen mit dem *Figaro* für Mozarts beste Oper gehalten. Dabei gibt von Müller an dieser Stelle den Operntitel in der geradezu provokativ wirkenden Pluralform in geschlechtlicher Unbestimmtheit wieder – allerdings wohl eher aus sprachlicher Unkenntnis heraus, wie die Schreibung des zweiten Wortes vermuten läßt: «*Cosi van tutti*».[137]

Den Philistervorwurf der Unmoral sowie der Ehefeindlichkeit und die Ungunst des Publikums teilte die Oper mit einem Jahre später erschienen Roman, der ein vergleichbares Sujet behandelte.[138] *Die Wahlverwandtschaften* haben Goethe anfangs immer wieder den Vorwurf der Unsittlichkeit eingetragen[139], und er mußte sich gelegentlich ein männlich-besorgtes Urteil über sein Buch anhören: «...es ist wirklich unmoralisch, und ich empfehle

---

135 von Nissen, Georg Nikolaus: Biographie W. A. Mozarts [...]. Nach des Verfassers Tod hrsg. von Constanze, Wittwe von Nissen, früher Wittwe Mozart. Leipzig 1828; Neudruck Hildesheim [u.a.] 1964, S. 544.
136 E.T.A. Hoffmann. *Die Serapions-Brüder*. Mit einem Nachwort von Walter Müller-Seidel und Anmerkungen von Wulf Segebrecht. München 1976/79, S. 91.
137 Kanzler von Müller. Unterhaltungen mit Goethe. Kritische Ausgabe [hrsg.] von Ernst Grumach. Weimar 1956, S. 97.
138 S. dazu Barnes, H. G.: Goethes *Wahlverwandtschaften* vor der katholischen Kritik. In: Literaturwissenschaftliches Jahrbuch NF 1 (1960), S. 53-65.
139 S. dazu Benjamin, Walter: Goethes *Wahlverwandtschaften*. In: Walter Benjamin. Gesammelte Schriften, Bd. I.1. Hrsg. von Rolf Tiedemann, Hermann Schweppenhäuser. Frankfurt a.M. 1974, S. 123-201, hier S. 142 f.

es keinem Frauenzimmer.»[140] Goethes weise Replik relativiert auch die ungerechten und unverständigen Tadel, die sich Mozarts Oper einhandelte:

«...der gewöhnliche moralische Maßstab kann bei solchem Verhältnisse sehr unmoralisch auftreten.»[141]

Die miserable Aufnahme von Goethes *Wahlverwandtschaften* ließ Bertolt Brecht laut Walter Benjamin den drastischen Ausspruch entfahren, daß die Deutschen ein «Scheißvolk» seien.[142] Was hätte er wohl erst über die Reaktionen auf *Così fan tutte* gesagt?

Der genannten und anderer Vorurteile wegen vielleicht auch die Erfindung einer Entstehungslegende, die das verfemte Sujet der Oper sozusagen autorisiert und legitimiert:

«Ein wirkliches Ereignis in der Wiener Gesellschaft soll den Anstoß zur heiteren Fabel des allerhöchst befohlenen Opernstoffe gegeben haben. [...] Es wäre ein echt wienerischer Zug gewesen, wenn der Monarch tatsächlich Weisung an Da Ponte erteilt hätte, die kleine Sensation der aristokratischen Salons nochmals maskiert, aber genießerischer aufgetakelt, über die Bretter laufen zu lassen.»[143]

Solch behagliches Ausspinnen einer Tratschgeschichte geht auf Friedrich Heinse zurück. Der Theaterpublizist hatte 1837 in seinen *Reise- und Lebens-Skizzen* als erster von dem Gerücht berichtet, Kaiser Joseph II. habe das Werk höchstpersönlich bestellt, und zwar auf Grund einer wahren Begebenheit, die sich 1788 in Wien zu Beginn des letzten Türkenkrieges, der mit dem Frieden von Sistowa 1791 endete, zugetragen hätte. Nachdem am 7. Februar 1788 auf Grund der Bündnisverpflichtung gegenüber Rußland der Türkei offiziell der Krieg erklärt worden war, erschienen in den Wiener Zeitungen in einem Ausmaß wie nie zuvor laufend Sonderberichte über die militärischen Operationen, und Schriftsteller wie Künstler nahmen sich –

---

140 Gräf, Hans Gerhard: Goethe über seine Dichtungen. Versuch einer Sammlung aller Äußerungen des Dichters über seine poetischen Werke, Teil I: Die epischen Dichtungen, Bd. 1. Nachdruck Darmstadt 1968, S. 362-488, Nr. 865.
141 Gräf, Goethe über seine Dichtungen, Bd. I.1 (Fn. 140), Nr. 865.
142 Benjamin, Walter: Tagebuchnotizen 1938. In: Walter Benjamin. Gesammelte Schriften, Bd. I.1 (Fn. 139), S. 537.
143 Pahlen, Kurt: Das Mozart Buch. Eine Biographie in Dokumenten. 2. Aufl. Bergisch Gladbach 1991, S. 431.

wie schon bei den vorausgegangenen Türkenkriegen – wieder einzelner Ereignisse an[144]:

«Einem Gerüchte nach hatte eine zwischen 2 Offizieren und deren Geliebten damals in Wien wirklich vorgefallene, dem Intreccio des Textbuches ähnliche Stadtgeschichte dem Kaiser Veranlassung geboten, seinen Hofpoeten Guemara mit der Commission zu beehren, aus dieser Klatscherei ein *Drama giocoso da metrersi in musica*, zu machen.»[145]

Heinse greift auf eine Aussage Niemetschecks zurück, wonach Mozart den Auftrag zur Oper nach Da Pontes Textbuch angeblich nicht zurückweisen konnte.[146] Heinse macht daraus

«das Factum [...], daß Mozart nämlich von Joseph II. ausdrücklich mit der Composition gerade dieses Librettos beauftragt worden ist.»[147]

Tatsächlich aber gibt es keinen Beweis dafür, daß der Kaiser überhaupt von der Oper wußte.[148] Da Joseph II. zur Zeit der Opernkomposition sterbenskrank ans Bett gefesselt war, ist ein kaiserlicher Auftrag oder Einfluß eher unwahrscheinlich. Eine überprüfbare Quelle für Heinses Behauptung ist bis heute nicht gefunden worden, auch wenn sich diese als Topos in der Literatur festgesetzt und geradezu eine phantastische Legendenbildung ausgelöst hat:

«Es heißt auch, der Kaiser habe in seinem Bedürfnis nach Amusement bei dem gewandten Italiener eine Oper bestellt und besonders hervorgehoben, er wünsche eine ‹amüsante› Geschichte.»[149]

Da Ponte sei deshalb von Joseph II. beauftragt worden, Mozart einen selbständig verfaßten Operntext anzutragen.[150] Weil der «Meister» in Berlin das

---

144 S. dazu Gutkas, Karl: Kaiser Joseph II. Eine Biographie. Wien, Darmstadt 1989, S. 445 ff.
145 Heinse, Friedrich: Reise- und Lebens-Skizzen nebst dramaturgischen Blättern. Erster Theil: Böhmen. Leipzig 1837, S. 184 f.
146 Niemetschek, Ich kannte Mozart (Fn. 128), S. 29: «Es stand nicht in seiner Gewalt, den Auftrag abzulehnen und der Texte wurde ihm ausdrücklich aufgetragen.»
147 Heinse, Reise- und Lebens-Skizzen (Fn. 145), S. 183.
148 S. dazu Steptoe, The Mozart – Da Ponte Operas, S. 122.
149 Brion, Mozarts Meisteropern, S. 47.
150 Cohen, Hermann: Die dramatische Idee in Mozarts Operntexten. Berlin 1915, S. 97.

Angebot einer gut dotierten Kapellmeisterstelle bei Friedrich Wilhelm II. ausgeschlagen hatte und kärglich besoldeter Kammerkomponist in Wien geblieben war, sei der Dank des Kaisers der Opernauftrag gewesen.[151] Nach einer anderen Lesart wollte der Kaiser das

> «seiner Zeit mächtigste Sexualproblem, [...] der Mann zwischen zwei Frauen [...] mit echt österreichischer Hetzfreude als warnendes Beispiel auf das Theater bringen.»[152]

Das ist ebenso verwegene Spekulation wie die Wunschvorstellung über Mozarts Reaktion auf das Textbuch:

> «Der Text da Pontes fand die allerhöchste Genehmigung, und Mozart blieb diesmal keine Wahl, wenn er den Auftrag nicht ablehnen wollte. Wir dürfen annehmen, daß ihm das Buch zu der Oper *Così fan tutte* nicht wenig Bedenken erweckt hat.»[153]

Mitnichten dürfen wir dies mit Leopold Schmidt annehmen. Denn diese fürsorgliche Unterstellung ist eine ebenso rührende wie unnötige Ehrenrettung von Mozarts Nimbus. Ein Stoff, ein Thema, sozusagen per Ordre Mufti aufgegriffen, und der Liebling der Götter, Amadeus, wäre noch posthum vom Vorwurf anzüglicher Leichtfertigkeit oder gar dekadenter Lüsternheit durch die Nachwelt entlastet. Und offenbar ist auch der «unbeschreibliche Wohllaut»[154] der Musik des göttlichen Komponisten für puritanische Gemüter nicht goutierbar, wenn man sich nicht gleichzeitig den autoritären Zwang und das moralische Unbehagen ausmalt, unter dem der arme Mozart gestanden haben muß. Bis weit ins zwanzigste Jahrhundert hinein wurde immer wieder argumentiert, Da Ponte habe Mozart ein dessen Genius völlig unangemessenes Textbuch untergeschoben. Auf diese Weise sei ein unglücklicher Widerspruch zwischen der platten Frivolität der Geschichte und den wundervollen Sphären der Musik entstanden.[155]

---

151 Bie, Oskar: Die Oper. Berlin 1913; Neudruck München 1980, S. 181. – S. auch Gregor, Kulturgeschichte der Oper, S. 229 f.
152 Lert, Ernst: Mozart auf dem Theater. Berlin 1918, S. 362.
153 Schmidt, Leopold: W.A. Mozart. 2., verm. u. verb. Aufl. Berlin 1920 (Berühmte Musiker, Bd. 19), S. 113.
154 Ebd., S. 115.
155 S. dazu als exemplarisch Kerman, Joseph: Opera as Drama. New York 1956, S. 109 ff.

Mit dem ausgehenden 18. Jahrhunderts war auch die «Italomanie» auf den europäischen Opernbühnen allmählich abgeklungen und in Deutschland zumal wurden italienische Libretti allenthalben deutschsprachig bearbeitet. Mit fatalen Folgen für *Così fan tutte*. Das 19. Jahrhundert brachte zu Hauf unverfängliche deutsche Übersetzungen der «eleganten Zote» des Librettos oder verharmlosende Bearbeitungen, die mit der Ambivalenz der Oper rigoros aufräumten.[156] Offenbar waren die Theaterdirektoren und ihre Dramaturgen davon überzeugt, daß man das italienische Original, für das ohnehin keine geeigneten Darsteller zu finden seien, dem Publikum nicht zumuten könne, was gelegentlich auch mit einem Seufzer kommentiert wurde:

«Das deutsche Publikum hat wohl überall zu viel Schwere und zu wenig leichtfertigen Mut für diese Art des Komischen, und unsre meisten Sänger und Sängerinnen sind viel zu wenig Schauspieler und vor allem zu wenig fein, possierlich und schelmisch für die Gattung der italienischen Burleske, wenn sie so weit wie hier getrieben wird.»[157]

Am 1. Mai 1791 wurde in Frankfurt a.M. zum ersten Mal aufgeführt: «*Liebe und Versuchung*. Ein komisches Singspiel, in zwey Aufzügen nach *Così fan tutti*».[158] Mit der Frankfurter Premiere des «komischen Singspiels» – wahrscheinlich die erste deutschsprachige Aufführung von *Così fan tutte* nach einer Übersetzung von Carl David Stegmann – begann schon wenige Monate nach den ersten Wiener Vorstellungen die schier endlose Geschichte der verschlimmbessernden deutschen Übersetzungen und der moralisierenden Singspielbearbeitungen, die die Rezitative in

---

156 Weitverbreitete Übersetzungen und Bearbeitungen stammen vom Librettisten der *Entführung aus dem Serail*, Bretzner, des weiteren von Gieseke, Herklotz, Devrient, Levi oder Anheißer. Die jüngste, sehr nahe am italienischen Text bleibende Übersetzung hat Dieter Klose vorgelegt: Wolfgang Amadeus Mozart. *Così fan tutte*. KV 588. Textbuch Italienisch/Deutsch, Übersetzung und Nachwort von Dietrich Klose. Stuttgart 1992 (Universal-Bibliothek, Nr. 8685). – S. zu Übersetzungsproblemen Brandstetter, So machen's alle. Die frühen Übersetzungen von Da Pontes und Mozarts *Così fan tutte* für deutsche Bühnen, S. 27 ff.; Pahlen, Zur Wirkungsgeschichte von *Così fan tutte* oder: Seltsame Schicksale einer Mozartoper, S. 331 ff.; Prod'homme, *Così fan tutte* de Mozart et ses transformations depuis 1790; Wodnansky, Die deutschen Übersetzungen der Mozart-Da-Ponte Opern *Le nozze di Figaro*, *Don Giovanni* und *Così fan tutte*, S. 101 ff.
157 Mozarts Persönlichkeit. Urteile der Zeitgenossen gesammelt und erläutert von Albert Leitzmann. Leipzig 1914, S. 149.
158 Theaterzettel zur Aufführung in Mohr, Frankfurt erlebt die erste deutschsprachige Aufführung von *Così fan tutte*, S. 149.

gesprochene Dialoge umwandelten, Arien umstellten, Szenen strichen.[159] Vor allem die Ersetzung der Seccorezitative durch gesprochene Dialoge riß die Oper in eine bloße Folge von Arien und Ensembles auseinander und zerstörte die ursprüngliche Handlungseinheit, machte das Geschehen platt und albern, um es nicht anstößig und frivol erscheinen zu lassen. Dadurch wurden natürlich auch die textliche und musikalische Charakterisierung der Figuren verfälscht. Übersetzungsschwierigkeiten verursachten eine veränderte musikalische Wortbetonung und damit andere Akzente. Mit Flicknoten und Notenzusammenziehungen versuchte man häufig solche Schwierigkeiten zu überbrücken.

Geniekult und romantisiertes Mozartbild sorgten so gemeinsam für gefühlvolle Bearbeitungen, die sich in das Bild des zur Verniedlichung seines Objektes neigenden Mozartkults einordneten. Die Folge? Biedere Inszenierungen – oft reisender Operntruppen wie jener unter Leitung Mihules – wollen das «elende und jämmerliche Sujet»[160] veredeln. Dutzende vermeintlich weniger unwahrscheinliche, dafür aber umso rührseligere Bearbeitungen[161] möchten der Partitur das ihr sittlich und ästhetisch angemessene Stück nachliefern: *Eine macht's wie die andere* (Prag 1791), *So machen's die Mädchen alle* (Hannover 1792), *Weibertreue oder die Mädchen sind von Flandern*[162] (Leipzig 1794), *Die verfängliche Wette* (Stuttgart 1796), *Mädchenlist* (Hamburg 1796), *Die zwey Tanten aus Meyland* (Wien 1802), *Mädchenrache* (Breslau 1806), *Der Weiberkenner* (Weimar 1830) oder – gar noch Liebespartisanen ankündigend – *Die Guerillas* (Frankfurt a.M. 1837) sowie *Sind sie treu?* (Stuttgart 1858). In diesen Versionen gehen die Schwestern oft nur zum Schein auf die Anträge der Verkleideten ein, um die Moral zu retten.

Dergestalt wurden auf hanebüchene Weise Idee und Intention der Oper ad absurdum geführt. Christoph Friedrich Bretzners «Mädchen von Flan-

---

159 S. dazu Angermüller, Mozart. Die Opern von der Uraufführung bis heute, S. 200 ff.
160 Journal des modes, Berlin 1792. – Zit. in Dietrich, Dokumentation zur Uraufführung, S. 37.
161 S. dazu von Wolzogen, Mozarts *Così fan tutte* auf der deutschen Bühne; Angermüller, Mozart. Die Opern von der Uraufführung bis heute, S. 201 ff.; Hortschansky, Gegen Unwahrscheinlichkeit und Frivolität, S. 54 ff.; Brèque, Prima la musica, dopo le parole, S. 146 ff.
162 Dieser Titel verballhornt wortspielerisch die Bedeutung von ‹Flandern› als Ausdruck für das Unbeständige sowie die Treulosigkeit und Flatterhaftigkeit «der weiber oder junggesellen». – S. dazu Deutsches Wörterbuch von Jacob und Wilhelm Grimm, Bd. 3. Leipzig 1862. Nachdruck München 1984, Sp. 1722.

dern», Charlotte und Julie, huldigen einem sehr konventionellen Sittlichkeitsideal, das die ursprünglichen Frauenfiguren aller Sinnlichkeit beraubt und ihre seelische Zerrissenheit hinwegzaubert:

«Seelig wer im Liebesbunde,
Sanft auf der/des Geliebten Munde,
In der frohen Schäferstunde
Leicht vergißt der Untreu Schmerz.
Eifersucht mag ängstlich wachen:
Weg mit Grillen! Wir küßen lachen.
Sich das Leben froh zu machen,
Braucht man nur ein leichtes Herz.»[163]

Gelegentlich wird auch das Handlungspersonal bedeutungsvoll umgetauft, etwa wenn aus Fiordiligi offenbar wegen ihrer größeren Standhaftigkeit in Anlehnung an Florestans treues Weib in Beethovens *Fidelio* eine Leonore wird. Friedrich Treitschke, der Librettoautor des *Fidelio*, bediente sich 1814 für seine Bearbeitung *Die Zauberprobe oder So sind sie alle* bei Shakespeare und den Zauberstücken der Wiener Vorstadtbühnen. Aus Alfonso wird ein Magier mit Doktorhut nach Art des Trofonio aus Salieris Oper und aus Despina der Luftgeist Celerio nach dem Vorbild Ariels. Carl Alexander Herklot bearbeitete die Oper für das Königliche Opernhaus in Berlin. *Die verfängliche Wette*[164] wurde 1820 aufgeführt. Hier werden die Mädchen nicht von ihren Liebhabern Fernando und Guiberto auf die Probe gestellt, sondern mit deren Zustimmung von zwei Freunden, den Grafen Urbino und Ricardo. Dadurch soll die Unwahrscheinlichkeit beseitigt werden, daß die Bräute ihre Verlobten nicht erkennen. Auch die Einführung des Dieners Pedrillo soll die Wahrscheinlichkeit erhöhen, da er an Stelle von Despina als Arzt und Notar erscheint. In Louis Schneiders Bearbeitung von 1846 heucheln die Mädchen Verliebtheit, um ihre Bräutigame gebührend bestrafen zu können.[165] Guglers Bearbeitung stellt 1858 sittenstreng die Titelfrage: *Sind sie treu?* Und da die Freunde jeweils die eigene Braut prüfen, fällt die Antwort entsprechend pharisäerhaft aus. Eduard Devrient läßt Despina den

---

163 *Weibertreue, oder: die Mädchen sind von Flandern*. Ein komisches Singspiel in zwey Akten, mit Musik von Mozart. Nach *Così fan tutte* frey bearbeitet, von C. F. Bretzner. Leipzig 1794, II, Finale.
164 Arien und Gesänge des komischen Singspiels in Versen: *Die verfängliche Wette*, in zwei Aufzügen. Berlin 1820.
165 *So machen es Alle*. Opera buffa in zwei Akten von W.A. Mozart. Berlin 1846.

beiden Damen zu Beginn des zweiten Aktes die Identität der verkleideten Albaner verraten, damit die erhitzte Leidenschaft sittlich zu rechtfertigen ist. Auch englische und französische Bearbeitungen suchten unter Titeln wie *Tit for Tat* (Wie du mir, so ich dir, London 1828), *The Retaliation* (Die Vergeltung, London 1841) oder *Les folies amoureuses* (Verliebte Torheiten, Lyon 1823) die vermeintlichen Mängel von Da Pontes Libretto zu bessern.

Daneben gab es auch Versuche, völlig andere Dramentexte zur Rettung der Musik aufzubieten. Die bekannten Librettisten Michel Barbier und Jules Carr nahmen sich Shakespeares *Love's Labour Lost* (Verlorene Liebesmüh') vor und schrieben danach das Textbuch *Peines d'amours perdues*. Zur Musik von *Così fan tutte* wurde diese Oper 1863 in Paris gegeben. In der Dramenliteratur des spanischen Siglo d'Oro wurde Carl Scheidemantel bei der Suche nach einem geeigneteren Theaterstück fündig. 1909 unterlegte er in Dresden Pedro Calderón de la Barcas Komödie *La dama duende* (Dame Kobold) anstelle von Da Pontes Libretto der Musik Mozarts. Selbst Hugo von Hofmannsthal trug sich mit dem Gedanken, Mozarts Musik einen besseren Text zu schenken. 1918 skizzierte er unter dem Titel *So machen es alle* einen Entwurf, nach dem die Personen den «Verlust des Wertgefühls» als psychologische Erfahrung sammeln sollten.[166]

Mozart-Rezeption als Rehabilitation Mozarts, die Adorno 1928 nach einer Aufführung an der Frankfurter Oper irritiert kommentiert:

«So lebt nicht *Così fan tutte*, sondern dauert, aber immer wieder hat davor das Staunen zu beginnen und keiner kann unverändert am Denkmal vorüberschreiten, auch wenn dessen Sprache die der Hieroglyphen ist.»[167]

Nörgler und Verächter von Mozarts Oper betrachteten das Musiktheater aus der Perspektive des bürgerlichen Idealismus als moralische Anstalt, als Stätte moralischer Läuterung und Tempel kultureller Erbauung. Mozarts Ästhetik orientierte sich hingegen nicht an idealisierten Leitbildern. Mozarts Musik macht Menschen als Individuen psychologisch glaubwürdig und in ihren gesellschaftlichen Bindungen und Bedingungen als soziale Wesen verständlich: Hoffnungen und Sehnsüchte, Gedanken und Gefühle, Lust und Lei-

---

166 Die zwei Blätter dieses Entwurfs befinden sich in Privatbesitz. Mathias Mayer hat darüber in der *Neuen Zürcher Zeitung* in einem Artikel berichtet: «So machen es alle» Ein Beitrag zum Verhältnis Hofmannsthals zu Mozart. In: Neue Zürcher Zeitung Nr. 8, 11./12. Januar 1992, S. 63.
167 Adorno, Theodor W. in: Musikalische Schriften, Bd. 6. Frankfurt a.M. 1984, S. 127.

denschaft werden musikalisch lebendig und auf der Bühne in der Handlung szenisch anschaulich. Mozarts *Così fan tutte* ist wahrhaftig kein Machwerk oder «billigste und oberflächlichste Buffoneskerie»[168], sondern eine tiefgründige musikalisch-dramatische Analyse menschlicher Liebesfähigkeit in der Epoche des Übergangs von Empfindsamkeit und Aufklärung.

Erst Gustav Mahler und Richard Strauss haben als Dirigenten wie Komponisten für das 20. Jahrhundert eine differenziertere Auseinandersetzung mit dieser Mozart-Oper ausgelöst. Auf Anregung von Strauss hatte Hermann Levi, bayrischer Hofkapellmeister und 1882 Dirigent der Uraufführung von Wagners *Parsifal*, die erste textgetreue deutsche Übersetzung für den Münchner Mozart-Zyklus 1898 angefertigt. Auf Levis Textbuch stützte sich Mahler, der 1900/01 und 1905/06 im Rahmen eines Mozart-Zyklus' *Così fan tutte* neu inszenierte. Für seine Aufführung am 4. Oktober 1900 in der Wiener Hofoper verwendete er erstmals eine Drehbühne. Mahler strich einige Arien des 2. Aktes, leitete diesen mit dem Finale des Divertimento in B-Dur (KV 287) ein, verwendete Seccorezitative anstelle der gewohnten deutschen Singspielprosa, setzte 1905/06 dazu ein Cembalo statt des Klaviers ein – und hatte großen Erfolg damit. Mahlers musikalische Aufführungspraxis und seine Bemühungen um eine moderne Regie schufen für das 20. Jahrhundert die Grundlagen und Voraussetzungen einer neuen Bühneninterpretation.[169]

Strauss hat es dann am 26. Mai 1920 an der Wiener Staatsoper in seiner Neueinstudierung, die sich auf die Inszenierung der Mahler-Ära stützte, als erster wieder gewagt, das unbearbeitete Original aufzuführen, das er auch für die erste *Così*-Vorstellung 1922 im Rahmen der Salzburger Festspiele benutzte. Mahlers wie Straussens Einstudierungen ließen die belanglosen Rokokotändeleien vieler verwechslungskomödiantischer Inszenierungen vergessen und die ursprüngliche Absicht Mozarts wieder zur Geltung kommen: mit historischer Einsicht und psychologischem Gespür den Widerspruch zwischen schönem Schein und bestürzender Wirklichkeit deutlich zu machen und erfahren zu lassen, daß nicht alle philosophischen Fortschrittshoffnungen und nicht alle lebensvollen Sehnsüchte ihre reale Erfüllung finden werden.

---

168 Blume, Mozart, Sp. 799.
169 S. dazu Werba, Mahlers Mozart-Bild (V), S. 12 f. - Wie wenig sich Mahler im Falle von *Così fan tutte* an die ihm nachgesagte Werktreue hielt, zeigen die Ausführungen von Paumgartner. S. dazu Paumgartner, Gustav Mahlers Bearbeitung von Mozarts *Così fan tutte*, S. 476 ff.

Goethe und Mozart

Così fan tutte in Weimar

Aus einer heutigen Blickrichtung erscheint Mozarts Oper wie ein musikalisches Vorspiel zu den irritierenden Wahlverwandtschaften[170], in die Goethe später jene vier Gestalten in dem 1809 erschienenen Roman *Die Wahlverwandtschaften* verstricken wird, um sie in experimentellen Konstellationen und Abläufen auf die Probe zu stellen: Wie verhalten sich Menschen, die sich zur Vernunftfreiheit bekennen, wenn sie Leidenschaft und Verlangen vor schicksalhafte Entscheidungen stellen?

Nur wenige Bemerkungen zeigen Goethes Bewunderung für Mozart.[171] Eckermann gegenüber äußerte er sich einmal über Mozarts Genius:

«Denn was ist Genie anders als jene produktive Kraft, wodurch Taten entstehen, die vor Gott und der Natur sich zeigen können und die eben deswegen Folge haben und von Dauer sind. Alle Werke *Mozarts* sind dieser Art; es liegt in ihnen eine zeugende Kraft, die von Geschlecht zu Geschlecht fortwirket und so bald nicht erschöpft und verzehrt sein dürfte.»[172]

Goethe schätzte Mozarts Opern, weil in ihnen der Mensch und seine Seelenkonflikte im Mittelpunkt stünden und dadurch die Werke über ihre Zeit hinaus wirkten. Deshalb setzte Goethe als Direktor des Weimarischen Theaters, dessen Leitung er im Todesjahr Mozarts, 1791, übernommen und bis 1817 innehatte, immer wieder Mozartopern auf den Spielplan. Im Gespräch mit Eckermann erinnert er sich am 22. März 1825 an diese große Zeit des

---

170 Zur Forschungs- und Interpretationsgeschichte s. Jessing, Benedikt: Johann Wolfgang Goethe. Stuttgart, Weimar 1995 (Sammlung Metzler, Bd. 288), S. 139-149.
171 S. dazu von Graevenitz, G.: Goethes Stellung zu Mozart. In: Mitteilungen für die Mozart-Gemeinde in Berlin 4 (1912), H. 2, S. 39-56; Beutler, Ernst: Begegnung mit Mozart. In: Ders.: Essays um Goethe. 2. Aufl. Leipzig 1941, S. 225-244. – Eine Zusammenstellung der Goethe-Äußerungen über Mozart bei Preitz, Max: Goethe und Mozart. Aus den Zeugnissen Goethes zusammengestellt. Reichenberg 1932, S. 9-10.
172 Eckermann, Johann Peter: Gespräche mit Goethe in den letzten Jahren seines Lebens. 1923-1832, Bd. 2. Basel 1945, S. 629.

Weimarer Theaters, das durch Mozart und Schiller zu Ruhm und Erfolg gekommen sei:

> «Das war freilich eine Zeit [...], die uns mit großen Avantagen zu Hülfe kam. Denken Sie sich, daß die langweilige Periode des französischen Geschmacks damals noch nicht gar lange vorbei und das Publikum noch keineswegs überreizt war, daß Shakespeare noch in seiner ersten Frische wirkte, daß die Opern von Mozart jung und endlich, daß die Schillerschen Stücke erst von Jahr zu Jahr hier entstanden und auf dem weimarischen Theater, durch ihn selber einstudiert, in ihrer ersten Glorie gegeben wurden, und Sie können sich vorstellen, daß mit solchen Gerichten Alte und Junge zu traktieren waren und daß wir immer ein dankbares Publikum hatten.»[173]

Die Entführung aus dem Serail, schon 1785 erstmals auf dem Weimarer Spielplan, wurde 49 mal, seit 1792 *Don Giovanni* unter dem Titel *Don Juan* 68 mal, seit 1793 *Die Hochzeit des Figaro* 20 mal, seit 1794 *Die Zauberflöte* 82 mal und seit 1799 die Krönungsoper *Titus* 28 mal mit großem Erfolg aufgeführt[174]: «Man kann nichts Vollkommeneres hören als eine Mozartische Oper in Weimar.» So enthusiastisch äußert sich der Historiker Joseph Rückert 1799 in seinen *Bemerkungen über Weimar* über diese Vorstellungen.[175] Am 10. Januar 1797 hatte Goethe *Così fan tutte* in einer Bearbeitung von Christian August Vulpius unter dem Titel «So sind sie alle!» als neu einstudiertes Stück erstmals auf die Weimarer Bühne bringen lassen.[176]

---

173 Ebd., S. 526.
174 Burkhardt, C. A. H.: Das Repertoire des Weimarischen Theaters unter Goethes Leitung 1791-1817. Hamburg, Leipzig 1891. – Zwischen 1791 und 1797 wurde auch die komische Oper *Theatralische Abenteuer* mit den Musikstücken aus Mozarts *Schauspieldirektor* aufgeführt. Goethe hatte die Vorlage, *Impresario in angustie*, zusammen mit anderen Operntexten aus Italien mitgebracht und übersetzt. S. dazu Nettl, Paul: Goethe und Mozart. Eine Betrachtung. Esslingen 1949, S. 12 f.
175 Zit. bei Pleticha, Heinrich (Hrsg.): Das klassische Weimar. Texte und Zeugnisse. München 1983, S. 121-123, 121.
176 S. dazu Theaterkalender auf das Jahr 1798. Gotha [o.J.], S. 259: «So sind sie alle, Oper nach *Così fan tutte*, von Vulpius.»; Bode, Wilhelm: Überblick über das weimarische Theater während der Lebenszeit Goethes. In: Karl Eberwein, Christian Lobe: Goethes Schauspieler und Musiker. Berlin 1912, S. 222. – Aus seinem Tagebuch geht hervor, daß Goethe an diesem Dienstag erst gegen 11 Uhr in der Nacht aus Leipzig in Weimar eintraf und deshalb schwerlich die Premiere besucht haben kann. S. dazu Steiger, Robert: Goethes Leben von Tag zu Tag.

Vulpius war seit 1797 durch Vermittlung seines späteren Schwagers Goethe als Bibliotheksregistrator und Theaterdichter in Weimar tätig. Zu seinen insgesamt etwa 45 Bühnenwerken gehören auch zahlreiche Librettobearbeitungen.[177] Mozarts Da Ponte-Opern arbeitete Vulpius in süßliche Singspiele um, die die Charakteristik der Figuren verflachen und die Handlung verfälschen. Seine Bearbeitung von *Così fan tutte* unter dem Titel *So sind sie alle!*[178] ist eine sehr freie Übersetzung mit zahlreichen, zum Teil sinnentstellenden Abweichungen vom Originaltext. Vulpius verharmlost die Oper zu einem neckisch-albernen Tauschspielchen, das der «Edukations-Rath» Allberg als Vormund der beiden Schwestern Lotte und Julie anregt, um den Hochmut der Lieutenants Steinfeld und Welling zu Fall zu bringen. Ein dürftiger Scherz, der die bestehenden Liebesbeziehungen Lottes und Julies nach einigem Hin und Her mit den beiden Offizieren nur bekräftigt hat:

«Kannst du, Theurer! mir verzeihen?
Sieh' die Thränen wahrer Reue,
Ach! beschämt schwör' ich aufs neue:
dir allein gehört mein Herz.»[179]

Da können die beiden Herren dann nur gerührt und großherzig zustimmen:

«Gerne will ich dir verzeihen,
denn die Probe war nur Scherz.»[180]

Am Ende stimmen dann alle launig in das tröstlichen Resümée der Kammerzofe Nannette ein:

«Laßt uns nun den Spaß belachen.
Amor wird schon Friede machen.

Eine dokumentarische Chronik, Bd. 3: 1789-1798. Zürich, München 1984, S. 536.
177 Vulpius hatte schon eine Reihe von Opern von Dittersdorff, Paisiello, Cimarosa und Guglielmi mit neuen Texten versehen. Als erste Mozartoper hatte er Schickaneders Libretto der *Zauberflöte* (Weimar, Leipzig 1794) bearbeitet, mit vielen Deklamationsfehlern im übrigen. – S. dazu Nettl, Goethe und Mozart, S. 16.
178 Gesänge aus der Oper. So sind sie alle! Weimar 1797. – S. auch Bibliographie der selbständig erschienenen Werke von Christian August Vulpius. In: Jahrbuch der Sammlung Kippenberg 8 (1926), S. 65-127, hier S. 125: Nr. 137.
179 So sind sie alle! (Fn. 178), [S. 35].
180 Ebd., [S. 35].

Männerschwüre, Weibertreue,
sind, wie diese Probe, Scherz.»[181]

Während Goethes Direktorium erlebte diese Oper darauffolgend zwischen 1797 und 1816 insgesamt 33 Aufführungen.[182] Die Frau Rat im übrigen hat offenbar den Plural just der Vulpius-Bearbeitung grammatikalisch korrekt – ob inhaltlich auch bewußt, sei dahingestellt – rückübersetzt, als sie ihrem Sohn gegenüber die Qualität des Librettos von Vulpius im Vergleich zu einer anderen Textausgabe – vermutlich der Frankfurter Übersetzung Stegmanns, *Liebe und Versuchung*, rühmte[183]:

«Die Opera Cosa van Tutti – oder so machen sies alle – soll in Weimar so sehr durch den verbesserten Text gewonnen haben – denn den wir hier haben der ist abscheulich...»[184]

Aus Goethes Tagebucheintragungen geht hervor, daß er die 1800 erneut in den Spielplan aufgenommene Oper am 2. Juni desselben Jahres besucht hat.[185] Emil Staiger vermutet phantasievoll und legendenwebend, *Così fan tutte* habe Goethes Ergötzen deshalb gesteigert, weil er touristische Erinnerungen an jenes «bunte Treiben» aufwärmen konnte,

«wo das schöne Geschlecht durchaus im Stil des Südens als reizendes, aber unzuverlässiges Spielzeug verliebter Herren erscheint und dementsprechend behandelt wird: es muß Goethe ähnlich erquicken wie das, was er in Italien gesehen.»[186]

---

181 Ebd., [S. 35].
182 Burckhardt, Repertoire des Weimarischen Theaters (Fn. 174), S. 144, Nr. 567.
183 S. dazu Oehl, Kurt Helmut: Beiträge zur Geschichte der deutschen Mozart-Übersetzungen. Masch.-Diss. Mainz 1952, S. 65 ff.
184 Frau Rat Goethe an ihren Sohn in Weimar, Brief vom 15. Mai 1792. – Zit. nach: *Così fan tutte*, Hrsg. Csampai, S. 226.
185 Johann Wolfgang von Goethe. Begegnungen und Gespräche, Bd. 5: 1800-1805. Hrsg. von Renate Grumach. Berlin, New York 1985, S. 27; Steiger, Robert: Goethes Leben von Tag zu Tag. Eine dokumentarische Chronik, Bd. 4: 1799-1806. Zürich, München 1986, S. 117.
186 Staiger, Emil: Goethe und Mozart. In: Ders.: Musik und Dichtung. Zürich 1947, S. 41-60, hier S. 48.

Wahlverwandtschaften und Paare

Da sich Goethe wohl über *Don Giovanni* bzw. *Don Juan* und über *Die Zauberflöte*, nicht aber über *Così fan tutte* ausgelassen hat, können wir natürlich nicht mit Bestimmtheit etwas über seine Wertschätzung oder seine Beurteilung dieses Werks sagen, dessen Thema, Figuren- und Handlungskonstellation durchaus in einen Bezug zu den *Wahlverwandtschaften* zu rücken sind. Wenn Goethe in seinem Roman «aus Physik Poesie»[187] macht, dann macht Mozart in seiner Oper aus Psychologie Musik. Wie die Oper erhebt der Roman im Kontext von Naturlehre und Wissenschaft den Widerstreit von Liebe und Treue, die Unvereinbarkeit von Männerrollen und Frauenwünschen zum Thema, und zwar in der Absicht, «sociale Verhältnisse und die Conflicte derselben symbolisch gefaßt darzustellen.»[188] So der Autor selbst über sein Werk. Diesem bescheinigte Brecht auch deswegen mit Genugtuung, daß es überhaupt nichts Spießbürgerliches habe.[189]

Weder Mozart noch Goethe ging es also um eine – mit welcher unterstellten Belehrungsabsicht auch immer – Illustration des Ehebruchtabus aus dem sechsten Gebot oder um die Veranschaulichung der Folgen bei der Überschreitung des zehnten Gebots, das uns unseres Nächsten Weib zu begehren untersagt. Es geht ihnen beiden hingegen darum, zu zeigen, wie verdrängte Leidenschaft und unterdrückte Sexualität aus den Seelentiefen nach oben in die Gefühlshöhen drängen und dabei jeder Vernunft entgleiten sowie jede Ordnung umstoßen kann. Komponist und Dichter machen es deutlich: Liebe und Lust, Natur und Vernunft folgen der Macht subjektiven Wollens und nicht den Gesetzen objektiven Willens. Zwei anscheinend sichere und gefestigte Partnerschaften werden in einem kreuzweise angelegten Liebesspiel zu viert aufgelöst, ohne daß die Partner imstande sind, ihre alten Beziehungen völlig aufzugeben und die neuen ohne Umschweife bedingungslos und furchtlos einzugehen.

Der gleichnishafte Begriff von den Wahlverwandtschaften[190] geht auf den schwedischen Naturforscher Tobern Olof Bergman zurück, der 1775 in der

---

187 Kiefer, Klaus H.: Goethe und der Magnetismus. In: Freiburger Universitätsblätter 25 (1986), H. 93, S. 55-74, hier S. 69.
188 Friedrich Wilhelm Riemer in seinem Tagebuch vom 28. August 1808 über Goethes selbst geäusserte Absicht seines Romans. – Zit. nach Trunz, Erich (Hrsg.): Goethes Werke. Hamburger Ausgabe, Bd. 12. 12. Aufl. München 1982, S. 638.
189 Benjamin, Tagebuchnotizen 1938 (Fn. 139), S. 537.
190 S. dazu Emmel, Hildegard: Geschichte des deutschen Romans, Bd. 1. Bern 1972, S. 222 ff.; Conrady, Karl Otto: Goethe. Leben und Werk, Bd. 2: Summe des Lebens. Königstein 1985, S. 346.

verbreiteten Schrift *De attractionibus electivis* (wörtlich: Von ausgewählten Anziehungen) die Reaktionen aufeinander treffender chemischer Elemente beschrieben hatte. 1779 taucht das Wort «Wahlverwandtschaften» zuerst in einer Übersetzung von Bergmans Einleitung zu H. T. Scheffers *Chemischen Vorlesungen* auf.[191] Es ist ein Ausdruck, der, dem Bereich zwischenmenschlicher Beziehungen entnommen, auf die Natur übertragen und von dort wieder auf den ursprünglichen Bedeutungsbereich rückübertragen wurde.[192] Der Begriff wurde zur «chemischen Gleichnisrede»[193] für das naturnotwendige Verlangen von Körpern, ihrer Affinität folgend, sich zu vereinigen, obwohl sie bereits mit anderen verbunden sind. Der Begriff ‹Verwandtschaft› wurde seit dem 16. Jahrhundert für Verhältnisse jeder Art, nicht nur für Familienbeziehungen verwendet.[194] Als Metapher bringt das Wort Wahlverwandtschaft ein brisantes Paradoxon auf den Begriff: ‹Wahl› bedeutet soviel wie Freiheit zum Wollen, ‹Verwandtschaft› aber soviel wie Naturnotwendigkeit.[195] So schränkt der zweite Begriff den ersten im gemeinsamen Kompositum ein.

Was der Hauptmann dem Paar Eduard und Charlotte als natürliche Reaktion chemischer Affinität auseinandersetzt, wird als Entwicklung auch von Ferrando und Guglielmo nach der Wette in Unkenntnis natürlicher Regungen und ungeachtet menschlicher Erfahrungen für sie und ihre beiden Bräute heraufbeschworen:

«...diese Fälle sind allerdings die bedeutendsten und merkwürdigsten, wo man das Anziehen, das Verwandtsein, dieses Verlassen, dieses

---

191 Jeremy Adler ist es zu verdanken, daß die auf Oskar Walzel zurückgehende Meinung, Heinrich Tabors Übersetzung von Bergmans Schrift hätte den Begriff verwendet, als falsch erwiesen wurde: «Das Wort ‹Wahlverwandtschaft› kommt im Text nicht vor.» – S. dazu Adler, Jeremy: «Eine fast magische Anziehungskraft». Goethes Wahlverwandtschaften und die Chemie seiner Zeit. München 1987, S. 32 ff., hier S. 32.
192 Allemann, Beda: Zur Funktion der chemischen Gleichnisrede in Goethes Wahlverwandtschaften. In: V. J. Günther (Hrsg.): Untersuchungen zur Literatur als Geschichte. Festschrift für Benno von Wiese. Berlin 1973, S. 199-218, hier S. 200.
193 Goethe in der Erklärung des Romantitels im *Morgenblatt für gebildete Stände* am 4. September 1809. – Zit. nach Ritzenhoff, Ursula: Johann Wolfgang Goethe. *Die Wahlverwandtschaften*. Stuttgart 1982 (Universal-Bibliothek, Nr. 8156; Erläuterungen und Dokumente), S. 5.
194 S. dazu Adler, »Eine fast magische Anziehungskraft« (Fn. 191), S. 100 f.
195 S. dazu Schings, Hans-Jürgen: Willkür und Notwendigkeit – Goethes *Wahlverwandtschaften* als Kritik an der Romantik. In: Jahrbuch der Berliner Wissenschaftlichen Gesellschaft (1989), S. 165-181.

Vereinigen gleichsam übers Kreuz wirklich darstellen kann, wo vier, bisher je zwei zu zwei verbundene Wesen, in Berührung gebracht, ihre bisherige Verbindung verlassen und sich aufs neue verbinden. In diesem Fahrenlassen und Ergreifen, in diesem Fliehen und Suchen glaubt man wirklich eine höhere Bestimmung zu sehen; man traut solchen Wesen eine Art von Wollen und Wählen zu und hält das Kunstwort ‹Wahlverwandtschaften› für vollkommen gerechtfertigt.»[196]

Dabei können solche «verwandten Naturen» – das ist die entschiedene Auffassung des Hauptmanns – durchaus entgegengesetzte Eigenschaften besitzen. Eine Polarität, die die Zusammengehörigkeit der Paare noch verwickelter macht. Gehören die Paare chiastisch übers Kreuz zusammen, weil sie so ihrer Affinität entsprechen, oder gehören sie parallel zusammen, weil sie so der Anziehung ihrer Gegensätzlichkeit folgen?

Setzt man sich mit der sozialen und psychologischen Motivation der wahlverwandten Romanfiguren auseinander, wird deutlich, «daß die nach sozialen Beziehungen auseinandergelegte Natur versucht, die Einheit, durch die sie existiert, aus sich wieder hervorzubringen.»[197] Deshalb auch bemüht sich der um Versöhnung und Ausgleich besorgte Mittler umsonst, seinem sprechenden Namen alle Ehre zu machen. Und auch die Vernunftappelle des Mozartschen «Mittlers» Alfonso erreichen am Ende ja nur noch die soziale Übereinkunft, aber nicht die innere Überzeugung bei der Wiederherstellung der ursprünglichen Verbindungen.

Das bei Mozart zunächst unfreiwillige wie das bei Goethe zunächst freiwillige Doppelspiel über Kreuz folgt scheinbar hier wie dort den Gesetzen der Wahlverwandtschaft: Als Verlobte hatten sich Guglielmo und Fiordiligi, Ferrando und Doraballa als Gegensätze angezogen. Im Partnertausch gesellen sie sich gleich und gleich und stoßen sich dennoch wieder ab. So zeigen schon Mozart und Da Ponte, daß jene durch Naturvorgang scheinbar bestätigte menschliche Erfahrungstatsache einer All-Einheit alles Seins so ihre Zufallstücken hat und der Konflikt zwischen Naturgesetz und Sittengesetz deshalb nicht einfach nur aus angenommenen Analogien von Affinitäten

---

196 Goethe, Johann Wolfgang: *Die Wahlverwandtschaften*. In: Goethe. Berliner Ausgabe, Bd. 12: Poetische Werke: Romane und Erzählungen IV. Berlin 1976, S. 5-278, hier S. 43.
197 Turk, Horst: Goethes *Wahlverwandtschaften*: «Der doppelte Ehebruch durch Phantasie». In: Urszenen. Literaturwissenschaft als Diskursanalyse und Diskurskritik. Hrsg. von Friedrich A. Kittler und Horst Turk. Frankfurt a.M. 1977, S. 202-222, hier S. 211.

entsteht und durch diese gelöst wird; denn natürlich haben chemische Stoffe nicht «Neigungen» wie Individuen oder zeigen die «Vereinigungslust» von Mann und Frau. Das chemische Schema liefert eben nur die Anordnung für das Grundschema des Handlungsablaufs, aber nicht die Bedingungen für die zu erfüllenden Beziehungen.

Begriffe wie ‹Neigung› oder ‹Wahl› können eigentlich nur metaphorisch verwendet werden und ihr Sprachgebrauch läßt auch die Skepsis gegenüber einer vorbehaltlosen Gleichsetzung analoger Phänomene deutlich werden. Damit hat der Begriff und das Denkbild der «Wahlverwandtschaften» eine irisierende Doppeldeutigkeit, die den Unterschied naturhafter und psychisch-sozialer Vorgänge betont und diese nicht nur undifferenziert in einen großen Naturzusammenhang einbindet. Hinzukommt: Das Gleichnis des Hauptmanns als wissenschaftliches Erkenntnisprinzip aus der Naturlehre setzt ja voraus, daß zweimal zwei chemische Substanzen fest miteinander verbunden sind, ehe sie sich trennen und sich diametral neu vereinigen. Fest verbunden sind nur Eduard und Charlotte, aber nicht der Hauptmann und Ottilie. Das ist ein Rechenfehler in der theoretischen Rückübertragung der naturwissenschaftlichen Formel auf menschliche Bedingungen, die eben nicht den Gesetzen chemischer Reaktionen und deren Attraktions- und Repulsionskräften gehorchen. Die angestrebten Wahlverwandtschaften enden deshalb in der praktischen Erprobung in Goethes wie in Mozarts Werk jedesmal desaströs. Nicht im empirisch konstatierten Urphänomen von Trennung und Vereinigung selbst liegt die Schwierigkeit, sondern, angewandt auf zwischenmenschliche Verhältnisse, in deren psychisch-sozialer Problematik und ihren Folgen für die Betroffenen. Subjektives Wollen in objektive Gesetze einzubinden und damit dem Schicksal die Verfügung über das eigene Geschick abzutrotzen, löst verhängnisvolle Prozesse aus.

Was Benjamin aus dieser Sicht über Goethes Personal sagt, gilt deshalb auch für dasjenige Mozarts:

«Wohin führt ihre Freiheit die Handelnden? Weit entfernt, neue Einsichten zu erschließen, macht sie sie blind gegen dasjenige, was Wirkliches dem Gefürchteten einwohnt. Und dies daher, weil sie ihnen ungemäß ist.»[198]

Die neuen Optionen präfigurieren die Entwicklung der psychischen Prozesse, die bald die Personen mit Macht ergreifen werden. Die Wahl der

---

198 Benjamin, Goethes *Wahlverwandtschaften*, in: Benjamin, Gesammelte Schriften, Bd. I,1 (Fn. 139), S. 123-201, hier S. 132.

Liebespartner führt mitten hinein in die Widersprüche der sich selbst auferlegten sozialen und moralischen Zwänge, die der so unnatürlichen Empfindsamkeit des Rokoko sowie dem buchstäblich herrlichen Rollenverständnis des Ancien Régime entspringen, das seine liebgewonnenen Männlichkeitsstereotypen an die bürgerliche Gesellschaft weiterreicht. Die Oper und ihr Libretto sind deshalb auch – allen Vorwürfen zum Trotz – keine Produkte der aristokratisch-höfischen Kunst des Rokoko; Musik und Text zitieren spielerisch ästhetische und soziale Elemente von Galanterie und Frivolität, um über sie hinauszuverweisen.[199] Das aufstrebende Bürgertum pflegt – oft in der Kostümierung höfischer Umgangsformen des Adels – seine eigene sentimentale Liebesauffassung und seine pietistisch eingefärbte Moral, die einen neuen Begriff von Tugend hervorbringt. Dessen vollkommenste Verkörperung ist die Frau in ihrer Reinheit, die sie – nicht selten als ihren einzigen Besitz – gegen Anfechtungen und Attacken verteidigt. So wie Ferrando und Guglielmo gegenüber Alfonso ihre Verlobten empfindsam verherrlichen, berauben sie sie nicht nur ihrer Sinnlichkeit, sondern machen sie auch zu Opfern von Empfindsamkeit. Indem Dorabella und Fiordiligi nämlich von vornherein als sittlich gesehen und geschildert werden, gelten sie den Männern per se als das moralische Geschlecht ohne die Freiheit zur selbstbestimmten Sinnlichkeit.

Freilich, soziale und moralische Ansichten von monogamer Ehe und Treue sind in der Oper kaum mehr als Lippenbekenntnisse: Leidenschaft und Liebe sind eine Sache, Konvention und Moral eine andere. Beides bedingt einander nicht. Aus einem abgefeimten Gesellschaftsspiel entwickeln sich Erotik und Liebe im freien Spiel jener Kräfte, derer das Quartett nicht mehr Herr werden kann, weil die ursprünglichen Empfindungen in wahrhaftige Gefühle neuer Zuneigungen übergehen. Liebe und Erotik werfen Abmachungen und Ordnungen über den Haufen. Die Komplikationen ergeben sich, je ungebundener die Individuen, die weiblichen zumal, bei der vermeintlich freien Wahl sich fühlen. Wie Goethes Vierergruppe entgleitet auch schon Mozarts Doppelduo im Spiel mit der menschlichen Natur und den moralischen Gesetzen die Verantwortung und Herrschaft über ihr Tun. In Konventionen gefangene Subjekte freien Willens und heimliche Objekte ihrer Begierde zugleich, erfahren sich die Personen in den Verkettungen, Verirrungen und Verwirrungen ungewollt als

---

199 S. dazu Engel, Hans: Mozart zwischen Rokoko und Romantik. In: Mozart-Jahrbuch 1957, S. 63-77; wiederabgedruckt in: Wolfgang Amadeus Mozart. Hrsg. von Gerhard Croll. Darmstadt 1977 (Wege der Forschung, Bd. 233), S. 280-302.

Doppelexistenzen im Wollen und Tun, und niemand ist mehr, wer oder was er bzw. sie einmal war. Liebeserfüllung verstößt gegen die gewohnte gesellschaftliche Ordnung und zerstört das etablierte Zusammenleben; Liebesverzicht erfüllt die gesellschaftliche Ordnung und zerstört die aufgewühlten Individuen. Die sinnliche Szenerie von Goethes *Römischen Elegien* wird hier zum Tribunal: Gerade die erfüllte Liebe ist mit der gesellschaftlichen Realität nicht in Einklang zu bringen.

Die kalkulierte Beziehungssymmetrie der Oper wie des Romans wird von Wahlverwandtschaften ignoriert und deformiert. Freilich, was Opera Buffa oder Dramma Giocoso an streng symmetrischer Bühnendekoration, symmetrischer Einteilung in zwei Akte, symmetrisch verteilten Musiknummern als wohleingeteilte und letztlich unverrückbare Ordnung für das bloß spielerische Arrangement innerhalb dieses festen Rahmens bieten, ist eben nur künstlich und scheinhaft. So wie die erkennbare Symmetrie der *Wahlverwandtschaften* nur eine Symmetrie der äußern Form ist, die in zwei Teilen zu je achtzehn Kapiteln die beiden Paare agieren läßt. Die Klarheit der Form aber und ihr kalkuliertes Ordnungsgefüge bergen gleichwohl Rätselhaftigkeit und Mehrdeutigkeit; denn die Handlungswirklichkeit ist unregelmäßig, weil sich die wechselseitige Anziehungskraft durchaus nicht nach den Gesetzen der Symmetrie richtet oder gar harmonisch sich in diesen erfüllt. Im Roman erfahren wir dies durch die seelischen Qualen der Personen; in der Oper macht die Musik uns diese Einsicht deutlich: Das Grundmuster der Liebe ist die Mannigfaltigkeit, und diese birgt manche Überraschungen. Nichts ist dabei berechenbar. Mann wie Frau muß sich mit dem Trieb herumschlagen, der den Leidenschaften freien Lauf lassen will.

In den widerspruchsvollen, wechselhaften Verhältnissen erinnern – sieht man einmal von den Altersunterschieden bei Goethes und Mozarts Paaren ab – die rationale, entsagungsfähige Charlotte und der praktische, tüchtige Hauptmann an das Paar Dorabella und Guglielmo. Der empfindliche, maßlose Eduard und die so inbrünstig-ergriffene Ottilie ähneln in einigen Zügen Ferrando und Fiordiligi. Man darf indes in diesen Konfigurationen die unterschiedlichen Voraussetzungen und Anlässe des Partnerwechsels nicht außer Acht lassen. In Goethes kontrastiver Konfiguration sind Eduard und Charlotte im Gegensatz zum Hauptmann und Ottilie schon verheiratet und scheinen beide trotz fehlender Liebe doch nicht allzu unglücklich gewesen zu sein, da ihnen der Ehestand immerhin soziale Sicherheit und wohlsituierte Lebensverhältnisse bot. Die rechtlichen, sozialen und moralischen Bedenklichkeiten wiegen unter diesen ehelichen Umständen in der gepflegten Dekoration eines dem tristen Innenleben entsprechend prunkvoll-langweiligen Landlebens aber ungleich schwerer noch als im leichtsinnig in Gang gesetzten Tauschverfahren von Mozarts Liebespaaren, die sich noch im vorehelichen Geschlechterkampf abstoßen und anziehen. Hinzukommt außerdem noch, daß nach dem subjektivem Empfinden der beiden Opernpaare zwischen ihnen ja «die Chemie stimmt», wie eine moderne Redensart heute wechselseitige Sympathie in wahlverwandter Tradition bildhaft auf den Begriff bringt. Die Paare wähnen sich nämlich in ihren ursprünglichen Verlöbnissen durchaus in echten Liebesbeziehungen, genauso wie sie in ihren vertauschten Partnerschaften – vom weiblichen Standpunkt erhofft, aus männlicher Sicht befürchtet – jeweils eine Liebesheirat eingehen wollen, aus Überzeugung und im Überschwang.

Wo Mozarts voreheliche Wahlverwandtschaften paarweise gerade noch einmal – wenigstens als formelle Beziehungen – rückgängig gemacht werden können, führt Goethes eheliche Zerreißprobe der menschlichen Natur bei immerhin zwei Beteiligten, Ottilie und Eduard, zu heftigen psychotischen Reaktionen und psychosomatischen Krankheitserscheinungen mit Todesfolge. Eduard stirbt an Herzinfarkt, Ottilie siecht dahin und stirbt an Anorexie. Die «midlife crisis» der arrivierten deutschen Müßiggänger schafft sich kein physisches Ventil für die quälende Leidenschaft, die sich nur ein einziges Mal während des ehelichen Beischlafs in den verheimlichten Betrugsphantasien austoben darf. So lebensgefährlich ist die «sexlife crisis» der stolzen und lebenslustigen italienischen Frohnaturen nicht. Bei Mozart ernüchtert der Abbruch des sinnlichen Rollenspiels die erregten Akteure – und das Leben geht weiter. Niemand ist letztlich bereit, sich über alle Konventionen hinwegzusetzen und einmal gesetzte Ordnungen preiszugeben. In Goethes Roman bleiben am Ende zwei Leichen und zwei lebendige Tote zurück, in Mozarts Oper zwei todtraurige Paare. So geht es in beiden Partnerzirkeln um die unerbittlichen Folgen einer blamablen «Lebensplanwirtschaft»[200], um den Konflikt zwischen Illusion und Wirklichkeit, um die Auseinandersetzung zwischen Begehren und Gewissen, um das Aufeinanderprallen von Ordnung und Trieb.

Fast wie ein unfreiwilliger, ironischer Kommentar zur halsstarrigen und sich vernünftig gebenden Einstellung der männlichen Opfer in der Oper mutet da der Priesterchor an, den Goethe in seinem Entwurf von 1795/96

---

200 Baumgart, Reinhard: Johann Wolfgang Goethe. Die *Wahlverwandtschaften*. In: Die ZEIT-Bibliothek der 100 Bücher. Hrsg. von Fritz J. Raddatz. Frankfurt a.M. 1980, S. 149-152, hier S. 150.

zu *Der Zauberflöte zweiter Teil*[201] hatte weise und geläutert verkünden lassen:

«Schauen kann der Mann und wählen!
Doch was hilft ihm oft die Wahl?
Kluge schwanken, Weise fehlen,
Doppelt ist dann ihre Qual.
Recht zu handeln
Grad zu wandeln
Sei des edlen Mannes Wahl.
Soll er leiden,
Nicht entscheiden,
Spreche Zufall auch einmal.»[202]

---

201 S. dazu Honolka, Kurt: Kulturgeschichte des Librettos. Opern, Dichter, Operndichter. Erw. u. erg. Neuausg. Wilhelmshaven 1979 (Taschenbücher zur Musikwissenschaft, Bd. 28), S. 46-62: Goethe, der Librettist.
202 Goethe, Johann Wolfgang: *Der Zauberflöte zweiter Teil*. In: Goethe. Berliner Ausgabe, Bd. 4: Gedichte und Singspiele IV. Berlin 1973, S. 359-396, hier S. 371.

Sprache und Musik

Libretto und Komposition

1749 wurde Emanuele Congegliano im venezianischen Ghetto als Jude geboren. Nach der Heirat seines verwitweten Vaters mit einer jungen Christin wechselte die ganze Familie zu deren Glauben und der kleine Emanuele erhielt nach katholischer Tradition den Namen seines Taufbischofs. Als Lorenzo Da Ponte machte er eine einzigartige Karrierre. Da Ponte, der nach eigenen Angaben insgesamt 36 Libretti verfaßt hat, hielt sich selbst zweifellos für einen bedeutenden Dichter, hatte aber zunächst in Wien keinerlei Erfahrung als Theaterdichter, auch wenn er seiner Belesenheit eine Fülle von Dramenkenntnissen zu verdanken hatte. Trotz dieses Handikaps wurde er 1783 zum Dichter des kaiserlichen Theaters ernannt. Hier konnte er sein großes Talent entfalten, und er lieferte für verschiedene Komponisten geistreiche Libretti in einer eleganten, plastischen sowie poetischen und melodischen Sprache. Da Pontes Textbücher[203] zeigen sein großartiges Gespür für die musikalischen und theatralischen Möglichkeiten der Oper und der Bühne. Die italienische komische Oper des 18. Jahrhunderts war in erster Linie musikalisches Theater, wobei der Ton den Text zu untermalen hatte, und Da Pontes Texte waren geradezu prädestiniert dafür.

Da Pontes Libretto zu *Così fan tutte* stellt auf der Bühne keine fremde und phantastische Wirklichkeit dar, sondern die reale Welt, in der die Menschen des Jahres 1790 tatsächlich lebten. Das Textbuch konfrontiert in dieser Welt Empfindsamkeit und Rationalismus und thematisiert damit den zeitgenössischen Widerstreit beider einflußreicher Strömungen, um menschliche Grenzsituationen auszuleuchten. Der Autor selbst streift das Werk kaum in seinen Erinnerungen, was vielleicht die Geringschätzung des Librettos durch die Nachwelt mit bestärkt haben mag. Immerhin aber rechnet Da Ponte die Oper, als Libretto und Partitur, zu Mozarts besten. Natürlich kann Da Pontes Text nicht ohne die Komposition auskommen, schließlich ist das Libretto auch kein autonomes Werk, sondern ein Theaterstück, das in der Musik aufgeht und durch die Musik erst lebendig wird.

Die Partitur trägt als Gattungsbezeichnung noch «opera buffa», unterstreicht damit das komödiantische Spiel; das Libretto nennt das Werk ein

---

203 Zu Da Ponte als Librettist S. Smith, Patrick J.: The tenth Muse. A historical Study of the Opera Libretto. London 1971, S. 172 ff.

«dramma giocoso». Es ist die dramatische Gattung, in der sich komische und tragische Elemente auf einzigartige Weise mischen. Der Theaterzettel zur Uraufführung schließlich kündigt noch zusätzlich «Ein komisches Singspiel in zey Aufzügen» an. Tatsächlich hat Floros in *Così fan tutte* ganz verschiedene Stilelemente nachgewiesen, wie sie für das «heitere Drama» kennzeichnend sind: «...buffonesker, serianaher und singspielartiger Stil stehen gleichsam nebeneinander»[204], wiewohl nach opernästhetischen Maßstäben sicher das Dramma Giocoso, das vor allem im zweiten Akt über die Opera Buffa die Oberhand gewinnt, die angemessene Bezeichnung ist.

Unter literarischen und dramaturgischen Gesichtspunkten ist das Libretto für *Così fan tutte* sicherlich nicht geringer einzuschätzen als die anderen beiden Textvorlagen, die der «Poeta cesareo» am Wiener Theater für Mozart geliefert hat. Die Handlung ist dramaturgisch geschickt aufgebaut, der Konflikt ist spannungsvoll geschürzt. Die Sprache drückt überzeugend Eifersucht und Wut, Liebe und Leidenschaft, Reue und Resignation aus.[205] Bühnenfiguren wie Despina oder Alfonso haben ihr eigenes, unverwechselbares Idiom entsprechend ihrer sozialen Herkunft und ihrem Charakter.

Noch stärker als im *Figaro* hat Da Ponte in *Così fan tutte* mit der barocken Theatertradition und ihrer klassizistischen Ästhetik gebrochen, die Hofetikette und die Deklamation als künstlerische Nachahmung der Realität präsentieren. Damit war für Mozart die Voraussetzung gegeben, die Handlung in die Musik einzubeziehen, mit ihrer Hilfe auch die von der Oper sonst eher schon mal vernachlässigte schauspielerische Aktion zu verlebendigen.[206] Die enge Bindung der Musik an die Wörter war ein ästhetisches Postulat des barocken Stils gewesen, dessen Musik durch das Affektstichwort und durch die Tonmalerei wirken sollte. Die Musik folgte den durch das Textbuch ausgedrückten Leidenschaften und deutete diese aus. Da Pontes Libretto hingegen gab Mozart mehr freie musikalische Gestaltungsmöglichkeiten als je zuvor, und Mozart hat diese für die musikalische Kommentierung der Affekte seiner vier Liebenden ebenso trefflich genutzt wie für die musikalische Kommentierung von Alfonsos Raisonansprüchen.

---

204 Floros, Constantin: Stilebenen und Stilsynthese in den Opern Mozarts. In: Hamburger Jahrbuch für Musikwissenschaft 5 (1981), S. 155-168, hier S. 165.
205 S. dazu Hodges, Sheila: Lorenzo Da Ponte. The Life and Times of Mozart's Librettist. London [u.a.] 1985, S. 102.
206 S. dazu Weber, Horst: Studien zu Mozarts Musiktheater. Mozarts Verhältnis zum Theater und seine Wirkung auf die Beziehung von Musik und Bühne in dessen dramatischen Werken. Masch.-Diss. Wien 1968, bes. s. 79 ff., 165 ff.

Abb. 12. Lorenzo da Ponte (1749-1838) zur Entstehungszeit von *Così fan tutte*

Mozart überließ die dramaturgische Disposition einer Oper nicht allein dem Librettisten, sondern formte Konzeption, Handlung und sogar Textpassagen mit. So fordert er am 21. Juni 1783 von seinem Librettisten Varesco während der Arbeiten an *L'oca del Cairo*:

«die Musique ist also die Haubtsache bey jeder opera; – und wenn es also gefallen soll /: und er folglich belohnung hoffen will:/ so muß er mir sachen verändern und umschmelzen so viel und oft ich will, und nicht seinem kopfe zu folgen, der nicht die geringste Practic und theatererkenntnüss hat.»[207]

Offenbar war Mozart mit Varescos Arbeit in bezug auf die dramaturgische Anlage der Handlung unzufrieden, trachtete deshalb, darauf Einfluß zu nehmen; augenscheinlich ohne großen Erfolg, denn diese Oper blieb Stückwerk.
Daß Da Ponte die Poetik beherrschte und zugleich damit der Musik Mozarts auf kongeniale Weise entgegenarbeitete, zeigt die Kongruenz zwischen den metrischen Akzenten der Verssprache und den rhythmischen Akzenten der melodischen Phrase. Da Pontes Reimkunst erreichte, besonders in den Rezitativen, einen neuen Höhepunkt. Er schüttelt die Reime spielerisch hin und her. Kaum vorstellbar, daß Mozart mit diesem Libretto unzufrieden gewesen sein sollte. Das Beispiel, welches de Cenzo und Mac Grabham herausgreifen, macht Da Pontes kunstvolle Stilleistung deutlich:

«Ein Beispiel: in der 7. Szene des I. Aktes schließt Don Alfonsos Rezitativ mit einem vom Streichorchester begleiteten Allegro moderato, das eine höchst differenzierte Artikulation mit dreimaligem Crescendo aufweist, dem im Text drei Elfzeiler mit daktylischer Betonung entsprechen. Da Ponte beutet hier bis zum Extrem die Komik der Daktylen aus, um den Weiberhaß Don Alfonsos zu charakterisieren. Mozart unterstreicht in vollkommenen Gleichklang mit seinem Librettisten den grotesken Aspekt, indem er eine musikalische Artikulation durch Kontrastbildungen einsetzt. Dazu gewinnen die Verse infolge des dreimaligen Crescendo einen magisch-dämonischen Zug.»[208]

Da Ponte läßt seine zeitgenössischen Figuren aus dem Alltag privater Sphäre mit dramaturgischem Feingefühl sprachlich auf Situationen und innere Vorgänge reagieren. Einfachheit, Schlichtheit, Innigkeit herrschen in den Liebesbekenntnissen vor, denen Mozarts A-Dur erst noch die tonale Glaubwürdigkeit schenkt. Schwulst, Archaisieren und Hyperbolik da, wo mit dem Seriastil musikalisch Pseudotragik entlarvt wird. Deshalb können Handlung und Charaktere auch nur durch Da Pontes librettistische Vorgaben von der Musik so differenziert erfaßt und ausgedrückt werden.
Die Musik kann im Gegensatz zur Sprache Zeitlichkeit und Räumliches gleichzeitig stattfinden lassen. Deshalb auch kann sie Handeln und Hand-

---

207 Mozart. Briefe, Bd. 3, S. 275.
208 de Cenzo/Mac Grabham, «...vi voliamo davanti ed ai lati e dal retro...», S. 282.

lung zugleich von der Person und von der die Personen verbindenden Situation her erfassen. Das Libretto muß einen klaren Aufbau und einen plausiblen Plot liefern, aber nicht jene Motivationen, die es der Musik überlassen sollte. Die Musik ist es deshalb in *Così fan tutte*, die die raschen Stimmungsumschwünge, die allzu hastigen Rollenwechsel, die Gefühlswandlungen glaubhaft macht, die allein durch den Text vermittelt nur aufgesetzt wirkten. Die Musik erst entfaltet die Handlungsvorgaben von Da Pontes Textbuch im Augenblick wie in der Gänze. Die Musik strukturiert die Ereignisse auf der Bühne, verleiht den Handlungen einzelner wie des Ensembles ihre Funktion und Bedeutung.[209] Mozarts Musik erst vermittelt sinnstiftend und überzeugend die psychischen und sozialen Folgen für die Individuen, die den Konflikt von Empfindung und Vernunft nur nach unbedingten und absoluten Entscheidungen lösen wollen. Noch ehe durch Wagner die Einheit von Dichtung und Musik als opernästhetische Zentralkategorie etabliert war, hatten Mozart und Da Ponte in *Così fan tutte* eine musikdramatische Einheit geschaffen. Keiner anderen Oper Mozarts ist diese dialektische Ästhetik eines Gesamtkunstwerks von Libretto und Musik – Gratwanderung und Grenzüberschreitung zwischen Naivität und Ironie in der Oper beruhen geradezu auf dieser Konzeption – derart mißverstanden zum prüden Vorwurf[210] gemacht worden:

«Denn sie verletzte mit grausamer und unbarmherziger Unbekümmertheit und Überlegenheit die Identitätsfindung sowie das moralische Selbstbewußtsein des neuen Bürgertums, das sich bereits lange vor der Revolution zu formieren begonnen hatte, und das sich (freilich höchst kleinbürgerlich) im deutschen Singspiel gespiegelt hatte.»[211]

Entstanden im Jahr des Pariser Bastillesturmes, heften Musik und Text die falschzüngige Redensart im Haupttitel der Oper als bezeichnendes Etikett sowohl an aristokratische Frivolität wie auch an bürgerliche Moral. Die jungen Offiziere sind aristokratisch überheblich genug, um sich wettend auf das Spiel erotischer Liberalität einzulassen, aber auch bürgerlich ängstlich genug, um dessen Folgen mit philiströser Doppelmoral abzulehnen. In diesem Handeln wird die Schnittstelle zweier Zeiten, zweier geradezu epochaler Kontraste von

---

209 S. dazu Georgiades, Thrasybulos: Mozart und das Theater. In: Mozart, seine Welt und Wirkung. Augsburg [o.J.], S. 103-120, hier S. 116 ff.
210 S. dazu Gregor, Der Streit um *Così fan tutte*, S. 79 ff.
211 Kunze, Mozarts Opern, S. 433.

Empfindsamkeit und Rationalismus spürbar. Dieser einschneidende Paradigmenwechsel ist besonders in der problematischen Einstellung zur gesellschaftlichen Regelung geschlechtlicher Beziehungen greifbar. Treue als Standhaftigkeit wird an den gängigen und verbindlichen Moralvorstellungen der Zeit gemessen, und just darin entpuppt sich dann deren zweifelhafter Wert, wenn man sich mit Vehemenz in vorgeblich große Gefühle steigert, die im nächsten Augenblick wankelmütig verraten werden. Der absolute Moralanspruch einer Gesellschaft wird schon vom Libretto in Frage gestellt; ein Anspruch, der die Frauen einseitig einem männlichen Ehrenkodex unterwirft, der zum Zündstoff für persönliche und soziale Konflikte wird. Daß die nach solchen Prämissen handelnden Personen durch Wort und Tat einen falschen Schein erzeugen, dem sie selbst erliegen – die Musik lehrt es.

Von Mozart selbst besitzen wir, außer eher beiläufigen Probenhinweisen in den beiden Briefen an Puchberg, keine Aussagen über seine Oper. Wie bei den meisten seiner anderen Werke ist auch über *Così fan tutte* keine Äußerung Mozarts überliefert. Offenbar verspürte Mozart kein Bedürfnis, sich über seine künstlerischen Absichten theoretisch zu verbreiten oder mit anderen darüber zu diskutieren. Allenfalls einige allgemeine Überlegungen zur Ästhetik des Musiktheaters, genauer: zum Verhältnis von Musik und Sprache, mochte er sich abringen. Was er seinem Vater Leopold am 13. Oktober 1781 über das grundsätzliche Verhältnis von Libretto und Musik im Zusammenhang mit der *Entführung aus dem Serail* schrieb, hat ganz gewiß auch Gültigkeit für Da Pontes Textbuch, dessen ästhetische Qualität Voraussetzung für Mozarts Zugriff gewesen sein muß:

> «bey einer opera muß schlechterdings die Poesie der Musick gehorsame Tochter seyn. [...] um so mehr muß Ja eine opera gefallen wo der Plan des Stücks gut ausgearbeitet; die Wörter aber nur blos für die Musick geschrieben sind, und nicht hier und dort einem Elenden Reime zu gefallen [...] verse sind wohl für die Musick das unentbehrlichste – aber Reime – des reimens wegen das schädlichste; – die herrn, die so Pedantisch zu werke gehen, werden immermit sammt der Musick zu grunde gehen.
> da ist es am besten wenn ein guter komponist der das Theater versteht, und selbst etwas anzugeben im stande ist, und ein gescheider Poet, als ein wahrer Phönix, zusammen kommen.»[212]

---

212 Mozart. Briefe (Fn. 49), S. 271.

Mozart und Da Ponte – das war tatsächlich jenes theaterkundige Gespann von Tondichter und Textdichter, das im kongenialen Entwurf ein Kunstwerk schuf. Dessen widerspruchsvolle Wirkung, dessen Hervorrufung zwiespältiger Reaktionen ist freilich weniger auf ästhetische Kritik, sondern eher auf moralische Werturteile zurückzuführen.

Musik und Motto

Die Instrumentierung der *Così*-Partitur ist besonders sorgfältig gewählt. Der Orchesterklang, vor allem unter dem Einfluß der Bläser, erzeugt jenen berühmten, fein nuancierenden «Così-Ton» voller Innigkeit und Ironie, Sinnlichkeit und Überschwang. Zu diesem Klangbild trägt neben Klarinette und Trompete auch die Viola viel bei: Diese Instrumente spielen in *Così fan tutte* eine wichtigere Rolle als sie in Mozarts anderen Opern spielen. Mozart hat die speziellen Klangqualitäten jener Instrumente sehr sorgfältig zur Charakterisierung von Atmosphäre und Situation eingesetzt. Der Ton der Viola durchdringt kraftvoll Nummern wie beispielsweise Alfonsos «Vorrei dir, e cor non ho» (Nr. 5: Ich möchte es sagen, aber ich kann nicht), das Quintett «Di scrivermi ogni giorno» (Nr. 9: Daß du jeden Tag schreibst) oder das Terzett «Soave sia il vento» (Nr. 10: Sanft wehe der Wind), und dieser Ton erzeugt den Eindruck von flüchtiger Traurigkeit. Auch wenn Dorabella und Fiordiligi im Quintett «Sento, oddio» (Nr. 6: Ich merke, o Gott) auf sehr extravagante Weise ihren Abschiedsschmerz durch das Verlangen, durchbohrt zu werden, ausdrücken oder wenn Ferrando in seiner Cavatina «Tradito, schernito» (Nr. 27: Verraten, verschmäht) Dorabellas perfides Herz beklagt, verstärkt die Viola noch den Schmerz der Gefühlsausbrüche. Die Trompete, sonst eher zur Begleitung von Chören oder Märschen eingesetzt, übernimmt den Part musikalischer Ironie in Fiordiligis Felsenarie (Nr. 14), in Ferrandos «Ah, lo veggio: quell'anima bella» (Nr. 24: Ach, ich sehe: Diese schöne Seele) oder im Quartett «La mano a me date (Nr. 22: Gebt mir die Hand).

Die textlichen Anspielungen, musikalischen Zitate und Anklänge aus seinen anderen Werken sowie die zahlreichen musikalischen Querverweise innerhalb der Partitur sind gleichfalls Indizien für die besondere konzeptionelle Sorgfalt, die Mozart seiner Oper kompositorisch angedeihen ließ.[213] Für Zitat und Querverweis jeweils ein Beispiel. Zum ersten Mal wird 1781 das Motiv der Meeresruhe aus Goldonis Libretto *Le pescatrici* für Mozartopern von Giambattista Varescos Libretto *Idomeneo* nach der Vorlage der Tragédie Lyrique *Idoménée* von André Campra und Antoine Danchet aufgegriffen. Elettra, die am Hafen von Sidon stehend Ab-

---

213 S. dazu bes. Schneider/Algatzy, Mozart-Handbuch, S. 126; Steptoe, The Mozart-Da Ponte Operas, S. 213 ff.; Heartz, Mozart's Operas, S. 229 ff. sowie Chantavoine, Mozart dans Mozart, S. 123 ff.

schied von Kreta nehmen möchte, wird vom Chor auf eine glückhafte Fahrt in ihre Heimat eingestimmt:

«CORO.
Placido è il mar, andiamo,
Tutto ci rassicura.
Felice avrem ventura,
Su su, partiamo or or.
ELETTRA.
Soavi Zeffiri soli spirate,
Del freddo borea l'ira calmate.
D'aura piacevole cortesi siate,
Se da voi spargesi per tutto amor.»
(Nr. 15: Chor: Still ist das Meer, wir fahren, milde die Winde wehen. Laßt uns zum Schiffe gehen, die Fahrt wird glücklich sein. Elettra: Oh, daß der Zephirwind uns stets begleite, er banne Wirbelsturm von unserer Seite, Götter, ach, sendet uns freundliche Winde, führt mit dem Schiff auch die Liebe ans Ziel.)[214]

Der Wunsch nach glückhafter Lebensfahrt und nach erfüllter Liebe wird hier von Elettra und dem Chor mit den gleichen metaphorischen Bildern der Meeresstille, der Zephirwinde und des Schiffes ausgedrückt wie im Abschiedsterzett von Alfonso, Dorabella und Fiordiligi «Soave il vento» (Nr. 10). Eine Metapher, die zum Topos geworden ist. Die Musik der *Idomeneo*-Szene beschwört die zarte, friedvolle Stimmung und den innigen Wunsch nach Lebens- und Liebesglück in E-Dur wie später in der vergleichbaren *Così*-Szene.

Als Beispiel für die Querverweise innerhalb der Oper selbst diene die musikalische Charakterisierung weiblicher Gefühlsentwicklung: Die Phrase der Takte 36 bis 38 des Quintetts «Sento, oddio» (Nr. 6: Ich merke, o Gott) begleitet die inständige Bitte der Schwestern, ihre Liebhaber mögen

---

[214] *Idomeneo* (Fn. 42), S. 56/57. – Zum Vergleich die Szene (mit Ballett) aus *Idoménée*, Tragedie, [...] [Paris] 1731 (Ex. Bibliothèque National Paris, Sign. Res Yf 2176), S. 31: «Cœur. Embarquons-nous, partons, tout répond à nos vœux,/ On n'entend plus de vent qui gronde:/ Le calme qui regne sur l'onde,/ Nous assure d'un sort heureux./ Electre. Venez, réprondre à nos desirs,/ Volez, favorables Zephirs:/ Calmez les vastes mers, que vos seules haleines/ Servent à regler nôtre cours:/ Puisse l'Objet de vos amours/ Ne vous donner ainsi que d'agrables chaînes./ Venez réprondre à nos desirs,/ Volez, favorables Zephirs.»

nicht in den Krieg ziehen. Diese Phrase findet sich wieder in den Takten 434 und 435 des Finales des ersten Aktes, da Ferrandos und Guglielmos vorgetäuschter Selbstmord die ersten Gemütsschwankungen bei den Bräuten auslöst. Schließlich begleitet die Phrase in den Takten 101 und 102 Fiordiligis bedingungslose Kapitulation, als sie im Duett «Tra gli amplessi in pocchi istante giungerò des fido sposo» (Nr. 29: In wenigen Augenblicken werde ich dem teuren Verlobten in die Arme sinken) Ferrandos und ihrer eigenen Leidenschaft erliegt. Diese Phrase dokumentiert geradezu die sinnliche Geschichte einer wachsenden weiblichen Begierde. Dies trifft auch auf die melodische Wiederholung der Takte 55 bis 58 aus dem der Felsenarie vorangehenden Rezitativ zu, in dem Fiordiligi die Unerschütterlichkeit ihrer Treue erklärt:

«L'intatta fede
Che per noi già si diede ai cari amanti
Sprem loro serbar infino a morte
A dispetto del mondo e della sorte.»
(Rezitativ I, 11: Die keusche Treue, die wir unsererseits bereits unseren Liebhabern schworen, werden wir ihnen bis zum Tode zu bewahren wissen, der Welt zum Trotz und dem Schicksal.)

Damit macht Mozart die blinde Torheit von Fiordiligis Vertrauen in ihre trügerische Beständigkeit deutlich.

Mozart verfügte souverän über die musikalische Tradition im Sinne eines lebendigen Reservoirs, aus dem er nahm, was er brauchte. Sein «brio» allerdings durchweht die fremden Töne und macht sie auf unverwechselbare Weise zu den seinen.

«E che brindis replicati
Far vogliamo al Dio d'amor!»
(Nr. 3: Und aufs Wohl des Liebesgottes wollen wir immer wieder trinken.)

Dieses verkündet ständchenhaft hochgestimmt und hochgemut in prahlerischer Selbstsicherheit das C-Dur Terzett mit einem musikalischen Thema, das als Anfangsthema der Freimaurerkantate *Das Lob der Freundschaft* (KV 623) wieder auftauchen wird, und allein der alte Don weiß von den dreien von vornherein ganz genau, daß der Liebesgott sich natürlich so feiern läßt, wie seine von ihm inspirierten Feste fallen. Fröhliche Bekenntnisse, die die Liebe hochleben lassen, werden in Mozarts Opern nicht selten von den Protagonisten in unmittelbarer Nähe tiefer seelischer Not und emotionaler Verunsicherung angestimmt. Das Quartett der Entführer und der Entführten aus dem türkischen Serail beispielsweise findet nach den nagenden Zweifeln von Belmonte und Pedrillo an der Treue von Konstanze und Blonde wieder versöhnlich zusammen:

«Wenn unsrer Ehre wegen
Die Männer Argwohn hegen,
Verdächtig auf uns sehn,
Das ist nicht auszustehen!»[215]

Mit infamer Rhetorik und dialektischer Gemeinheit wenden Belmonte und Pedrillo eilends den Zorn in einen Unschuldsbeweis für Konstanze und Blonde, indem sie schlußfolgern:

«Sobald sich Weiber kränken,
Wenn wir sie untreu denken,
Dann sind sie wahrhaft treu,
Von allem Vorwurf frei!»[216]

Als die beiden Frauen deswegen ernstlich und heftig böse zu werden drohen, beeilen sich Herr und Diener nach Reueschwüren, Verzeihung zu erflehen, die Herrin und Dienerin ohne langes Überlegen sofort gewähren. Mißtrauen und Mißstimmung werden rasch übertönt vom gemeinsamen Liebesjubel:

«Es lebe die Liebe!
Nur sie sei uns teuer,
Nichts fache das Feuer
Der Eifersucht an.»[217]

Was im türkischen Serail an Verdächtigungen und Unterstellungen des männlichen Personals noch einmal durch die von den Frauen provozierte

---

215 Wolfgang Amadeus Mozart. *Die Entführung aus dem Serail.* Texte, Materialien, Kommentare. Hrsg. von Attila Csampai und Dietmar Holland. Reinbek 1983, S. 57.
216 Ebd., S. 57.
217 Ebd., S. 58.

Läuterung und Einsicht überwunden werden kann, wird im feinen neapolitanischen Landhaus an Dünkel und Uneinsichtigkeit der Männer scheitern; denn was diese beiden anderen Herren zu wissen vermeinen, wird sich als Täuschung und Verkennung der wahren Zusammenhänge enthüllen. Innige, unauflöslich scheinende Verbindungen werden aufgehoben sein. Dieses Geschehen wird von zwingender Konsequenz sein. Dabei wird dann Trug die Wirklichkeit und Lug die Wahrheit sein:

«O pazzo desire!
Cercar di scoprire
Quel mal che, trovato,
Meschini ci fa.»
(Nr. 1: Was für ein verrücktes Verlangen, jenes Übel entdecken zu wollen, das, hat man es gefunden, uns zu kläglichen Figuren macht.)

Mit Pauken und Trompeten triumphiert deshalb das Orchesternachspiel des dritten Terzetts[218] über das Trio und kommentiert mit der Floskel des Ouvertürenmottos vorausdeutend die Illusion der Liebhaber, weist auf eine einäugige, versagende Herrenmoral hin, die dem schönen Geschlecht ankreidet, was der ganzen Spezies vorzuwerfen wäre. Eine Moral, die so unverblümt ihre eigene Verantwortung ausgrenzt, kann auch ihre Konsequenzen nicht übersehen, wenn sie sich pharisäerhaft der Grammatik bemächtigt und die weibliche Pluralbildung des Numerale «tutte» benutzt, wo sie «tutti» sagen sollte.[219]

Die «Così fan tutte»-Formel stammt aus dem Munde des vergreisten Intriganten Basilio, der in *Le nozze di Figaro* mit maliziöser Altmännerhäme meckernd die Entdeckung Cherubinos in Susannas Zimmer kommentiert:

---

218 S. dazu Nef, Das Orchester in Mozarts Oper *Così fan tutte*, S. 787 ff.
219 Vgl. auch Hildesheimer, Wolfgang: Mozart. Frankurt a.M. 1977, S. 295 f.: «‹Così fan tutte›, diesen Titel könnte man mit hoher Berechtigung zu ‹Così fan tutti› abwandeln. Denn der Mangel an ‹Weibertreue›, den der Text zum Thema hat – einer der beliebtesten Gemeinplätze der Zeit, dem ja schon der ‹Don Giovanni› mit Macht entgegentritt – wird hier bei weitem übertroffen von dem Mangel an Männermoral, durch den diese Fehlbarkeit evident wird. Eigentlich sind die Frauen Opfer einer elenden Intrige, die nur deshalb gut ausgeht, weil die Männer ungerechterweise in die Position versetzt werden, den Frauen verzeihen zu dürfen, während es eigentlich umgekehrt sein müßte.»

«Così fan tutte le belle!
Non c'è alcuna novità!»[220]
(Nr. 7: So machen es alle Schönen! Daran ist nichts Neues!)

Stichelnde Boshaftigkeit, die sich als souveräne Weltkenntnis und intimes Wissen geriert – und die den Beteiligten unrecht tut, den Vorgängen nicht gerecht wird. Nicht nur die Worte, auch das musikalische Motiv, die wellenförmige Achtelbewegung der folgenden Phrase hat Mozart von dort im Prestoteil nach dem Andante am Ouvertürenbeginn übernommen. In der Tat, nichts Neues. Das gleiche alte Spiel im Irrgarten verwirrbarer Gefühle und sinnlicher Begierden wie auch in anderen theatralischen Absagen Mozarts an die Costanza-Opern. «La folle giornata» – nach Figaros tollem Tag und Don Giovannis Jüngstem Tag das dritte hochdramatische und streng aristotelischer Poetik folgende 24-Stunden-Komplott. Die Ereignisse und das Geschehen eines einzigen Tages legen im erotischen Arrangement der Handelnden deren krisenhafte Beziehungen bloß. Am Ende des «verrückten Tages» werden die einseitigen Unterstellungen, Verdächtigungen und Schuldzuweisungen ad absurdum geführt sein. Alle machen's so: Bastien und Bastienne, Fracasso und Giacinta wie Simone und Ninetta (*La finta semplice*), Celidora und Biondello wie Lavina und Calandrino (*L'oca del Cairo*), Bocconio und Eugenia wie Asdrubale und Bettina (*Lo sposo deluso*), Belfiore und Sandrina wie Nardo und Serpetta oder Don Ramiro und Arminda sowie Podesta (*La finta giardiniera*), Konstanze und Belmonte wie Blonde und Pedrillo (*Die Entführung aus dem Serail*), Susanne und Figaro wie Gräfin und Graf Almaviva (*Le nozze di Figaro*), Donna Anna und Ottavia wie Zerline und Masetto im Banne des «Don Quijote der Leidenschaft»[221] Don Giovanni... Gerade die drei Da Ponte/Mozart-Opern sind eigentliche Schulen für Liebende.[222] Der Anspruch von *Così fan tutte* als einer eigentlichen Comédie humaine freilich geht über die vorangegangenen Opern hinaus, wo die Liebespaare nach Prüfungen in den bestehenden Verbindungen zueinander und wo alle Beteiligten zu sich selbst finden. Hier aber wird in spielerischem Ernst die Möglichkeit einer Lebensgestaltung vorgeführt, die der freien Entfaltung der Gefühle und Bindungen Raum läßt.

---

220 Wolfgang Amadeus Mozart. *Die Hochzeit des Figaro*. Texte, Materialien, Kommentare. Hrsg. von Attila Csámpai, Dietmar Holland. Reinbek 1987 (rororo Opernbücher 7667), S. 68.
221 Görner, Rüdiger: Mozarts Wagnis. Frankfurt a.M., Leipzig 1991, S. 55.
222 S. dazu Heartz, Trois écoles des amants, S. 16 ff.

Von den gesellschaftlichen und persönlichen Konsequenzen aber mögen die sonst so beredsamen und gestenreichen Beteiligten nicht singen. Die Musik bringt indes diese Dimension unüberhörbar zum Klingen, weil sie mehr weiß als die Akteure. Mozart dementiert in einem musikalischen Kabinettstück sondergleichen die Harmlosigkeit scheinbar neckisch-pikanter Rokoko-Galanterie und spielerisch-koketter Gefühlständelei durch die Töne der Wahrhaftigkeit. Mozarts Musik beschwört intensiv eine Stimmung und kommentiert sie zugleich. Sie macht sich nicht lustig über die Gefühle, sondern bekundet musikalisch das Wunderbare von erfüllter Liebe und ausgekosteter Erotik, die gerade auf Grund ihrer Vergänglichkeit umso kostbarer sind. Die griffigen Lebensprinzipien der beiden Edelherren büßen im Zusammenhang mit der Musik ihre Gültigkeit ein, die sie ohne Töne zu beanspruchen scheinen. Die Lügen und Selbsttäuschungen der hohlen Machosprüche macht Mozarts Musik nicht mit. Sie macht hingegen die Ambivalenz der vorgespielten wie vor allem der echt empfundenen Gefühle sinnfällig. Musikalische Charakterisierungskunst entlarvt fortschreitend männliche Verstellung und Verkleidung als karnevaleskes Kostümfest des Hochmuts und der Begierden und läßt alle, «tutti», den bitteren Ernst dessen erfahren, was einmal nur als experimentelles Spiel gedacht war. Georg Knepler hat diese ästhetische und substantielle Qualität treffend beschrieben:

«In Mozarts Musikwelt ist die Semantik nicht an den Stoff gebunden. [...] Aber sie verflüchtigt sich auch nicht. Sind erst einmal charakteristische, different gemachte musikalische Strukturen aufgestellt und durch Worte und Bühnenhandlung semantisiert, so gehen in Mozarts Phantasie Struktur und Semantik eine Verbindung ein. Ursprünglich von einem recht konventionellen oder sogar banalen Stoff angeregt, kann das musikalische Gebilde die subtilsten Gedanken und Emotionen ausdrücken.»[223]

---

223 Knepler, Georg: Wolfgang Amadé Mozart. Annäherungen. Berlin 1991, S. 306 f. – S. dazu auch die eingehenden musikologischen Analysen und Erläuterungen bei Blom, Eric: The Music of the Opera, in: Mozart's *Così fan tutte*, S. 23-42; Ford, *Così*, S. 107 ff., 136 ff., 165 ff., 186 ff.; Hocquard, *Così fan tutte*, S. 19 ff.; Liebner, Mozart on the Stage, S. 198 ff.; Pahlen, *Così fan tutte*. Textbuch, S. 17 ff.; Kunze, Mozarts Opern, S. 463 ff.; Noiray, Michel: Commentaire musical et littéraire. In: Mozart. *Così fan tutte*, 1991, S. 38-145. – Kurz und bündig bringt Ludwig aus E.T.A. Hoffmanns *Serapionsbrüdern* (Fn. 135) den besonderen Stil der Musig auf den Begriff: «So kann z.B. in der Musik der Ausdrück der ergützlichsten Ironie liegen, wie er in Mozarts herrlichen Oper *Così fan tutte* vorwaltet.» (S. 91)

Die musikdramatische Geschlossenheit von *Così fan tutte* beruht nicht zuletzt auch auf den tonalen Beziehungen, die zwischen Ouvertüre und Bühnenhandlung bedeutungsvolle musikalische Verbindungen erzeugen. So besteht die Ouvertüre gewissermaßen aus thematischen Abschnitten, in denen das folgende Geschehen vorweggenommen und kommentiert wird.[224]

Abb. 13: Bühnenbildentwurf zu Jean-Pierre Ponnells Inszenierung im Kleinen Festspielhaus Salzburg 1969

Schon die Oboenmelodie (Takt 2 ff.) vom Tonikadreiklang bis zur Tonikaterz kehrt im Sextett «Alla bella Despinetta» (Nr. 13: Der schönen Despinetta) fast identisch wieder (Takt 152 ff.), ebenso wie der Baß des sentenzenartigen *Così*-Themas (Takt 44 ff.).

Das erste Thema der Exposition, eine Achtelfigur der Violinen (Takte 15 bis 25) wird in Fiordiligis und Dorabellas Empörung über das Ansinnen, den am Ende des ersten Aktes wiederbelebten Albanern einen Kuß zu geben, wieder aufgenommen:

---

224 S. dazu Josephson, Zu Mozarts dramatischen Ouvertüren, S. 31 f. und Gloede, S. 36 ff.

«Ah, che troppo si richiede
Da una fida, onesta amante.
Oltraggiata è la mia fede,
Oltraggiato è questo cor!»
(Nr. 18: Ah, das ist zuviel verlangt von einer treuen und anständigen Geliebten. Beleidigt ist meine Treue, beleidigt ist mein Herz!)

Die beiden als Albaner verkleideten Verlobten Ferrando und Guglielmo, die den Selbstmord aus enttäuschter Liebe vorgetäuscht haben, sind sich nämlich erstmals nicht mehr so ganz sicher:

«Un quadretto più giocondo
Non s'è visto, in questo mondo.
Ma non so se finta o vera
Sia quell'ira e quel furor.
Né vorrei che tanto fuoco
Terminasse in quel d'amor.»
(Nr. 18: Ein hübscheres Spielchen hat man auf der ganzen Welt nicht gesehn. Doch weiß ich nicht, ob echt ist oder gestellt dieser Zorn und diese Wut. Ich möchte nicht, daß solches Feuer in Liebesglut endet.)

Was sie nicht wollen, wird sich freilich nicht verhindern lassen, angedeutet durch zwei Streichermotive, die in der musikalischen Wiederbelebung der beiden Scheintoten später erneut auftauchen (Takte 218 ff. und 231 ff.). Der Schluß dieses ersten Prestos (Takte 23 bis 25) entspricht der einer Floskel des Sextetts «Alla bella Despinetta» (Nr. 13, Takt 165 ff.).

Auch das zweite Thema (Takte 25-29) wird im Finale des ersten Aktes wiederholt, im unmittelbaren Anschluß an die echte oder vorgetäuschte Empörung der Damen, als Despina und Alfonso sich über das Spiel amüsieren:

«Un quadretto più giocondo
Non si vide in tutto il mondo.
Quel che più mi fa da ridere
E quell'ira e quel furor.
Ch'io ben so che tanto fuoco
Cangerassi in quel d'amor.»
(Nr. 18: Ein hübscheres Spielchen sieht man auf der ganzen Welt nicht. Und besonders lachen muß ich über diesen Zorn und diese Wut. Ich weiß recht gut, daß solches Feuer in Liebesglut sich wandelt.)

Die Schlußtutti (Takte 209 ff., 219 ff.) nehmen die ersten Tutti (Takte 15 ff., 25 ff.) wieder auf und nehmen damit die Empörung der beiden Schwestern vorweg, mit der diese auf die kecke Kußbitte der beiden wiedererwachten Albaner reagieren und damit zugleich auch ihre schon leise schwankende Widerstandskraft stabilisieren wollen:

«Disperati, attossicati,
Ite al diavol quanti siete!
Tardi inver vi pentirete,
Se più cresce il mio furor!»
(I, 16: Verzweifelt, vergiftet, geht, wie ihr seid, zum Teufel! Später wird es euch gewiß gereuen, wenn meine Wut noch weiter steigt!)

Und wie ein ironischer Kommentar Don Alfonsos folgt darauf nochmals die «Schlußmoral». Der Schluß der Ouvertüre in der Reprise, die Takte 257 bis 261, eine Umspielung der Grundtonart durch die ersten Violinen und drei Akkorde, wird, wie Küster darlegt[225], als ein nahezu prophetisches Motiv zu einem anspielungsreichen Gliederungsmittel der Handlung. Es erklingt jeweils im Violienspiel am Schluß des Terzetts «Una bella serenata» (Nr. 3, Takte 74 bis 76), am Schluß des Sextetts «Alla bella Despinetta» (Nr. 13, Takte 216 bis 219), am Schluß des ersten Aktes, am Schluß von Fiordiligis Rondo «Per pietà» (Nr. 25, Takte 693 bis 697) und am Schluß des zweiten Aktes (Takte 667 bis 671). Jedesmal scheint sich gerade eine Haltung oder Position zu bewahrheiten, die durch die Ouvertürenfloskel abschließend bestätigt werden will, aber insgeheim gerade dadurch konterkariert wird. Der Triumphgesang, in dem die beiden Helden schon ihren Wettgewinn für eine Serenade ausgeben, zu der sie großzügig auch Don Alfonso einladen, ist verfrüht. So verfrüht wie ihre spätere siegesgewisse Freude über «rabbia» und «furor», Zorn und Wut, womit die Schwestern als Zeichen der Beständigkeit auf die Werbung der verkleideten Offiziere reagieren. Alfonsos Weisheit, die sich allzugern auf scheinbar gültige Welterfahrung gründet und diese vorzugsweise in Sprüchen zum besten gibt, gibt zu bedenken, daß man nichts zu früh loben solle. Sein «finem lauda» (Lobt erst das Ende), mit dem er die schon übermütig in Siegesgewißheit schwelgenden Ferrando und Guglielmo dämpft, erinnert an Gordons Zitierung des Sprichworts «Man soll den Tag nicht vor dem Abend loben», mit dem er Wallensteins

---

225 Küster, Mozart, S. 359 ff.

Hoffnungen auf raschen Wiederaufstieg abwiegelt.[226] Alfonsos ironische Mahnung wird am Ende freilich auch für seine eigene Einstellung zum ironischen Kommentar. Er weiß nur nichts davon.

Der Ton am Schluß der Ouvertüre im übrigen ist von C-Dur nach D-Dur gesteigert, so wie Herz und Sinne sich in gesteigerter Erregung befinden. Noch einmal nach E-Dur gesteigert, die Tonart, in der Don Alfonso die Frauentreue mit dem Phönix vergleicht und in der er und die Schwestern den Davonfahrenden eine glückliche Reise wünschen, ertönt die Floskel am Ende von Fiordiligis Rondo «Per pietà». Der lauschende Ferrando hält dieses etwas verfrüht für einen Beweis dafür, daß er und Guglielmo gesiegt haben. Verfrüht aber auch die Selbstberuhigung des Schlußgesangs, der eine überlegene Gelassenheit propagiert, die niemand mehr hat.

Der Operntitel und sein grammatischer Fallstrick sind Thema der Ouvertüre[227], die derart auf die Oper einstimmt. Im Gegensatz zur konzertanten Sinfonia der Opera Seria bereitet diese Ouvertüre auf die nachfolgende Handlung vor. Nach dem kurzen Andante (Takte 1 bis 14) entfaltet sich eine Art Sonatensatz: Exposition (Takte 15 ff.) in der Grundtonart C, der Mittelteil (Takte 101 ff.) in der Tonartenfolge E, A, D, G, C und F, zum Schluß eine verkürzte Reprise (Takte 189 ff.) die die Grundtonart wieder herstellt und die *Così*-Formel aufgreift.[228]

Es folgt nach zwei schnellen Orchesterakkorden das kurze Andante mit der innigen und zarten Oboenphrase, die in einigen Takten (Takt 29 ff.) mit einem Temporale aus dem 2. Akt von Giovanni Paisiellos Barbieroper *Il barbiere di Siviglia* fast vollständig übereinstimmt.[229] Diese langsame Einleitung verspricht feierlichen Ernst und erhabene Würde. Ein Versprechen, das sogleich wieder zurückgenommen wird, um diese Erwartung ironisch zu brechen. Dann setzt zuerst allein im Piano der Baß ein, begleitet von einer melodischen Wendung. Eine Kadenz mit den dazwischen geschalteten Pausen, die ihre Aussage bedeutungsvoll erscheinen läßt. Dann ein Trugschluß, der das Motto Don Alfonsos als These gewissermaßen in den Raum – und damit in Frage stellt. Dann die Wiederholung der Kadenz. Eine Kadenz, so wie sie alle, nämlich alle Komponisten, machen. Das geläufige musikalische Stilmittel zitiert auf diese Weise sehr effektvoll das Titelmotto.

---

226 Wallensteins Tod, V,4. In: Schillers Werke. Nationalausgabe, Bd. 8: Wallenstein. Hrsg. von Hermann Schneider und Liselotte Blumenthal. Weimar 1983, S. 339.
227 S. dazu die Ausführungen von Kunze, Mozarts Opern, S. 458 ff.
228 S. dazu Floros, Mozart Studien I, S. 64 ff.
229 S. dazu Gloede, Die Ouvertüre zu *Così fan tutte*, S. 37.

Eine musikalische Allerweltsformel für eine triviale Allerweltsweisheit. Mozart schafft damit einerseits ironische Distanz zum Motto und andererseits auch zum bewußt verwendeten musikalischen Mittel.

Nach der Einleitung folgt der Hauptteil. Das Presto beginnt mit Staccati Achtel- und Viertelnoten, vier motivischen Modellen, deren Folge im Grunde austauschbar ist. Triumphal tönt es im Tutti in C-Dur. Die musikalische Figur korrigiert also sogleich den durch und durch hämischen Grammatikgebrauch. Die Ouvertüre, «eine Tondichtung vom ersten bis zum letzten Takt»[230], mit ihren unruhestiftenden akkordischen Synkopen, mit ihrem sehr heftigen, aus dem Andante entwickelten Presto kündigt es geradezu programmatisch an: Die Musik wird Selbsttäuschung und Fremdtäuschung, die sich klischeehafter Empfindsamkeitsrhetorik bedienen, nicht mitmachen. Im Gegenteil: die Musik macht die Aufrichtigkeit tief empfundener Gefühle, aber auch deren Endlichkeit bewußt, macht Risse und Brüche der Identität von Liebenden, macht die Flüchtigkeit des erlebten Glücks, macht Begehren und Lust, Schmerz und Erfüllung, Einsamkeit und Liebesgemeinschaft erfahrbar. Das rasante Tempo der Musik läßt keine Zeit zum Überlegen, es reißt alle in einen Taumel.

Die wundervoll rein tönende, zarte Kantilene der Oboe preist freudig die Liebe und das Leben, und diese Andanteexposition wird notengetreu im Presto der schnellen Achtelläufe wiederholt. Fagott und Flöte, Klarinette und Oboe verbinden sich in schwelgerischem Klangzauber miteinander und lösen einander ab. Das quirlige Quartett der Holzbläser, immer wieder ermahnt von den Streichern, vibriert und sprüht vor Spiellust; es weist voraus auf die vier jungen Leute, die naiv und ungeduldig, übermütig und hochgemut sich in ein Karussell der Liebe stürzen werden. So dreht sich die brausende Musik der Ouvertüre immerfort virtuos um jene Devise, deren Fazit damit verspottet wird. Die mechanische Formelhaftigkeit, die die Ouvertüre überaus kunstvoll beschwört, verspottet die Automatik, die Don Alfonso – ganz aufgeklärter Materialist – den zwischenmenschlichen Beziehungen unterstellt. Nun ist Ironie in der «begriffslosen Musik»[231] als Darstellungselement eher schwierig auszumachen. Mozart freilich kontrastiert hier die durch die Klangkombinationen der Bläser ausgedrückte Wahrhaftigkeit von Liebesempfindungen mit dem im Presto melodisch fortgeführten Selbstzitat aus dem *Figaro*-Terzett (Nr. 7) auf so doppelbödige Weise, daß

---

230 Born, Gunthard: Mozarts Musiksprache. Schlüssel zu Leben und Werk. München 1985, S. 138.
231 Gruber, Gernot: Mozart verstehen. Ein Versuch. Salzburg 1990, S. 275.

der ironische Umgang mit der These von der Weibertreue auch musikalisch hörbar wird.

Im Schluß der Ouvertüre ertönt erneut die *Così*-Formel nach einer abgebrochenen Wiederholungskadenz (Takt 227). Was als Prämisse behauptet worden war, hat die musikalische Argumentation nun scheinbar als erwiesenes Ergebnis zu verkünden: Quod erat demonstrandum. Indes:

> «Die *Così-fan-tutte*-Formel setzt im Andante die Presto-Aktion in Gang, ist somit der eigentliche Ausgangspunkt. Dann dreht sich der Reigen wie von einem nie erlahmenden Motor getrieben und scheint zu bestätigen, was der Spruch verkündet. Die Wiederkehr der Formel im Presto aber hat ein doppeltes Gesicht. Sie pflichtet dem Schein einerseits bei, andererseits aber erhebt sie Einspruch gegen den scheinbar mechanisierten Ablauf und läßt den Hörer aufhorchen.»[232]

Soweit Stefan Kunze in seiner bestechenden Analyse der Ouvertüre, in der er zu dem Schluß kommt, daß die vordergründige Mechanik der Musik in die Irre führe, wenn sie nicht auf das Werk insgesamt und natürlich besonders auf sein Ende bezogen werde.

Die langsame Einleitung der Ouvertüre mit ihrer Serenadenmelodik spielt auf die lyrischen Liebespreise Ferrandos und Fiordiligis an und kontrastiert sie sogleich mit Don Alfonsos Geschlechtermoral. Die Takte 8 bis 15 des Andante artikulieren als Thema den trügerischen Leitspruch «Così fan tutte», den Don Alfonsos Andante «Tutti accusan le donne» (Nr. 30: Alle beschuldigen die Frauen) als Didaxe formulieren wird. Die Takte 8 bis 14 des Ouvertürenandantes werden vor dem Höhepunkt der «Liaisons dangereuses», in der dreizehnten Szene des zweiten Aktes, im Andante von Don Alfonsos Stanze wieder aufgenommen. Alfonsos Deklamation ist allerdings eine Musik unterlegt, die als Gegenargument zum ironisch-bissigen Plädoyer wirkt, ohne daß dieser verletzend-spöttische «Anwalt» der Frauen dessen bei seiner nur von den Streichern begleitenden Schlußfolgerung inne werden würde. Den Frauen bescheinigt er Untreue, die Männer begehen sie. Der sich so illusionslos rationalistisch gibt, setzt ein unvernünftiges Theater der Illusionen in Szene, bei dem er auch selbst zum Opfer seiner falschen Vorstellungen wird. Cupidos Einfluß will er reglementieren, Amors Macht übersieht er:

---

[232] Kunze, Schein und Sein in Mozarts Ouvertüre zu *Così fan tutte*, S. 77.

«Tutti accusan le donne, ed io le scuso
Se mille volte al dì cangiano amore;
Altri un vizio lo chiama ed altri un uso:
Ed a me par necessità del core.
L'amante che si trova alfin deluso
Non condanni l'altrui, ma il proprio errore;
Giacché, giovani, vecchie e belle e brutte,
Ripetete con me: Così fan tutte!»
(Nr. 30: Alle beschuldigen die Frauen, und ich entschuldige sie, wenn sie tausendmal am Tag den Liebhaber wechseln. Die einen nennen's Laster, die andern Gewohnheit; ich aber glaube, ihr Herz zwingt sie dazu. Der Liebhaber, der am Ende enttäuscht dasteht, soll nicht den Fehler bei anderen suchen, sondern bei sich selbst. Mögen sie jung sein oder alt, schön oder häßlich. Sprecht es mir nach: So machen's alle Frauen!)

Mit lautem Ingrimm stimmen Ferrando und Guglielmo wütend auf sich und die Weiber in die hartnäckig insistierende Wiederholung des abschließenden Lehrsatzes mit ein: «So machen's alle Frauen!» Elle sont toutes les mêmes! Bad girls are like that! Eine Devise, tröstlich und trostlos zugleich; denn sie will nicht mehr und nicht weniger sagen: Keine ist besser als ihre Bräute; denn die weibliche Treulosigkeit ist der naturbedingte Normalfall. Ein «Naturgesetz», allerdings von den Männern erfunden, das die Frauen diskriminiert. Dieser Auftritt ist eine wichtige Schlüsselszene. Sie greift das vorausweisende Leitmotiv aus der schon längst verklungenen Ouvertüre wieder auf und bestätigt es raffiniert als doppelbödiges Motto für das komödiantische Spiel der Opera Buffa und die ernsten Scherze des Dramma Giocoso, jenes heiteren Genres, in dem sich komische und tragische Elemente mischen, von deren Wahrheit die Ouvertüre «erzählt».

Diese Musik ist es denn auch, die bei Alfonsos Räsonnement über Frauenschuld und Frauenunschuld erst besonders aufhorchen läßt, wovon da eigentlich im grammatikalischen Chiasmus antithetisch die Rede ist. Mit dem unbestimmten Zahlwort «tutti» beginnt Alfonsos Statement, mit dem weiblichen Zahlwort «tutte» aber endet es. Dazwischen liegen tatsächlich Welten. Rhetorisch gewieft versucht der abgebrühte und womöglich auch abgehalfterte Lebemann seine zynische Haltung mit der Naturbedingtheit und damit der Entschuldbarkeit weiblichen Verhaltens zu bemänteln. Alfonsos Geschlechtergrammatik beruft sich auf mechanische Gesetzmäßigkeiten der Liebe und instrumentalisiert spitzfindig den aufgeklärten Materialismus, daß der Mensch und seine Handlungen auch von erkennbaren Gesetzen und nachweisbaren Kräften der Natur beeinflußt würde. Die achtversige Stanze suggeriert als alte, beliebte volkstümliche Liedform eine Traditionsbindung, die die neue wissenschaftliche Erkenntnis auch als althergebrachte Erfahrung bestätigen möchte: Es gibt Einflüsse jenseits von Gesellschaft und Moral, gegen die vor allem – nomen est omen – das schwache Geschlecht machtlos ist und deshalb auch dafür geziehen wird. Weder die unverständliche pathetische Übertreibung noch die unvernünftige ironische Beschönigung sei deshalb seine, Alfonsos, Sache: Was andere Laster oder Gewohnheit nennen – für den Kundigen ist es Naturtrieb. Mit dem weiblichen Hang zur Promiskuität müsse eben jeder Mann von vornherein fest rechnen.

Fast scheint es, Alfonso nimmt hier eine rhetorische Anleihe aus Leporellos Register, das Don Giovannis 2063 Affären auflistet und Donna Elvira süffisant unterbreitet, der Grande aus Sevilla kirre nur allzu bereite Weiber jeder Sorte: «...donne d'ogni grado, d'ogni forma, d'ogni età.» (Frauen jedes Standes, jedes Aussehens, jedes Alters)[233]. Junge und Alte, Schöne und Häßliche bilden auch Alfonsos synekdochische Redeform, das pars pro toto, für die umfassende Bedeutung «alle Frauen». Das abschließende Reimwort «tutte» verdankt sich denn auch eher einer der männlichen Ideologie willfährigen Poetik als der aufgeklärten Logik. Das Pronomen und sein Genus werden durch die vorangegangenen Argumente zu einer fiesen Floskel. So nüchtern der Aufklärer die wandelbare Natur der Frauen als Determiniertheit ihres Handelns aufzudecken meint, so dogmatisch einseitig verirrt sich doch auch sein scheinbar illusionsloser diagnostischer Blick auf den falschen Plural. Alfonsos Nüchternheit ermangelt des Gefühls. Oder anders ausgedrückt: Alfonso ist nur nach seiner Theorie im Recht, und er kennt das Leben eben nur aus seiner begrenzten oder auch beschränkten Perspektive. Und auch diesen Mangel der aufklärerischen Sichtweise macht die Musik deutlich. Wenn Alfonso alleine singt, begleiten ihn immer nur die Streicher, während die im Irrgarten der Gefühle hilflos herumtaumelnden jungen Leute von den gefühlvollen und ausdrucksvollen Melodien der Bläser umspielt werden. «Von der Sinnlichkeit der Klarinette, der Behaglichkeit des Fagotts, der Innigkeit der Flöte, der Süße der Oboe, der Empfindsamkeit des Horns – von alledem wird Don Alfonso geraezu systematisch ausgeschlossen.»[234] Daß ausgerechnet die Oboe, sozusagen das falsche Instrument im

---

233 Wolfgang Amadeus Mozart. *Don Giovanni*. Textbuch (Italienisch-Deutsch). Einführung und Kommentar. Hrsg. von Kurt Pahlen. 3. Aufl. Mainz, München 1988, S. 51.
234 Kaiser, Mein Name ist Sarastro, S. 25.

Zusammenhang mit Don Alfonso, dessen Motto im Ouvertürenandante als Leitthema anstimmt und ihn auch immer wieder instrumental begleitet, ist die ironische, musikalische Konterkarierung der männlichen Überzeugung.

Um tausendmal die Liebe wechseln zu können, brauchen die Frauen – wie Alfonso durchaus richtig bemerkt – natürlich vor allem auch die Liebhaber, die sich auf dieses Wechselspiel einlassen. Weibliche «Schuld» ist deshalb keine moralische Kategorie, sondern der euphemistische Wortgebrauch für jene männliche Dummheit, die dieses feminine Naturverlangen aus Mangel an Naturkenntnis geflissentlich übersieht. Deshalb geht die Herrenmoral auch nicht so weit, daß sie «So machen's alle» als Bekenntnis formuliert. Und deshalb klingt Alfonsos letzter Vers nicht nur metrisch, sondern auch thematisch mit einer weiblichen Kadenz aus: «tutte». «Così fan tutte» ist das Motto eines antiquierten Moralkodex' und zugleich die beschönigende Umschreibung für die uneingestandene männliche Triebhaftigkeit. Die Handlungssituation wird so exponiert in einer Redensart samt deren Auslegung durch die wettenden Herren, die ihre gegenwärtigen und zukünftigen Wertmaßstäbe und Verhaltensweisen in der zwanglosen Form eines Gesellschaftsspiels nur dem Schein nach zu riskieren glauben.

Die Ouvertüre ist eine musikalisch ebenso effektvolle wie hintergründige Auseinandersetzung mit den Widersprüchen der Titelthese. Musik kann nicht lügen, und was objektiv als spielerische Treueprobe arrangiert scheint, erweist sich als subjektiv echte Untreue in der Stunde der wahren Empfindung. Die Musik thematisiert den verwirrenden Grundsatz: Wer unbedingt liebt, verletzt Gesetze und zerstört Ordnung. Eine Konsequenz, vor der sich letztlich aber alle scheuen, nachdem sie diese heikle Erfahrung wenigstens ansatzweise gemacht haben. Was die Handelnden paarweise anfangs als Gefühl in sprachlicher Emphase und pathetisch bekunden, ist nicht mehr als stereotyper Ausdruck, in dessen Wahrhaftigkeit sich alle täuschen; was aber die Musik als anrührendes Gefühl bekundet, ist nicht weniger als tatsächliche Empfindung, deren Wahrhaftigkeit alle spätestens beim Finale als Irritation und Relativierung aller festgelegten Sittlichkeit erfahren. Mozarts Musik erst läßt den Unterschied zwischen geglaubter Empfindung und tatsächlichem Gefühl wahrnehmen und das objektiv Falsche als das subjektiv Echte erscheinen. Fast übernimmt die Musik die Rolle und die Aufgabe eines auktorialen Erzählers, der den Leser aus seiner allwissenden Perspektive auf das Kommende hinweist oder der ironisch kommentierend zum Handlungsgeschehen Stellung nimmt.

Wäre nicht Mozarts Musik, Don Alfonso würde tatsächlich in einem Demonstrationsstück agieren, um die bestätigende Praxis seiner männlichen

Thesen von natürlichen Gesetzen, weiblicher Psyche und männlichem Rollenverhalten vorzuführen. Die Musik erst entwickelt das pädagogische Demonstrationsstück zum didaktischen Gesellschaftsstück weiter: Alle Menschen sind gleich und werden von gleichen Trieben beherrscht, die sie in Konflikte führen. Die Frage ist nur: Wie gehen Menschen damit um?

Liebe und Spiel

Typen und Rollen

Der Stimmcharakter des Tenors legt Ferrando als glühenden Liebhaber fest, der die Liebe als unergründliche Macht empfindet. Das Rollenfach des Baritons stempelt Guglielmo zum Helden, der Kampf und Sieg in galanten Abenteuern findet und nicht die Liebe sucht, sondern die Frauen. Zusammen verkörpern sie ungestüme Leidenschaft, die von ihren Veranlagungen und Vorstellungen von sich selbst entzündet wird, weniger von einem Verlangen nach der geliebten Frau. Vom ersten Terzett an schwärmen Ferrando und Guglielmo hingerissen von den Tugenden und der Treue ihrer Verlobten Dorabella und Fiordiligi, die ihrerseits die wundervollen charakterlichen Stärken und Vorzüge jener Herren preisen. Sehr seltsame Liebesduette, weil ohne Liebespartner gesungen. Rhetorische Litaneien, sehr gefühlsbetont, spontan und stilisiert zugleich, aber separat vorgetragen von jeweils der männlichen und der weiblichen Partei. Selbstlob und Eigenliebe – in quasi geschwisterlichen Beziehungen isoliert – werden im gleichgeschlechtlichen Gleichklang artikuliert: von den leiblichen Schwestern einerseits, von den geselligen Brüdern im Corpsgeist andererseits. Zu echten Liebesduetten findet man sich erst später zusammen, nach dem Partnertausch, der die Paare[235] musikalisch sozusagen richtig zusammenführt. Oder doch nicht? Denn der sentimentale Schwärmer und emphatisch liebende Ferrando ist mit der rasch entflammten, schmachtend-gefühlsbetonten Dorabella verlobt, der chevalresk-stolze Guglielmo mit der heroischen, leidenschaftlich-pathetischen Fiordiligi. Keine krummen Verbindungen – sollte man meinen.

Freilich nach der Rollentypologie der Opera Buffa gehören im Kräfteparallelogramm der Temperamente Tenor (Ferrando) und Sopran (Fiordiligi) sowie Bariton (Guglielmo) und Mezzosopran (Dorabella) beziehungsweise Primo Tenore und Prima Donna sowie Buffobariton und Buffosopran zusammen. Das falsche Spiel stellt die richtigen Beziehungen her. Auch die Tonartenverteilung macht dies deutlich, wenn beispielsweise Fiordiligi im ersten Akt eine B-Tonart und im zweiten eine Kreuz-Tonart und Ferrando umgekehrt erst eine Kreuz-Tonart, dann eine B-Tonart hat; bei beiden also sind die Tonarten und ihre Rollen eigentlich ziemlich weit voneinander ent-

---

235 S. die sehr pointierte und differenzierte Charakterisierung der Paare bei Tschitscherin, Mozart, S. 144.

fernt, «über Kreuz» aber eng miteinander verbunden.[236] Und auch die Temperamente finden sich und reagieren ihrer Grundkonstellation entsprechend aufeinander. Von der Asymmetrie der Rollen und der Temperamente gelangt man durch den Gang der Ereignisse zur Symmetrie von Rollen und Temperamenten. Im ersten Akt singen die Verlobten melancholisch von Liebesidealen und Liebesängsten, bestreiten Lust auf neue Erfahrungen. Im zweiten Akt singen die Liebenden inbrünstig von Liebeslust und Liebesglück, machen neue Erfahrungen. Ferrando und Fiordiligi werden von Skrupeln geplagt, ehe sie zueinander finden. Guglielmo und Dorabella genießen ohne größere Umschweife die neuen Verheißungen. Im Laufe der Handlung zeigt sich Dorabella sehr impulsiv und lustvoll aufgeschlossen gegenüber neuen Gefühlen, und Guglielmo erweist sich als Genießer, dem der Sinn nicht nur nach einem guten Tropfen und köstlichem Essen steht, sondern der auch die verführerische Wirkung seiner Männlichkeit auskostet. So finden die mentalitätsverwandten Guglielmo und Dorabella nach konventionalisiertem Sträuben relativ rasch und unkompliziert zueinander, während die wesensähnlichen Ferrando und Fiordiligi – beide kultivieren sie hehre und grandiose Gefühle – sich ungleich schwerer tun, die Bindung an antiquierte Sittsamkeitsvorstellungen zu lösen. Führe uns nicht in Versuchung! Oder vielleicht doch?

Die Begegnungen mit den neuen Partnern werden zu Augenblicken erfüllten Liebesglücks, weil sich Spontanität situationsbewußt über das Komplott hinwegsetzt. Die neue Situation und die Gegenwart eines neuen Partners provozieren regelrechte Liebesvisionen. Utopien freilich, die schicksalhaft ihr Scheitern schon in sich bergen, weil sie männlicherseits von einer negativen Konstellationsvoraussetzung her entworfen werden. Die neuen Lebensperspektiven sind nämlich nicht als bessere Alternative zu einer als unerquicklich erlebten Gegenwart ausgedacht, sondern auf Grund einer mutwilligen und hybriden Herausforderung der eigenen Zufriedenheit entstanden. Die Damen scheinen in ihren Gefühlen einen schnelleren Lernprozeß durchzumachen als die Herren. Echte Leidenschaft und tiefe Zuneigung durchdringen dessen ungeachtet dennoch alle vier, und die lassen auch vorübergehend gesellschaftliche Konventionen sein und moralische Klischees hinter sich. Die Männer wagen's nur maskiert und unter falschem Namen, die Frauen riskieren's unverhüllt. Nicht bloße Tändelei findet statt, sondern nach dem Umtausch geht es unvermutet um die Entdeckung des unberechenbaren Eros und letztlich der autonomen Liebe.

---

236 S. dazu Finscher, Mozarts ‹musikalische› Regie, S. 21 ff.

Aber hatten die Paare im Hinblick auf Mentalitätsverwandtschaft dann nicht doch besser in ihren ursprünglichen Verbindungen zueinander gepaßt? Hatten nicht Guglielmo in Fiordiligi und Ferrando in Dorabella ihre notwendigen Gegenpole gefunden, die in dieser Zuordnung glaubhafte Ergänzungen zueinander darstellten? Liebe und Leben aber sind rätselvoll. Liebesempfindungen, sinnliche Begierden und erotische Gefühle fügen sich keinem rationalen Plan oder den verabredeten Arrangements einer Wette. Im Gegenteil: sie unterliegen oft der Irrationalität. Welche Konstellation also wird im Spiel Recht, in der Realität Unrecht bekommen? Oder auch umgekehrt?

Mozart treibt mit den Paaren ein anspielungsreiches musikalisches Spiel, das auf das subtile literarische Spiel mit dem Namen Otto in Goethes Roman vorausweist. Hinter den Paaren Eduard und Charlotte sowie dem Hauptmann und Ottilie steckt eine, auf dem ersten Blick nicht erkennbare Grundkonstellation, die durch die Personennamen angedeutet wird, unter denen der Erzähler die Figuren aber nicht auftreten läßt: Eduards Taufname ist Otto, Otto heißt der Hauptmann, und Otto steckt in Charlottes und Ottilies Vornamen; und schließlich wird auch noch Charlottes Kind so getauft:

«Otto sollte das Kind heißen: es konnte keinen anderen Namen führen als den Namen des Vaters und des Freundes.»[237]

Will dieses Beziehungsgeflecht einer Allverbundenheit nun namentlich symbolisieren, daß eine Wahlverwandtschaft zwischen den Figuren wesenhaft natürlich oder gleichsam inzestuös ausgeschlossen sei? Und wie bei Goethe bleibt auch schon bei Mozart offen: Wird in der Anordnung und in der Zuordnung der Figuren nur ironisch mit den Zeichen und mit einer vielschichtigen Sinnbildhaftigkeit gespielt? Symbolik offenbart das Unerforschliche, und deshalb werden wir mit den Ambivalenzen allein gelassen. Die Handlungen und die Beziehungen der Personen sind nicht einfach nur nach richtig und falsch oder Recht und Unrecht zu beurteilen.

Kommen nämlich die einzigen Liebesduette nur zwischen den «falschen» Paaren zustande, müßten ja die «richtigen» Paare musikalisch und damit auch in ihren Gefühlsbindungen die falschen sein. Dann richteten sich die Liebesgeständnisse an den richtigen, weil nicht ursprünglichen Partner, und die Zukunftshoffnungen bezögen sich auf den falschen, weil auch nicht ursprünglichen Partner. Parallel hätte man sozusagen nur «prima vista» zuein-

---

237 *Die Wahlverwandtschaften* (Fn. 196), S. 199 f.

ander gepaßt, übers Kreuz aber offenbar ganz prima. Am Ende triumphiert aber doch die Symmetrie über die Seele; denn die Paare stellen ja die ursprüngliche Ordnung wieder her. Ein echter Partnertausch wäre auch nach symmetrischen Gesichtspunkten gar nicht zustandegekommen. Schließlich waren Dorabella und Fiordiligi ja nicht Guglielmo und Ferrando erlegen, sondern Sempronio und Tizia, zwei schnauzbärtigen Albanern. Mozart wie Goethe aber läßt die vertrackte Symmetrie an Komplexität und Widersprüchlichkeit der alten und neuen Beziehungen scheitern: keine Liebe, keine Herzensgemeinschaft, die durch Ehe sanktioniert und institutionalisiert würde. Das Ende der Oper läßt keine Liebesehe mehr aufkommen, im Roman kommt die Eheliebe nicht zustande.

Konventionen und Illusionen

Sinnliche Klarinettentöne, zärtlicher Fagottschmelz: Zwei Damen aus Ferrara[238] halten sich in heiterer Gartenidylle am Golf von Neapel auf. Dolce far niente und gepflegte Langeweile, Kantilenen und seelenvolle Gesänge am Locus amoenus. Erhabene und edle Gefühle solch müßiggängerischer Menschen, wie sie ohne gemeine Existenznöte in schönen Landhäusern mit großen Gärten zu wohnen pflegen? Auf sicherem Terrain? Durchaus nicht, die Rauchsäule des Vesuvs im Hintergrund deutet es an. Insgeheim glimmt ein Feuer, und ein Vulkan kann jederzeit ausbrechen. Es ist die trügerische Abgeschiedenheit eines ländlichen Handlungsortes, der als ein überschaubares Experimentierfeld fungiert, das den hermetischen Laborbedingungen der *Wahlverwandtschaften* gleicht. Der Ort dieser Handlung ist gleichsam von der übrigen Welt abgeschottet.

Die Schwestern sind verzückt in die Medaillons ihrer Geliebten versunken. Sie himmeln Ikonen an, nicht ihre Verlobten, die doch Empfindsamkeit und Zärtlichkeit als moralische Qualität so sehr an ihnen schätzen. So wie die Offiziere ihre Bräute als mythische Wesen überhöhen, so werden auch sie nur als ein bestimmtes Bild wahrgenommen, das sich die Schwestern je von ihnen gemacht haben. Nein, diese Verlobten kennen sich überhaupt nicht. Und sie wissen nichts von der Liebe, wenn die Musik zu ihrem Duett «Ah, guarda sorella» (Nr. 4: Ach, schau nur, Schwester) die scheinbar ruhige Harmonie und die scheinbar gelassene Gewißheit des lang ausgehal-

---

238 Die Schwesternrollen wurden in der Uraufführung auch von einem Schwesternpaar gesungen, und zwar von Adriana Francesca Del Bene und Luisa Villeneufe. Die Rollenherkunft scheint Da Ponte als Anspielung an Adriana, seine damalige Geliebte, bekannt als «la Ferrarese», gedacht zu haben. Mozart hatte deshalb im Personenverzeichnis der Oper hinzugefügt: «dame ferraresi e sorelle abitanti in Napoli» (Damen aus Ferrara und Schwestern, wohnhaft in Neapel). – In seinen Memoiren betont Da Ponte ausdrücklich den Bezug seines Librettos zu Adriana: «Scrissi per lei ‹La scola degli amanti› con musica di Mozart, dramma che tiene il terzo loco fra le sorelle nate de quel celeberrimo padre dell'aromonia.» (Ich schrieb für sie *Die Schule der Liebenden* mit der Musik von Mozart, ein Drama, das an dritter Stelle steht unter den Schwestern, die von jenem äußerst berühmten Vater der Harmonie geboren wurden.) Für die als äußerst streitsüchtig bekannte Primadonna, der er, wie Da Ponte betont, zu seinem Unglück zugetan war, hat er also das Libretto von *Così fan tutte* geschrieben, die nach *Figaro* und *Don Giovanni* als dritte der drei berühmten Opern entstanden war. – S. dazu Memorie di Lorenzo Da Ponte de Ceneda in tre volumi scritte da esso, Bd. 1. 2. Aufl. New York 1829, S. 111.

tenen «amore» durch ungestüme Sechzehntelläufe der Bässe beunruhigt und damit in Frage stellt. Denn nicht Amor wird sie bestrafen, wie sie in ihrem Treueschwur phrasenhaft anbieten, sondern das Leben, das sie für die Liebe eintauschen:

«Se questo mio core
Mai cangia desio,
Amore mi faccia
Vivendo penar!»
(Nr. 4: Wenn dieses mein Herz jemals schwankend wird, soll Amor mich lebendig bestrafen!)

Dorabella und Fiordiligi sehnen ihre Bräutigame herbei und erwarten sie schwatzend und plappernd, unruhig und voller Vorfreude auf die sehnlichst erwünschte Hochzeit. Sie wollen Liebe am liebsten als Ehe sanktionieren, um demonstrativ die Einheit von privater und gesellschaftlicher Existenz zu bewahren. Für diese Ehe mußte die Frau unberührt sein. Von den wonnevollen Realitäten der Liebe scheinen die Mädchen deshalb bis anhin im Brautstand noch nichts erfahren zu haben. Fast scheint es, die beiden Schwestern sehen sich auch deshalb schon im Ehebund, um endlich Erfüllung in einer Liebesgemeinschaft zu finden. Für's erste genügen gerade noch die Bilder der Verlobten, um ein künstliches Liebespathos zu erzeugen, in dessen Stimmung die Bedürfnisse der Frauen empfindsam gestillt werden. Aber schon der Schauplatz macht es deutlich: So abgeschieden und künstlich wie der Ziergarten als Lebenswelt, so wirklichkeitsfern und unnatürlich sind die dort künstlich ausgelösten kunstvollen Schwärmereien.

Die kleine Welt des Landsitzes, abgeschieden von der großen Welt und ihrer Wirklichkeit, befördert geradezu hypertrophierte Liebeslust und hypochondrisches Liebesleid. Davon künden die leise klagenden Flötentöne, die von Langeweile und Leere wissen. Nur träge verrinnt die Zeit. Den kapriziösen Landfrauen schlägt der Müßiggang erhaben aufs Gemüt. Stimmungswechsel: Die Damen sind ungehalten über ihre säumigen Bräutigame: «Ma che diavol vuol dir che i nostri sposi ritardano a venir?» (Rezitativ II, 2: Aber was nun zum Teufel bleiben unsere Verlobten so lange aus?) Das ist deutlich. So hütet denn die sinnlichen Gefühle der Schwestern kein echtes moralisches Bewußtsein, sondern nur jene sentimentale Leidenschaftskontrolle einer bürgerlichen Moral, die ihnen freilich auch Anmut und Grazie schenkt. Doch in den püppchenhaften und gezierten Schwestern meldet sich echter Liebeshunger, wahrer Lebenshunger. Ein leiser Widerspruch wird laut: Die Worte, mit denen sie ihre Verlobten preisen und sich ihrer Liebe zu ihnen versichern, sind hohle Redensarten und konventionelle Klischees, die eher einen Traum als die Wirklichkeit beschreiben – und die diesen Traum an die Korrektheit gesellschaftlicher Normerfüllung binden. Was die Leute von ihnen halten, ist den Schwestern als Richtschnur für ihr Verhalten wichtig: «E mal che basta il far parlar di noi.» (Rezitativ II, 2: Es ist schlimm genug, wenn man über uns redet.) So macht sich leichter Übermut in der Szene breit und auch die dämmernde Einsicht, daß von ihnen, den Frauen, im Grunde etwas verlangt wird, was ohne Heuchelei kaum zu leisten ist. Fiordiligi bekennt als erste freimütig und unbefangen – für ihre Verhältnisse etwas flatterhaft fast – in einem Atemzug mit einem Treueschwur auf Guglielmo reichlich ungeniert im Seccorezitativ:

«Mi par che stamattina volentieri
Farei la pazzarella: ho un certo fuoco,
Un certo pizzicor entro le vene...
Quando Guglielmo viene, se sapessi
Che burla gli vo' far.»
(Rezitativ I, 2: Mir scheint, heute morgen würde ich am liebsten ein wenig verrückt spielen; ich spüre ein gewisses Brennen, ein gewisses Kribbeln in den Adern... Wenn Guglielmo kommt, wer weiß was ich ihm da für einen Streich spielen werde.)

Und ihre Schwester Dorabella, die eben noch Ferrando einen innigen Liebesseufzer gewidmet hatte, steht ihr mit einem wohligen Schauer ob eines ungewohnten Prickelns wirklich kaum nach:

«Per dirti il vero,
Qualche cosa di nuovo
Anch'io nell'alma provo...»
(Rezitativ I, 2: Ich will dir die Wahrheit sagen, auch ich spüre etwas Neues in mir...)

Was die beiden holden Wesen spüren, ist ihre Natur: sinnliches Verlangen und sexueller Kitzel. Voraussetzung für das erotische Spiel, das unter dem Vorwand des Zeitvertreibs beginnt. Die einmal freigesetzten Endorphine lassen sich nicht so mir nichts dir nichts wieder aus dem kribbelnden Kreislauf fischen. Ihre Sinnlichkeit beginnt die Schwestern zunehmend voneinander zu unterscheiden. Das erste Duett «Ah, guarda, sorella» bereitet schon die unterschiedlichen Reaktionen der beiden auf die späteren Ereignisse vor. Fiordiligi nimmt in den Takten 14 bis 18 das Tonikathema auf, begleitet von sanften wellenartigen Violinentrillern. Diese Melodie klingt sentimental. Dorabellas Einsatz in der Dominate ist lebhafter, der Rhythmus des Orchesters schneller. Diese Melodie klingt kapriziös. Der soziale Raum, in dem sie sich im ersten Akt bewegen, macht die Schwestern in ihren konventionellen Attitüden gleich; die Musik, die sie charakterisiert, läßt gleichwohl unterschiedliche Temperamente ahnen. Wenn sie im zweiten Akt von den wahren Gefühlen buchstäblich übermannt werden, beginnen die Damen immer stärker unterschiedlich darauf zu reagieren und zeigen differenzierte Verhaltensweisen. Erst am Ende handeln die Mädchen wieder als Einheit, und zwar wiederum unter dem dominierenden Einfluß gesellschaftlicher Normen, die sich von männlichen Werten ableiten.

Alfonsos Aufgabe, den Herren ihre Illusionen von Frauentreue vorzuführen, übernimmt im Hinblick auf die Damen und deren Illusionen von Männerliebe die ebenso graziöse wie durchtriebene, ebenso scharfzüngige wie treuherzige Zofe Despina, die das Geschehen in Gang hält, wenn es abzubrechen oder unwillkommene Wendungen zu nehmen droht. Es ist Ironie des Schicksals, daß ausgerechnet der radikale Zweifler an der Frauentreue sich der Dienste Despinas versichern muß, gegen Geld und gute Worte:

«Ed oro avrai;
Ma ci vuol fedeltà.»
(Rezitativ I, 10: Du wirst das Gold bekommen, aber ich brauche dein Vertrauen).

Um den Beweis der Treulosigkeit von Frauen führen zu können, braucht es ein weibliches Treueversprechen!

Despina macht ihrem Namen – ‹spina› ist der Dorn – alle Ehre. Zuerst stichelt sie gegen die Männer, dann stachelt sie die Schwestern auf – mit dornenreichen Folgen. Sie ist ein «realistisches Mädchen»[239], voller Spottlust, erklärt gegenüber Don Alfonso diese Regungen nachher ganz zutreffend, von einem ausgeprägten Wirklichkeitssinn geleitet, biologisch als «legge di natura». Dieses «Naturgesetz» umfaßt die Empfindungen, die so hingebungsvoll als die Gefühle von Herz und Seele kultiviert werden, und es bezieht sich hier vor allem auf die Sensationen einer sinnlichen Wahrnehmung, die den Schwestern zuerst einen zarten Schauer und später dann

---

239 Kaiser, Mein Name ist Sarastro, S. 77.

jene irritierende Erregung beschert. Despina verkörpert geradezu naturhaft jene Einsicht des späten 18. Jahrhunderts vom «influxus corporis in animam», daß nämlich die seelischen Zustände und geistigen Prozesse vom Körper abhingen.[240]

Abb. 14: Kostümentwürfe von Mauro Pagano für die Inszenierung an der Mailänder Scala 1983

Das schnippische Mädchen gehört seiner theatralischen Herkunft nach zum Dienerpersonal der Comedia dell'arte, aus der auch schon Leporello stammt. Nicht umsonst beklagt ihr Auftrittssolo – es erinnert an Leporellos Ingrimm auf seiner «Schildwacht» vor dem Palast des Komturs – Plackerei und Schufterei als hartes Los ihres Daseins, in dem sie sich abstrampelt und doch zu nichts kommt:

---

240 S. dazu Riedel, Wolfgang: Anthropologie und Literatur in der deutschen Spätaufklärung. Skizze einer Forschungslandschaft. In: Forschungsreferate, 3. Folge. Tübingen 1994 (6. Sonderheft Internationales Archiv für Sozialgeschichte der deutschen Literatur), S. 93-157, hier S. 107 ff.

«Che vita maledetta
E il far la cameriera!
Dal mattino alla sera
Si fa, si suda, si lavora, e poi
Di tanto, che si fa nulla è per noi.»
(Rezitativ I, 8: Was für ein verfluchtes Leben, Kammerzofe zu sein! Von Morgen bis zum Abend hat man zu tun, schwitzt, arbeitet man, und dann ist von dem, was man tut, nichts für einen selbst.)

Dieser Seufzer gleicht in Wortwahl und Intention Leporellos Wutausbruch über das Wohlleben seines Herrn angesichts seiner eigenen beklagenswerten Situation:

«Notte e giorno faticar
per chi nulla sa gradir;
piova e vento sopportar,
mangiar male e mal dormir!»[241]
(Tag und Nacht mühe ich mich ab für einen, der es nicht zu schätzen weiß; Regen und Wind soll ich ertragen, schlecht essen und schlecht schlafen.)

Nicht nur im Lamentieren, in den Lebensäußerungen überhaupt gibt bei den Typen der Dienerschaft die Natur den Ton an. Naturtriebe dürfen über alle Konventionen triumphieren, und so führt Despina ganz sachkundig aus:

«Amor cos'è?
Piacer, comodo, gusto,
Gioia, divertimento,
Passatempo, allegria: non è più amore,
Se incomodo diventa,
Se invece di piacer nuoce e tormenta.»
(Rezitativ I, 13: Liebe, was ist das? Freude, Bequemlichkeit, Geschmack, Fröhlichkeit, Vergnügen, Zeitvertreib, Spaß; es ist keine Liebe mehr, wenn sie unbequem wird, wenn sie, anstatt zu erfreuen, schadet und quält.)

---

241 *Don Giovanni* (Fn. 233), S. 17.

Für Despina, trotz ihrer Jugend schon mit allen Wassern gewaschen und abgebrüht, ist Liebe nur ein Wort – ein Männerwort. Ein Leben ohne Liebe? Das ist durchaus vorstellbar. Aber ohne Liebhaber?
Niemand vom weiblichen Handlungspersonal weiß das besser als diese mit Alfonso paktierende schlagfertige Zofe, deren ursprüngliche Auftrittscavatina – Mozarts Autograph weist noch auf sie hin – nicht mehr erhalten ist. Ihr Realitätssinn läßt die gerissene Despina in der von Männern beherrschten Welt ihre Unabhängigkeit und ihre Freuden durch Geld erstreben. In der Zurückgezogenheit, in der die beiden Schwester leben und die Despina mit ihnen teilen muß, kommt ihr so eine bühnenreife Unterbrechung der Langeweile gerade recht. Ein ordentlicher Zustupf des Don hat die erotische Luntenlegerin deshalb auch ihre kupplerischen Talente leichthin entfalten lassen, zumal ihr nicht verraten ward, wer im Gewand der Tröster steckt. So, zusätzlich finanziell motiviert, polemisiert das kleine Biest mit einer ebenso schlauen wie praktischen Lebensphilosophie gegen patriarchalische Konventionen, und es fordert die jammernden Schwestern unverhohlen zum Treubruch als Schritt zur sexuellen Gleichberechtigung auf. In einem kleinen, sozialpsychologisch und empirisch fundiertem Kolleg über virile Rollenklischees kanzelt sie schnippisch die Männer ab, die doch nur Schindluder mit den Gefühlen der Frauen treiben:

«In uomini, in soldati
Sperare fedeltà?»
(Nr. 12: Von Männern, von Soldaten, Treue erhoffen?)

Die Männer liebten nicht die Frauen, sondern nur ihr Vergnügen. Frau solle es diesen Barbaren bedenkenlos mit gleicher Münze heimzuzahlen! «La ra la, la ra la, la ra la, la.»
Erotik als sexuelles Kompensationsgeschäft ohne gewissenhafte Verbuchung von Unkosten. Despinas hedonistisch-emanzipatorische Einstellung braucht als Lebensphilosophie keinen ideologischen Überbau: Gar nicht lange fackeln, weil es ihrer Erfahrung nach die Männer doch genauso machen. Frau muß sich deshalb einer Königin gleich Gehorsam verschaffen, will sie nicht ständig selbst ein Opfer sein. Ein Wunschtraum von Macht, der etwas von Despinas realer Ohnmacht verrät.[242] Beziehungen, die nur auf

---

242 S. dazu Koebner, Thomas: Die Kammerzofe auf dem Theater von Molière bis Da Ponte. In: Ders.: Handlungen mit Musik. Die Oper als Zeitspiegel, Leidenschafts-

die erotische Kapazität der Männer zugeschnitten sind, widersprechen offensichtlich ihrer Vorstellung von Befriedigung. Welchen eigenen Erlebnissen sie aber womöglich diese Einstellung verdankt, behält sie genauso wie Alfonso für sich. Sie beläßt es bei dem deutlichen und auch selbstbewußten Hinweis auf ihre offenbar frühreifen Erfahrungen, wenn sie mit einer zotigen Anspielung schon vom Teenager frauliche Erfahrung und weibliche Verführungskünste verlangt:

«Una donna a quindici anni
Dèe saper ogni gran moda,
Dove il diavolo ha la coda,
Cosa è bene e mal cos'è...»
(Nr. 19: Eine Frau von fünfzehn Jahren muß sich in allem auskennen, wo der Teufel seinen Schwanz hat, was gut ist und was schlecht ist...)

Derartig teufelsarme, damit freu(n)dlose Zukunftsaussicht für die Zeit nach der späteren Abreise der Verlobten aufs Feld der Ehre wird von Alfonso, der im Hause der Schwestern wie selbstverständlich ein- und auszugehen scheint, mit besorgter Miene heuchlerisch im f-Moll des gerade mal 38 Takte umfassenden Allegros Agitato angekündigt:

«Che farete? che farò?
Oh, che gran fatalità?
Dar di peggio non si può:
Ho di voi, di lor pietà!»
(Nr. 5: Was wird aus euch, was wird aus mir? Oh, was für ein großes Unglück! Schlimmer kann's nicht kommen. Mitleid hab ich mit euch und mit ihnen.)

Dies scheint auch Dorabella und Fiordiligi schmerzlich gewärtig zu sein. Ihnen schwant Langeweile ohne die Geliebten. Sie spüren leise Verlustängste bei dem Gedanken an das ultimative Soldatenlos und das einsame Schicksal von Soldatenbräuten, die womöglich noch gar nicht die Chance hatten, jungfräuliche Keuschheit gegen frauliche Liebeserfahrung einzutauschen. Sehnsucht offenbar nach der Zeit der verlorenen Unschuld. So wollen auch das latente Verlangen nach sinnlicher Verzauberung und die unbe-

---

drama, Gesamtkunstwerk. Studien. Anif/Salzburg 1993 (Wort und Musik, Nr. 13), S. 26-44, hier S. 42 f.

stimmte Sehnsucht nach erotischer Leidenschaft nicht so recht zur heilen Welt passen, in der sich die Schwestern eingerichtet zu haben meinen. Natürlich in trügerischer Illusion, denn diese Damen träumen ja in der trügerischen Szenerie ihres schon längst verlorenen Paradieses.

Abb. 15: Abschiedsszene des 1. Aktes aus der Inszenierung an der Mailänder Scala 1975

Ohne sich gleich in der Hölle auf Erden einrichten zu müssen, wird man den himmlischen Illusionen dennoch wohl oder übel Lebewohl sagen müssen. Man tut dies in der innigen, tränenreichen Abschiedsszene des gefühlvollen F-Dur Quintetts «Di scrivermi ogni giorno» (Nr. 9: Schwöre mein Geliebter, daß du mir jeden Tag schreibst), in dem sich aufrichtiger Schmerz und geheucheltes Leid, Sein und Schein eben, heftig auf irisierende Weise durchdringen. Obwohl ja nun zwei von den vieren ein heuchlerisches Rollenspiel treiben, werden dennoch alle in den Bann der Wirklichkeit eines melancholisch-empfindsamen Abschieds geschlagen, der besonders in der rührenden melodischen Phrase Fiordiligis tiefen Schmerz ausdrückt. Ein fingierter Stellungsbefehl des Königs kommandiert die Offiziere aufs Schlachtfeld ab im Maestoso des Marsches und seiner Behauptung vom schönen Soldatenleben, das die von Alfonso offensichtlich als Komparsen angeheuerten Komödianten intonieren: «Bella vita militar!» (Nr. 8: Schön ist das Soldatenleben). Ein Schicksalsschlag. Ferrando und Guglielmo geben nämlich vor, für einen Feldzug zu ihrem Regiment einrücken zu müssen. In der Tat! Dieses Regiment der Männer wird einen fintenreichen, galanten Eroberungsfeldzug führen und den erregenden Reiz der Manöver auskosten. Ohne nagendes Gewissen, denn für Verführer und Soldaten gilt natürlich der Grundsatz: «All is fair in love and war».[243] Dabei sollte den Einrückenden eher ein anderes Sprichwort eine Warnung sein: «Im Krieg und in der Lotterie, wer gewinnt, das weiß man nie.»[244]

In einem spontanen Gefühlsausbruch angesichts der deprimierenden Nachricht wollen sich die Mädchen umbringen, da sich die Männer nicht zum Bleiben entschließen dürfen und die Verlobten trösten können:

«Felice al tuo seno
Io spero tornar.»
(Nr. 7: Glücklich an deine Brust hoffe ich zurückzukehren)

Die beiden Damen scheinen in ihrer behüteten und heilen Welt wenig von den Zeitläuften mitzubekommen, denn sonst wüßten sie, daß das Königreich beider Sizilien, zu dem Neapel gehört, unter Ferdinand I. seit den fünfziger Jahren nicht mehr in Kriege verwickelt war und gegenwärtig auch keiner in Sicht ist. Aber die unwissenden, jammernden Schwestern sind außer sich, gebärden sich hysterisch in heroischer Pose:

«Lasciami questo ferro: ei mi dia morte...»
(Rezitativ I, 4: Gib mir dieses Schwert, es soll mir den Tod geben!)

Es ist jener Degen, der schon in den Terzetten der Wette für erotische Zweideutigkeiten herhalten mußte:

«Fuor la spada: Scegliete
Qual di noi più vi piace.»
(Rezitativ I, 1: Heraus mit dem Degen: wählt, wer von uns beiden Euch besser gefällt.)

Ob nicht doch auch ein phallischer Hintergedanke den pathetischen Todeswunsch aus Frauenmund durchkreuzt? Am Ende aber bleibt es doch bei Treueschwüren und Briefversprechen, während Don Alfonso sich in kontrapunktischen Oktavsprüngen die ganze Szenerie hindurch amüsiert.

---

243 Kirchberger, J. H. (Hrsg.): Das Große Krüger Zitaten Buch. 15000 Zitate von der Antike bis zur Gegenwart. Frankfurt a.M. 1977, S. 459: Nr. 49.
244 Ebd., S. 416: Nr. 593.

Zuerst noch mit übertriebenen Gesten des Trennungsschmerzes beklagt man den bevorstehenden Abschied in dem Quintett «Sento, oddio» (Nr. 6), und «tutti» besingen unwissentlich die wahre, nicht die schauspielerisch beschworene, Grausamkeit des Schicksals, die alle treffen wird:

«Il destin così defrauda
Le speranze de'mortali.
Ah, chi mai fra tanti mali
Chi mai può la vita amar?»
(Nr. 6: So betrügt das Schicksal die Menschen in ihren Hoffnungen. Ach, wer könnte bei soviel Unglück, wer könnte das Leben noch lieben?)

In dem zarten und zärtlichen Andante, dessen einschmeichelnder Beginn von den Offizieren regelmäßige Feldpost fordert, «Di scrivermi ogni giorno» (Nr. 9), sagen sich die Verlobten unter Treueschwüren und Tränen rührend Adieu: «Mi si divide il cor, bell'idol mio!» (Nr. 9: Mir zerspringt das Herz, mein schöner Schatz!) Die Tonfolge dieser Takte 15 bis 19 wird Mozart gut ein Jahr später als Begleitung zu «in mortis examine» in der Motette *Ave verum corpus* (KV 618) als eine Art musikalisches «memento mori» wieder verwenden. Ein echter Abschied vierer Liebender im spannungsvollen Augenblick wehmütigen Auseinandergehens und einer schon von erotischen Ahnungen durchzogenen Sehnsucht: Es ist die unabwendbare Trennung von einem irrtümlichen Glück, der Abschied von der Naivität, von den Illusionen. Der dunkle Violaton läßt ahnen, daß das nur mühsam unterdrückte Gelächter von Ferrando und Guglielmo bald umschlagen wird. Und die Kadenzen des Abschiedscantus machen es überdeutlich, daß den scheidenden Paaren wirklich fast das Herz bricht: «Addio! Addio! Addio!» Der Augenblick der Trennung scheint endlos. Allen, auch Alfonso, stehen neue Erfahrungen bevor, und von den alten Vorstellungen trennt man sich nicht so leicht. Es ist – die vielleicht traurige – Gewißheit: So wird man sich in der Tat nach dem Aufbruch zum «Kriegszug» nie mehr wiedersehen. Wenn die zurückbleibenden Schwestern von Alfonso in spöttisch-mythischer Übertreibung «Penelopi» genannt werden, dann hat er womöglich Properz im Sinn, der alle Treulose an zwei antike Vorbilder für Gattentreue erinnert:

«Hic genus infidum nuptarum, hic nulla puella
Nec fida Euadne nec pia Penelope.»

(Treulos aber ist hier das Geschlecht der Frauen, die Mädchen nicht wie Euadne treu, nicht wie Penelope fromm.)[245]

Vielleicht aber hatte sich den schmerzgebeugten Bräuten doch ein verräterischer Unterton in den Abschiedsworten ihrer Verlobten im Unterbewußtsein eingenistet und ihre spätere Handlungsweise mit beeinflußt? Was die scheidenden Offiziere als Segenswunsch äußern, müßte beim genauen Hinhören nämlich mißtrauisch machen:

«Proteggeran gli Dei
La pace del tuo cor ne'giorni miei.»
(Rezitativ I, 4: Es beschützen die Götter den Frieden deines Herzens mein Lebtag lang.)

Ein reichlich egoistischer Wunsch nach Eintracht und Harmonie, nach innerer Ruhe und Gleichgewicht; denn dieses männliche Ansinnen richtet sich deshalb an die weibliche Adresse, um sich selbst dauerhaft in einer ungestörten Ordnung einrichten zu können. Mann wird am Ende auf diese Vorstellung zurückkommen und auf ihrer Realisierung bestehen.

Vorerst aber besteigen die beiden Helden die Barke, die sie nach Don Alfonsos Worten zum Regimentsschiff bringen soll, das schon abgefahren sei. Die kurz einfließenden Bläserdissonanzen und die dunkle Einmischung der Bratschen in den drei Takten des Nachspiels im zarten Terzett «Soave sia il vento» (Nr. 10) nach dem Ablegen der Barke künden verhalten die unerwarteten Mißtöne in den künftigen Beziehungen des Quartetts an. Die Musik, die die Barke mit den entschwindenden Verlobten begleitet, läßt erraten, daß das Boot schon nach kurzer Zeit vorübergehend in unruhigere Gewässer geraten ist. Die Musik drückt Stimmung und Gefährdung aus. So werden Schiff und See zu bedeutungsvollen und vorausweisenden Metaphern, die die Unaufhaltsamkeit der Gefährdung menschlicher Bindungen anschaulich und erfahrbar machen: Des Meeres und der Liebe Wellen schlagen höher und der Abschiedsschmerz wird bald in Liebeskummer umschlagen. Gefährlich wie eine Seefahrt durch bedrohliche Klippen wird diese Liebesexpedition werden, weil den Schiffern das Steuer aus der Hand glei-

---

245 Properz: *Elegien*. Lateinisch und deutsch. Hrsg. u. übers. von Wilhelm Willige. 2., verb. Aufl. München 1967, S. 172/173. – Euadne war die Frau des Kapaneus; sie stürzte sich in den Scheiterhaufen ihres Gatten, der im Kampf um Theben gefallen war. Penelope galt als musterhafte Gattin, weil sie alle Freier abwies, die gerne den Platz des irrfahrenden Odysseus eingenommen hätten.

ten wird, wenn sie vom aufkommenden gewaltigen Sturm der Leidenschaften mit aller Macht erfaßt werden und Schiffbruch erleiden.

Was das zurückbleibende Trio als Reisesegen den Scheidenden hinterher singt, bleibt ein frommer Wunsch:

«Soave sia il vento,
Tranquilla sia l'onda
Ed ogni elemento
Benigno risponda
Ai nostri desir.»
(Nr. 10: Sanft wehe der Wind, ruhig sei das Meer, und alle Elemente mögen unseren Wünschen gütig willfahren.)

Dieses harmonische Bild von schmeichelnden Winden und sanften Wellen als Motiv der Ruhe kann natürlich auch ein Trugbild sein; denn mit der Ruhe kann auch Stillstand eingetreten sein. Also wovon singen denn nun die zurückgebliebenen Mädchen in Begleitung von Don Alfonso? Die drei wissen es selbst nicht. Die Stimmung, in der sich unbestimmte Sehnsucht nach stillem Glück ausdrückt, überwältigt sie und eint sie für einen Augenblick im ungebrochenen Empfinden innerster Regungen.

Wonach Alfonso verlangt, dürfte auf der Hand liegen: Er will die 100 Zechinen gewinnen und den jungen Schnöseln eine Lehre erteilen. Aber die Bräute? Denen geht kein sehnsuchtsvolles Liedchen wegen der entschwindenden Seefahrer von den Lippen. Die singen von ihren eigenen Sehnsüchten und Begierden. Wie rasch sie davon überwältigt werden, können sie nicht ahnen – nur hoffen...

Fünf sechssilbige Verse mit zwei umarmenden Reimen und einem «verso tronco» lassen die lyrische Sprache in einem ruhigen Rhythmus fließen, den die Violinen in den Wellenbewegungen der Terzen erzeugen und den alsbald Klarinette, Fagott und Horn luftig begleiten. Wie zwei Paare, die sich in der Umarmung kreuzen und lösen, werden die wunschgetränkten Verse in einen Kreuzreim gestellt. Die Strophe wird abgeschlossen durch die doppelbödige Aussage der reimlos isolierten letzten Zeile, die vorausschauend ahnt, wie den Wünschen der Männer willfahren werden wird.[246] Als das Boot verschwunden ist, klingt der Wellenschlag des Schmerzes ab. Aber: Auch wenn der Geliebte weg ist, das Liebesverlangen ist es nicht. Und dem wird Frau treu bleiben.

---

246 S. dazu Kunze, Über das Verhältnis von musikalisch autonomer Struktur und Textbau in Mozarts Opern, S. 217 ff.

Das als Leitmotiv immer wieder in unterschiedlichen Ausformungen auftauchende Bild des Windes – eine Lieblingsmetapher des poetischen Leihgebers Metastasio – macht dies deutlich. Zum tosenden Sturm, der die ehedem sanften Wellen zu gewaltigen Wogen aufpeitscht, steigert sich der sanfte Lufthauch des Abschiedsterzetts im Stakkato von Fiordiligis Felsenarie. Zum Lufthauch der beseligenden Liebe klingt das Unwetter in Ferrandos Arie «Un'aura amorosa» (Nr. 17: Ein Liebeshauch) ab. Die tobenden Elemente Wasser und Luft werden von den Seufzern der Liebe abgelöst, die auf Fiordiligis Sturmgebraus folgen. Parodie und Ironie der Windmetaphorik werden besonders deutlich, wenn wir Fiordiligi genau beobachten, die einem Orkan standhalten will, aber dann jener zärtlichen Brise erliegt, mit der der Seufzer des Liebhabers das weibliche Herz betört. Ganz so, wie das Ferrando und Guglielmo in ihrer Trivialpoesie ausdrücken:

«Secondate, aurette amiche,
Secondate i miei desiri,
E portate i miei sospiri
Alla Dea di questo cor.»
(Nr. 21: Helft, freundliche Winde, helft meinem Verlangen und bringt meine Seufzer der Göttin dieses Herzens.)

Mozart untermalt dieses Duett kunstvoll und anspielungsreich mit Streichern und Holzbläsern in den gleichen Drittelintervallen, mit denen schon die Frauen ebenso unschuldsvoll wie ahnungsvoll mit Don Alfonso und dem frommen Wunsch nach günstigen Winden und freundlicher See Abschied von den Davonsegelnden genommen hatten, die nun just mit Hilfe dieses Windes in den angesteuerten Hafen der «neuen» Bräute einzulaufen sich anschicken.

Das Finale des zweiten Aktes wird die Windmetaphorik zum Höhepunkt der «turbini» steigern, der Wirbelstürme des Lebens, die das Trugbild des Philosophen Alfonso zerstieben. Aber wer sich – wie Alfonso und die übrigen – im Auge des Hurrikans aufhält, erlebt ja nur die Ruhe; freilich als Illusion, denn es ist ja die Ruhe vor dem Sturm, der sich in der unguten Lösung über den Schluß hinaus ankündigt.

Verführung und Moral

Liebe war in den ursprünglichen Konstellationen nicht bedingungslos, sondern nur bedingt auf die Person des jeweiligen Partners fixiert. Diese Liebe folgte auch nicht einem glaubwürdigen Liebesideal, sondern einer preziösen Liebesidee. Liebe bezog sich auf Worte, Gesten, Briefe, Bilder, auf ein unpersönliches Inventar und allgemeine Begriffe, auf weibliche Attraktivität und männliche Galanterie. Als solche konnte und kann die Liebe natürlich auf jede Person projiziert werden. Was an der einen oder dem anderen anziehend gefunden wurde, warum sollte das nicht auch bei dieser und jenem gefunden werden? Auch bei gänzlich Unbekannten – und damit völlig wahllos; denn auch die neuen Liebhaber werden in ihren Verführerrollen ja niemals mit Elsas neugieriger Lohengrin-Frage nach Stand und Namen, nach Woher und Wohin behelligt.

Daß dieser erfahrungsarmen Vorstellung von Liebe doch noch die Stunde der wahren Empfindung schlagen würde, damit wollte niemand rechnen, weil niemand in letzter Konsequenz den Mut aufbrachte, mit den alten Werten zu brechen, als die Lust am Reiz und der Reiz der Lust durch echte Liebesgefühle neue Horizonte gewinnen. Es ist, als habe der Hauptmann aus den *Wahlverwandtschaften* sich warnend an Ferrandos und Guglielmos Wetteifer nach deren erstem Tête-à-tête mit den ausgewechselten Geliebten gewandt:

«Denken Sie sich ein A, das mit einem B innig verbunden ist, durch viele Mittel und durch manche Gewalt nicht von ihm zu trennen; denken Sie sich ein C, das sich ebenso zu einem D verhält; bringen Sie nun die beiden Paare in Berührung: A wird sich zu D, C zu B werfen, ohne daß man sagen kann, wer das andere zuerst verlassen, wer sich mit dem anderen zuerst wieder verbunden habe.»[247]

Erst in so einer Spielanordnung und ihren Folgen lernen die vier Liebenden einzeln und paarweise ihre wahren, ihre eigentlichen Gefühle und Bedürfnisse kennen, lernen Wahrheit zu erkennen – und diese auch zu verdrängen.

Es ist ein Spiel, in dem Schein und Sein ineinanderfließen. Die den Schein erzeugen, tun dies um Aufschluß über eine Wirklichkeit zu erlangen. Die Masken dienen dabei nicht nur der Verstellung und Täuschung, sondern

---

247 *Die Wahlverwandtschaften* (Fn. 196), S. 44.

auch der Enttabuisierung und Selbstsicherheit. Der Schutz der Masken erst ermöglicht die allmähliche innere Verwandlung von Guglielmo und Ferrando. Über die sprühende erotische Sinnlichkeit der Aufregungen des ersten Aktes gelangt man, zunehmend ernster, zur tief empfunden Liebe des zweiten Aktes. Die übermütigen Melodien zu Schabernack und Mummenschanz weichen den melancholisch-wehmütigen der aufrichtigen Gefühle und überraschenden Regungen. Das burleske Possenspiel mit seiner Täuschungskomik nach den Vorbildern der Commedia dell'arte wird rasch von der Tragikomödie eingeholt und stiftet eine heillose Verwirrung der Gefühle. Das Leben wird tatsächlich zur Schule der Liebenden. Auf dem Stundenplan dieses Schultages stehen Werbung und Verführung, Hingabe und Verzicht.

Nach dem Abschied löst die Abwesenheit der davongesegelten Geliebten bei den Schwestern eine tiefsitzende, verdrängte Unzufriedenheit mit ihrem Los aus. Die Frauen können sich nicht mehr auf die Aufrichtigkeit ihrer Gefühle verlassen. Mit der gleichen Übertreibung, mit der sie einen Liebestraum wortreich beschworen hatten, artikulieren sie nun mit theatralischer Fassungslosigkeit ihren Schmerz. Dabei ist Fiordiligi und Dorabella diese Künstlichkeit gar nicht bewußt; im Gegenteil: sie sind von Echtheit und Natürlichkeit ihrer Empfindungen und ihres Verhaltens voll und ganz überzeugt. Reaktionen auf so bitter enttäuschte Erwartungen schlagen sich zuerst in übersteigerten Gefühlsäußerungen leidenschaftlicher Bravourarien, dann im Austausch der alten Liebhaber gegen die neuen nieder, und dann überschlagen sich die Ereignisse.

«Amici, entrate!» Alfonso bereitet den Auftritt der maskierten Liebhaber vor. Der Vorhang hebt sich zum Spiel im Spiel. Davon ahnen die Schwestern natürlich nichts, und die Folge davon ist die Doppelbödigkeit, die Komik wie auch die Tragik des Geschehens. Fiordiligi und Dorabella nehmen ja weiterhin das Spiel für Wirklichkeit, durchschauen die «mascherata» nicht. Aber auch für Ferrando und Guglielmo birgt ihr Spiel die Wirklichkeit. Erst die Rollen der fremden Liebhaber lassen sie den nötigen Abstand zu sich selbst gewinnen, um zu wahren Gefühlen fähig zu sein. Daß sie sich am Ende dieser Wirklichkeit verweigern und das eigentliche Spiel gesellschaftlichen Blendwerks als einzige Realität akzeptieren, ist darauf zurückzuführen, daß sie immer nur eine Rolle mit eingeschränktem Bewußtsein und begrenztem Horizont einnehmen. Die gesellschaftlichen Spielregeln wie jene der Wette sind Handlungsgrenzen, die von Ferrando und Guglielmo partout nicht überwunden werden können. Deshalb erfaßt diese Rolle als Ehrenmann oder als Verführer auch nie den ganzen Menschen.

Während des Frühstücks tauchen unversehens die dem weiblichen Typus je entsprechenden Verführertypen auf, die Fiordiligi und Dorabella für dumm verkaufen wollen. Gewaltige Schnurrbärte sind die unverholenen Sexualsymbole der Männlichkeit beider potenter Tröster:

«E questi mustacchi
Chiamare si possono
Trionfi degli uomini,
Pennacchi d'amor.»
(Nr. 15: Und diese Schnurrbärte lassen sich bezeichnen als Triumph der Männlichkeit, als Panier der Liebe.)

Die Wahlverwandten treten verkleidet als Albaner auf, Inbegriff furchteinflößender Fremder aus einem auch damals weitgehend unbekannten Land, das zum osmanischen Reich gehörte. Die beiden sind bunte Exponenten der rokokotypischen Vorliebe für orientalische Exotik und Erotik. Zudem entspricht der Mummenschanz dem Image des Orientalen, das ihm im Laufe des 18. Jahrhunderts in Europa, in Österreich zumal, verpaßt worden war: lüstern und gewalttätig.[248] Damit haben die beiden Wettbrüder in dieser karnevalesken Verkleidung die Lizenz, außerhalb der gesellschaftlich sanktionierten Moral- und Sozialkonventionen zu handeln. Dem Reiz solcher Ausstrahlung werden die Schwestern erliegen. Und um dem Einwand der Unwahrscheinlichkeit des Nichterkennens der Geliebten ein für allemal zu begegnen: Wie sollten sie ihre verkleideten Verlobten erkennen, da sie diese vorher ohnehin nie richtig angesehen und immer nur im falschen Lichte ihrer Vorstellungen als Abbilder eines blendenden Idols betrachtet haben?

Orientalisch gewappnet stürzen sich die Herren Offiziere als Tizio (Guglielmo) und Sempronio (Ferrando) ins Gefecht. Mit dem Ton des Abschiedstrios, das Don Alfonso und die beiden Schwestern hinter den Abreisenden hergesungen hatten, tauchen die Albaner auf. Dann bestürmen Tizio und Sempronio jeweils die Verlobte Ferrandos und Guglielmos. Belagerungszustand. Gefühlsbombardements. Wortkanonaden. Doch die trutzigen Festungen scheinen uneinnehmbar. Abwehrbastionen werden mit Hilfe achtsilbiger arkadischer Verse errichtet:

---

248 S. dazu Daniel, Norman: Islam and the West. The Making of an Image. Edinburgh 1960, S. 271 ff.

«Come scoglio immoto resta
Contro i venti e la tempesta
Così ognor quest'alma è forte
Nella fede e nell'amor.»
(Nr. 14: Wie der Fels unbeweglich steht gegen Winde und Sturm, so stark ist diese Seele in der Treue und in der Liebe.)

Fiordiligis pseudoheroische Koloraturentschlossenheit in A-Dur – provoziert durch Ferrandos und Guglielmos dreiste Zudringlichkeit – ähnelt in Wort und Ton dem indignierten Ausbruch und der extrovertierten Leidenstheatralik in der Bravourarie der stolzen Römerin Emilia aus *Lo sposo deluso*: «Nacqui all'aura trionfale...» (KV 424a = 430: Ich wurde unter einem herrlichen Stern geboren...).[249] Intervallsprünge und Koloraturen lassen diese Felsenarie auch wie ein Gegenstück zu Konstanzes Marternarie aus der *Entführung aus dem Serail* wirken. Freilich, der gequälten Konstanze scheint das heroische Pathos in der gefahrvollen Situation und der verzweifelten Seelenlage angemessen zu sein, während Fiordiligis übertriebene Deklamationen wie eine Attitüde wirken. Manches spricht dafür, daß dieser exaltierte Schmerzensausbruch eine Reaktion auf einen ersten Ansturm Ferrandos ist, den dieser in einer nicht mehr überlieferten Arie vorgetragen hat.[250] Fiordiligi aber hat mit ihr den Angreifer zum Rückzug gezwungen, bestärkt sich damit nun in ihrer Tugendhaftigkeit und verstärkt somit ihre Abwehrkräfte, um gegen weitere Vorstöße gerüstet zu sein.

Zuerst beschwört die Musik zu den beiden ersten Versen überaus dramatisch und bombastisch das barocke Treueideal der «costanza». Mozart deutet mit zwei Selbstzitaten die im Selbstverständnis Fiordiligis durchaus ernsthafte Konfliktsituation an. Auf «così ognor» folgt eine Wendung, die an das Allegro aus Fiordiligis und Dorabellas erstem Duett «Ah, guarda sorella» (Nr. 4) mit seinen Treueschwüren erinnert. Das Thema ist ein Zitat aus dem «Kyrie» der *Krönungsmesse* (KV 317). Zu «nella fede» tönt ein Orchestermotiv aus *Thamos* (KV 336a = 345) an, von Mozart als Ausdruck der Aufrichtigkeit dieses ägyptischen Königs komponiert. Die Wechsel zwischen Höhen und Tiefen aber deuten an, daß Fiordiligi bereits schwankt

---

249 Köchel-Verzeichnis, S. 462 ff.
250 Tyson, Notes on the Composition for Mozart's *Così fan tutte*, S. 356 ff.; Gülke, Peter: Schalks banale Trompete oder Grenzlinien der Fertigstellung. Beobachtungen bei Corelli, Mozart und Bruckner. In: Das musikalische Kunstwerk. Geschichte – Ästhetik – Theorie. Festschrift für Carl Dahlhaus zum 60. Geburtstag. Hrsg. von Hermann Danuser [u.a.]. Laaber 1988, S. 155-167, hier S. 161 ff.

zwischen Treue und Hingabe an ein ungekanntes, aufwühlendes Gefühl, das der tobenden See gleicht. Es singen gleichsam zwei Stimmen, ach, aus ihrer zerrissenen Brust, und drücken psychologisch und musikalisch diese Ambiguität aus. Fiordiligi verteidigt empört, erhaben und entschlossen ihre Tugend. Aber nicht nur, weil sie deren Verlust befürchtet, sondern auch deshalb, weil sie ihr als Preis für eine noch ungewiß und unbeständig scheinende Liebe zu hoch ist. Darüber ist sie selbst verwirrt. Deshalb reagiert sie mit dem Aufstieg zum hohen B in den ersten wenigen Takten, mit ihren Vokalsprüngen, so intensiv, so exaltiert.

Abb. 16: Tony Munzlingers Karikaturen des Rollentausches

Die sogar im Vergleich mit Elettras heroischer Arie «D'Oreste d'Aiace» aus *Idomeneo* ungewöhnlich weiten Intervalle, die mehr als eine Oktave umfassen, weisen auf das parodistische Element hin: Fiordiligi spielt sich selbst die Heroine vor. Es ist deshalb ein trügerisches Credo, das sie im Andante Maestoso frenetisch hinausschreit. Am Anfang, im Adagio, durchaus noch von Innigkeit erfüllt, steigert sich der Affekt zum Più Allegro in dem Maße, wie sich Fiordiligi schauspielerisch in ihre künstlich angefachte Emotion hineinsteigert.[251] Eine Seriaarie in einer Buffooper?[252] Triolen und Sechzehntelrepetitionen melden verhalten Zweifel daran an. Es ist eine gekünstelte Seriaarie, in der die Terzakkorde der beiden Trompeten die Heroinenpose von solch demonstrativer Tugendhaftigkeit verspotten. So wie schon die Bitte um sanfte Winde beim Abschied der davonsegelnden Geliebten gegen die Naturgewalt der Lebensstürme nichts ausrichtet, so wenig hilft Fiordiligis – rhetorisch begründete – felsenfeste Unerschütterlichkeit gegen die stürmische Leidenschaft.

Fiordiligis trotziges Bekenntnis ihrer Unerschütterlichkeit war denn auch der wenig überzeugende, letzte heroische Versuch, sich im schwankenden Gemütszustand mit den Mitteln und Mustern der klassischen neapolitanischen Gleichnisarie hinter dem rhetorischen Bollwerk der Empfindsamkeit zu verschanzen. Ein tapferes, wenn auch vergebliches Rückzugsgefecht, nicht mehr. Es war von dem Vorgefühl überschattet gewesen, daß solche Standhaftigkeit womöglich erst den Prüfungen der bislang noch gar nicht erlebten wahren und den Erschütterungen der noch nicht erlittenen echten Liebe ausgesetzt sein will:

«Rispettate, anime ingrate,
Queso esempio di costanza;
E una barbara speranza
Non vi renda audaci ancor!»
(Nr. 14: Achtet, undankbare Seelen, dieses Muster an Standhaftigkeit; und grausame Hoffnung erkühne euch kein zweites Mal!)

Wenn sich die Männer angesichts solcher wütender Reaktionen Alfonso gegenüber voreilig in Sicherheit wiegen, die Wette schon für gewonnen halten und deshalb abbrechen wollen, dann ist dies angesichts der beschwörenden Worte Fiordiligis eben nur die halbe Wahrheit. Die andere Hälfte ahnt nämlich die beginnende Verunsicherung der Gefühle und will diese deshalb rigoros ausschließen. Ohne Erfolg. Als die von Gewissensbissen und Seelennöten geplagte Fiordiligi im Rondo «Per pietà, ben mio» (Nr. 25: Hab Mitleid, mein Geliebter) in E-Dur das Mitleid ihres gerade treulos gewordenen Liebsten erfleht und sich damit Mut macht, daß ihre Treue schon

---

251 Zur musikalischen Affektendarstellung und -charakterisierung bei Mozart s. Lauener, Dorothea: Die Frauengestalten in Mozarts Opern. Diss. Zürich 1954, S. 27 ff.
252 S. dazu Webster, James: The Analysis of Mozart's Arias. In: Mozart Studies. Hrsg. von Cliff Eisen. Oxford 1991, S. 101-211, bes. S. 105 ff.

die böse Lust in ihr töten werde, entlarven die waghalsigen Läufe der zwei Hörner, Vorbild für Leonores große E-Dur Arie «Komm, Hoffnung» in Beethovens *Fidelio*, eben diese letzten Treueschwüre in E-Dur als sehr gewagte Hoffnung. Schon das vorausgehende Recitativo Accompagnato hat mit den deutlich manieristischen Häufungen von Schreckensbildern und von tobenden Gefühlsaufwallungen das Pathos als Parodie erscheinen lassen. Die Hörner, die jetzt die Trompeten der Felsenarie ersetzen, machen durch die differenzierte Phrasierung aber auch deutlich: Fiordiligi ist bestürzt, denn ihre Treue wird ihr als höchst zerbrechliche Konstruktion bewußt. Hinzukommt ein grotesker Situationswiderspruch, denn der Liebste, dessen Mitleid wegen der Gedanken an Untreue erfleht wird, hatte gerade Dorabella verführt. Die Tonart E-Dur spielt hier bedeutungsvoll auf das Terzett «E la fede delle femmine» (Nr. 2) mit den zynischen Prophezeihungen Alfonsos an, die die hoffnungslose Selbstgewißheit seiner Wettpartner vergeblich zu dämpfen suchen.

Dieser Dissonanzcharakter der Musik drückt Fiordiligis echten Zwiespalt zwischen Pathos und Qual aus. Das grandiose Pathos wandelt sich bei der einmal so selbstbewußten «Donna arroganza» zu hilfloser Verzweiflung in höchster Herzensnot; denn Guglielmos Verlobte hat sich in Widersprüche verwickelt. Indem sie das Ideal ihrer Tugendhaftigkeit und Treue so pompös vertrat, hatte sie sich auch schon auf das Spiel ihres Verführers Ferrando eingelassen und ist nicht mehr im Einklang mit ihren Selbstbeschwörungsformeln und ihren Selbstbeschwichtigungsphrasen. Die verführerische Aussicht auf ein wenig Amüsement läßt die Vorsätze von Achtsamkeit und Zurückhaltung ins Wanken geraten. Erst recht, als der eher zurückhaltenden Fiordiligi die Gefühlssicherungen durchbrennen. Halbherziger Widerstand, erschütterte Standhaftigkeit, innere Zerrissenheit, schlechtes Gewissen «d'un'alma amante», einer liebenden Seele, deren Widerstand am Ende schmelzen muß, eben weil Fiordiligi als die sicher gefühlstiefere der beiden Schwestern dann hingebungsvoll und unbedingt liebt, wenn sie sich der Liebe ergeben hat. Die Musik begleitet und vermittelt die psychologische Entwicklung von Signorina Fiordiligis Sinneswandel, der zwischen Felsenarie (Nr. 14) und Rondo (Nr. 25) einerseits und dem Duett mit Ferrando «Tragli amplessi» (Nr. 29) anderseits stattfindet. Die Musik bewegt sich von C-Dur nach a-Moll und erreicht schließlich A-Dur. Die lang ausgezogene Oboenphrase, an die liebesvolle Kantilene des Instruments aus der Ouvertüre erinnernd, verdeutlicht es: Ferrando hat gesiegt. Der Wille zur Standhaftigkeit unterliegt der Lust auf leidenschaftliche Liebe. Bedingungslose Kapitulation: «Fa' di me quel che ti par.» (Nr. 29: Mach mit mir, was du willst.)

Die szenische Einbettung und die Handlungsfunktion der Scherzarie Dorabellas «E amore un ladroncello» (Nr. 28: Amor ist ein kleiner Dieb) sowie von Fiordiligis Rondo (Nr. 25) im übrigen kennzeichnen auch die immer stärker erkennbaren Unterschiede in der Sensibilität und Skrupelhaftigkeit der beiden Schwestern. Fiordiligis heroischer Ausbruch in der Felsenarie gilt der Ankunft der beiden Fremden und deren unruhestiftenden Ausstrahlung. Dorabella hatte dagegen überspannt auf die Abreise der beiden Freunde reagiert. Das rasende Es-Dur Allegro Agitato ihrer sogenannten Eumenidenarie «Smanie implacabili» (Nr. 11: Unerbittliche Qualen) klingt in den kurzatmigen, krampfhaft erregten Schmerzensausbrüchen, im schwülstigen Pathos und in den aufgeregten, hektischen Wechseln zwischen Forte und Piano wie die Parodie einer heroischen Verzweiflungsarie, die Elettra aus *Idomeneo* singen könnte. Dorabellas Hysterie äußert sich in der unkontrollierten Wut, mit der sie das Frühstücksgeschirr vom Tisch fegt, in den übertriebenen Sprachbildern, in ihren Aussetzern, in denen sie nach Atem ringt. Daß der Abschied von Dorabellas Verlobten eine Dur-Raserei und nicht einen Moll-Ausbruch auslöst, ist nur noch als Parodie hysterischer Theatralik verständlich. Absichtsvoll steigert sich Dorabella in eine Gefühlsaufwallung, die sie Leid und Erschütterung theatralisch auskosten läßt. Genauso wie sich Dorabella leidenschaftlich und theatralisch einer Liebesvorstellung hingibt – an den Gestaden des Golfs von Neapel bricht ihr Verlangen aus wie der Vesuv: «Nel petto un Vesuvio d'avere mi par.» (Nr. 23: Mir scheint, ich habe einen Vesuv im Herzen) –, so ungezügelt und gefühlsreich überläßt sie sich ihrem hysterischen Verzweiflungsausbruch. Ein klägliches Beispiel todbringender Liebe werde sie den Eumeniden sein, den wohlwollenden Göttinnen der Gnade, wie die Erinnyen oder Furien beschönigend von ihr genannt werden:

«Espemio misero
D'amor funesto
Darò all'Eumenidi,
Se viva resto,
Col suono orribile
De' miei sospir!»
(Nr. 11: Ein klägliches Beispiel todbringender Liebe werde ich den Eumeniden sein, wenn ich weiter lebe mit dem fürchterlichen Klang meiner Seufzer!)

Wie von Sinnen, aber nicht besinnungslos sinkt sie danach eindrucksvoll in einen Sessel. Wer sich derart exaltiert gebärdet, bleibt nicht lange standhaft.

Ein Klagepose, die ohne Not jene Treue versichert, die die Männer den Frauen unterstellen. Auch Donna Elvira hatte in ungewollter Selbstparodie ihre Liebessehnsucht nach Don Giovanni in der traditionellen Form der Opera Seria beteuert: «Palpitando il cor mi va» (Für ihn schlägt noch mein Herz!)[253].
Fast scheint es, als habe Mozart sich für diese dramatischen Einfälle bei Sonnenfels bedient, der sein Orakel Lokutia als Mahnung an die Frauen verkünden läßt:

«Wisset ihr euch das feyerliche Ansehen der Tugend zu geben, vor dem die Unverschämtheit verstummen, und die Kühnheit zurückbeben muß? Seyd ihr eures Vorzugs, seyd ihr des Kleides der Ehre euch bewußt, so die Natur euch umgeworfen?»[254]

Mit der Parodie demaskiert Mozart unechte Gefühlsklischees, die seine Handelnden jedoch für subjektiv echt halten. Was Johann Georg Heinzmann 1780 in seiner Abhandlung *Über die falsche Empfindsamkeit* in dem Lesebuch *Die Feyerstunden der Grazien* verbreitete, ist Mozart sozusagen zum Anlaß für die Parodie geworden:

«Denn obgleich warme Empfindsamkeit und zärtliches Gefühl vorzüglich reitzend und liebenswürdig sind, wenn sie von der Natur herrühren, und in das Gebiet der Vernunft und erleuchteter Grundsätze eingeschränkt werden: so ist doch nichts so widerlich und ungereimt, als wenn sie blos erkünstelt und affectirt sind, oder wenn auch selbst die wirklichen nicht von der Vernunft regieret und im Zaum gehalten werden.»[255]

Die Parodie liegt in dieser Oper aber nicht immer in den Übertreibungen des theatralischen Ausdrucks oder in den musikalischen Verzerrungen, sondern vor allem auch Situations- und Handlungszusammenhang machen die Parodie aus. Die Schwestern wissen ja nicht, daß die Treue ihrer Liebe geprüft werden soll, sie handeln also immer echt, und ihre Verzweiflungsgesten werden erst relativiert, wenn Despina, die ihre Gebieterinnen in die Künste und Raffinessen der Koketterie einzuführen sucht, ungerührt dazu heiße Schokolade und kalten Spott serviert. Despina weiß zwei Vergnügun-

---

253 *Don Giovanni* (Fn. 233), S. 189.
254 Sonnenfels gesammelte Schriften, Bd. 5 (Fn. 79), S. 40 f.
255 Empfindsamkeit. Theoretische und kritische Texte. Hrsg. von Wolfgang Doktor und Gerhard Sauder. Stuttgart 1976 (Reclam Universal-Bibliothek, Nr. 9835), S. 48.

gen höher einzuschätzen als nur einen einzigen Genuß: «Mangiar il fico e non gittare il pomo.» (II, 1: Die Feige essen und den Apfel nicht verschmähen.) Dorabellas Nachfrage freilich, was wohl die Leute sagen würden, wenn sie und Fiordiligi Despinas Vergnügungstips folgen würden, verrät keine moralischen Einwände der Verlobten Ferrandos, wohl aber ein insgeheimes Einlassen auf der Zofe Vorstellungen. Pragmatisch nur wägt Dorabella einen möglichen Verlust an gutem Ruf gegen einen durchaus denkbaren Zugewinn an reizvollem Vergnügen noch gegeneinander ab. Deshalb entscheidet sie auch als erste, daß sexuelle Treue keine notwendige Bedingung für Beständigkeit sein muß.

Zuerst hatten die jungen Mädchen die beiden aufdringlichen Exoten eher hilflos betrachtet, denn so unverhohlene Bewunderung und unverhüllte Angebote erleben sie zum ersten Mal: «... vi voliamo davanti... Ed ai lati, ed a retro...» (Rezitativ I, 11: ...wir umflattern euch von vorn, von der Seite und von hinten...») Das macht neugierig. Eigentlich kann Frau ja diese Popanze doch kaum ernst nehmen, aber just deshalb kann Frau sich ja auch auf ein Spielchen einlassen, denn sie kann es doch jederzeit wieder abbrechen. Wie heißt es bei Sonnenfels?

«Aber, die flatterhaften Geschöpfe, sie verziehen auf den schmeichelhaften Zins der dauerhaften Verehrung eines Gatten, den sie die Natur von dem männlichen Geschlechte zu fordern berechtigt hat, und nehmen dafür mit einer kurzen Vergötterung der Liebhaber vorlieb, die nicht länger als die Blüthe ihrer Reize dauren, und mit dem Herbste ihrer Gestalt dahinrauschen wird.[256]

Vorerst aber keimen beim abendlichen Lustwandeln in dem lauschigen Garten am Meeresufer – das scheinbar sichere Haus ist verlassen – zartere Gefühle, denn Liebe beginnt mit dem alten Spiel von Werbung und Bewunderung, und Frauen, die sich umworben und geliebt wähnen, sind schön und genießen die Galanterie. Dann kommt die Phantasie ins sinnliche Spiel wonnevollen Flirtens. Sexuelles Begehren keimt auf, die Atmosphäre wird erotisch aufgeladen und unvermittelt kommt die wirkliche Liebe, die sich in Dauerhaftigkeit und Stabilität von Ehe erfüllen möchte. Und die Frauen wissen natürlich ganz genau, daß sie die Rituale des Hofierens nicht nur für sich selbst genießen können, sondern auch taktisch darauf reagieren müssen. Dorabella und Fiordiligi müssen sich genau überlegen, ob sie Besuch empfangen, Geschenke tau-

---

256 Sonnenfels gesammelte Schriften, Bd. 5 (Fn. 79), S. 11 f.

schen, Huldigungen dulden, Wünsche äußern. Ganz genau wissen sie, daß die beiden «Walachen» oder «Türken» – Despina kann das nicht so genau sagen – aus ihren Reaktionen ihre Schlüsse ziehen und ihrerseits die Verführungstaktik nach solchen Signalen richten. Die tändelnden Schwestern können, wenn sie erste Zeichen der Gunst gegeben haben, stärkeres Drängen zwar noch abwehren, aber die unverholene Werbung dann auch nicht mehr als Unverschämtheit behandeln. Daß sie sich von Despina in Verstellung und Liebesspiel einweisen lassen, dient ihrer eigenen Beruhigung – alles ja nur zum Scherz – und ist zugleich der nächste Schritt auf dem verbotenen Pfad – alles kann ja auch Ernst werden – zum wahren Liebesglück.

Ferrando und Guglielmo als Verführer wissen ihrerseits ebenfalls ganz genau, wann sie die Umworbenen zu weiteren galanten Umgarnungsversuchen ermutigen. Mit einer verdächtigen Intensität unterziehen sie sich den Auflagen der Wette. Noch aber verneinen die «ragazze» buchstäblich lauthals, was sie insgeheim längst bejaht haben, und Guglielmo, der dies instinktsicher wittert, nutzt umsichtig die Gunst der schwachen Stunde und bedrängt Ferrandos Braut ungestüm weiter:

«Non siate ritrosi,
Occhietti vezzosi:
Due lampi amorosi
Vibrate un po' qua.»
(Nr. 15: Seid nicht widerspenstig, liebliche Äuglein: Zwei verliebte Blicke sendet rasch hierher.)

Noch reagieren die «ragazze» rollenkonform: Sie gehen zornig ab, und ihre verkleideten «amanti» brechen darob in ein unmäßiges Gelächter aus:

«Ah, che dal ridere
L'alma dividere
Ah, che le viscere
Sento scoppiar!»
(Nr. 16: Ach, vor lauter Lachen, zerspringt meine Seele... Oh, ich merke, daß mein Bauch am Platzen ist!)

Ein trügerisches komplizenhaftes Lachen der beiden, das sich ebenso hochmütig wie einfältig über alle skeptischen Zweifel und Mahnungen hinwegsetzt. Das provoziert ein sardonisches Lachen Alfonsos, das seine Genugtuung über die armen Toren ausdrückt:

«Mi fa da ridere
Questo lor ridere,
Ma so che in piangere
Dèe terminar.»
(Nr. 16: Dies ihr Gelächter macht mich nur lachen, aber eins weiß ich, in Tränen muß es enden.)

Allen aber wird jede Art von Lachen noch im Halse stecken bleiben, auch jenes, das der Schlußgesang deklamatorisch beschönigend noch beschwören wird.

Auch wenn Alfonso und Despina mit taktischen Anweisungen bis zu diesem Zeitpunkt und noch über diesen hinaus als die raffinierten Triebmanager des erotischen Quartetts erscheinen, sie sind es natürlich nicht. Despina nicht, weil sie ohnehin nicht ganz im Bilde ist und zu sehr an ihre eigenen Interessen denkt: die Schwestern auf die Seite ihrer Lebensphilosophie zu ziehen und dabei Geld zu verdienen. Alfonso nicht, weil er sein Regietheater nicht beherrscht. Die Destruktion der Liebesbindungen wird wohl durch das strategische Zusammenspiel von Alfonso und Despina ausgelöst, aber nicht verursacht. Als Figuren des traditionellen Personenaufgebots und des Intrigenschemas der Opera Buffa haben sie Katalysatorfunktion, wenn sie ränkeschmiedend den spielerischen Vorwand liefern, alles sei schließlich nur fingiert und fiktiv – Komödie eben, oder vielleicht besser noch: Schmierenkomödie?

Strategische Planung und taktische Manöver der militärischen Kampagne führen zur Umzingelung und endlich zur Kapitulation der wehrlos Gewordenen. Der anfängliche Widerstand der Schwestern hatte die generalstabsmäßigen Attacken ausgelöst, um sie zu erobern und zu unterwerfen. Zweifach: Unterwerfung unter die triumphierenden Albaner – und Unterwerfung unter die tobenden Neapolitaner.

Die turtelnden Damen sind – je nach Temperament – nach unterschiedlich «langer» Wartezeit voller Liebesbereitschaft und Glückserwartung, voller Wagemut und Gunstbereitschaft, jeder bösen Ahnung abhold, sehr viel unbefangener und entschlossener als die balzenden Galane, ihr Glück mit Hilfe Amors zu fassen zu kriegen:

«Porta dolcezza e gusto,
Se tu lo lasci far;
Ma t'empie di disgusto,
Se tenti di pugnar.»

(Nr. 28: Er [Amor] schenkt Süße und Lust, wenn du ihn gewähren läßt; erfüllt dich mit Unlust, wenn du Widerstand zu leisten versuchst.)

Abb. 17: Tony Munzlingers Karikaturen von Fiordiligi, Despina und Dorabella

Carpe diem! Dorabella ist als erste dem Eros erlegen. Schließlich ist der Mensch ja auch machtlos gegen die Pfeile Amors, den der Barockdichter Christian Hofmann von Hoffmannswaldau gleichsam prophetisch schon ein Jahrhundert vorher hatte augenzwinkernd verkünden lassen:

«Drum wünsche wer da kan
Daß den verlobten zwey
Der himmel zugethan
Und immer günstig sey.»[257]

---

[257] Schertz-Gespräche zwischen zween Jndianern/ einem Zigeuner und einem Juden/ bey dem Drobisch-Bielerischen hochzeit-feste. In: Lyrik des Barock. Hrsg. von Marian Szyrocki, Bd. 2. Reinbek 1972, S. 59-65, hier S. 59: *Amors Aria*.

Die leichtherzige Dorabella, von Ferrando zu Beginn einmal überschwenglich als Venus vergöttert, hat denn auch schon als die Spontanere und leichter Entflammte einen heimlich-lüsternen Blick in diesen siebenten Himmel der Wollust riskiert, deshalb sind ihre amourösen Wünsche auch weniger den Angriffen von Angst- und Schuldgefühlen ausgesetzt. Sie ist eine erotische Opportunistin, wie sie in der Arie «E amore un ladroncello» (Nr. 28) verrät und damit auch Ferrandos Liebesseufzer aus seiner Aria d'affetto «Un'aura amoroso» (Nr. 17) desavouiert. Sie betreibt den als solchen ja nicht erahnten Partnertausch mit überzeugenden, eindringlichen Appellen und rät ihrer noch ein wenig zögernden Schwester zur braven Folgsamkeit gegenüber den Anordnungen des losen Venusknaben:

«Fa' tutto quel ch'ei chiede,
Che anch'io farò così.»
(Nr. 28: Tu' alles, was er verlangt, und auch ich werde es so machen.)

So wie ihr Liebesleid und Liebesschmerz leicht über die Lippen kamen, initiiert sie nun umstandslos das Liebesspiel und intoniert ungeniert Liebeslust. Das Vokabular der alten Liebesbeteuerungen wird nun für neue genutzt. Die leidenschaftliche Liebe kam wie ein Blitz, und Frau verfiel ihr. Die Pfeile des Eros sind nicht voraussehbar. Das Leben ändert sich, und die Menschen ändern sich mit seinen Widersprüchen. Was ewig schien, ist flüchtig; was an neuen Gefühlen aufkeimt, will beständig sein. Nachdem die Holden von den vermeintlichen Balkanesen mit einer vorgetäuschten melodramatischen Vergiftung aus Liebeskummer und durch Despinas Verkleidungsnummer als heilender Wunderarzt ausgetrickst worden waren, ist die eine wie die andere dann schließlich bereit, sich Amors Allmacht allzu gerne zu fügen, d.h. die alten Beziehungen ganz aufzugeben, die neuen ganz einzugehen.

Weil sie die Schwestern nicht erhören wollen, greifen die hartnäckigen Verehrer zur gleichen Waffe wie die beiden Mädchen, deren Todeswünsche in der innigen Abschiedsszene unerhört geblieben waren: Mann will sich angeblich aus lauter Verzweiflung umbringen. So wenig wie das theatralische Gefuchtel der Bräute ernsthafte Anstalten gemacht hatte, sich den Degen in den Leib zu rammen, so wenig sind natürlich auch die Albaner bereit zu sterben. Ihre Selbstmordnummer gehört – ebenso wie der spätere Notarauftritt Despinas – zu den «buffa lazzi», den komischen Gags der Gattung. Sie spielen den Mädchen ihren Vergiftungstod vor, greifen damit zum Mittel der Erpressung. In einer köstlichen Parodie auf die gerade grassierenden Vorstellungen von den Heilwirkungen des Magnetismus, werden die beiden Suizidenten unter den spöttischen Klängen der Fagotte ins Liebesleben zurückgerufen.

Diese Magnetkur der Liebe ist eine Anspielung auf Franz Anton Mesmers «Theorie des animalischen Magnetismus».[258] Der mit der Familie Mozart befreundete Arzt[259] hatte 1781 dargelegt, daß der Mensch und seine Seele nicht von dämonischen Mächten beherrscht werden, sondern unter der einwirkenden Kraft eines kosmischen Fluidums stehe.[260] Dieses magnetische Heilverfahren beruht auf der Vorstellung einer intensiven Energieübertragung zwischen Magnetiseur und Medium. Despina scheint mit Mesmers Heillehre bestens vertraut zu sein. Sie weiß sogar, daß Mesmer besonders in Frankreich für Aufsehen gesorgt hatte. In der Tat waren seine Methoden in Possenspielen auf dem Theater persifliert worden, und auch in Deutschland hatte August Wilhelm Iffland in der zweiten Hälfte der achtziger Jahre eine Posse unter dem Titel *Der Magnetismus* auf die Bühne gebracht.[261] Die ärztliche Kunst der verkleideten Despina besteht nun darin, das Fluidum im eigenen Leib zu konzentrieren und es auf die Leiber der beiden Selbstmörder zu übertragen, damit deren Säfte wieder zirkulieren. Durch die langen Notenwerte erhält die gesungene Diagnose und Therapie des falschen Doktors eine gravitätische Pseudoseriosität:

«Questo è quel pezzo
Di calamita
Pietra mesmerica
Ch'ebbe l'origine
Nell'Alemagna,

---

258 Mesmerismus: oder System der Wechselwirkungen, Theorie und Anwendung des thierischen Magnetismus als allgemeine Heilkunde zur Erhaltung des Menschen. Hrsg. von Christian Wohlfart. Berlin 1814. – S. dazu Steptoe, Mozart, Mesmer and *Così fan tutte*, S. 248 ff. – Zur Lehre Mesmers s. auch Wolters, Franz Anton Mesmer und der Mesmerismus (Fn. 69); Ego, Anneliese: «Animalischer Magnetismus» oder «Aufklärung». Eine mentalitätsgeschichtliche Studie zum Konflikt um ein Heilkonzept im 18. Jahrhundert. Würzburg 1991 (Epistemata, Bd. 68); Florey, Ernst: Ars Magnetica. Franz Anton Mesmer 1734-1815 – Magier vom Bodensee. Konstanz 1994.
259 S. dazu Blankl, Hans: Mesmer und die Mozarts. In: Zaubertöne, S. 63-65. – Mesmer hatte in Wien auch versucht, die Pianistin Maria Theresia Paradis, für die Mozart sein Klavierkonzert in B-Dur (KV 456) 1784 komponiert hatte, von ihrer Blindheit zu heilen, sich damit den Unmut der etablierten Wiener Schulmedizin zugezogen und infolgedessen Wien verlassen.
260 Abhandlung über die Entdeckung des thierischen Magnetismus (Fn. 70).
261 S. dazu Schuler, Manfred: Mesmer und die Mozarts. In: Franz Anton Mesmer und die Geschichte des Mesmerismus. Hrsg. von Heinz Schott. Stuttgart 1985, S. 215-227, hier S. 224.

Che poi sì celebre
Là in Francia fu.»
(I, 16: Dies ist ein Stück Magneteisen, der Mesmersche Stein, der seinen Ursprung in Deutschland hat und dann so berühmt in Frankreich wurde.)

Der Energieüberschuß wirkt, die beiden Verblichenen geraten unverzüglich in Konvulsionen. Es ist das Fluidum des Geschlechtlichen, das Mann und Frau umfängt und deren erotische Erregbarkeit steigert. Es entsteht buchstäblich eine geradezu magnetische Atmosphäre körperlicher und seelischer Anziehung zwischen ihnen. Diese Rückholaktion im Stil der Commedia dell'arte ist die burleske Version jener Idee von Wahlverwandtschaft, welche hier ihren Einfluß tatsächlich in der Unsterblichkeit der Liebe, genauer: durch deren – im wahrsten Sinne des Wortes – neu belebende Wirkungskraft zu erweisen scheint. Die Kraft der analogen Entsprechung geht von der Leidenschaft aus, und das Gesetz des gegenseitigen Sich-Ergänzens richtet sich nach der erotischen Zuneigung. Wer dies in besonderer Weise als Harmonie oder auch als Disharmonie erfahre, sei besonders intensiv mit Naturkräften verbunden. Auch Goethes Ottilie gerät deshalb ja am stärksten von allen in den Bann der Wahlverwandtschaft. Ottilies Fähigkeit, Steinkohlen zu fühlen, die Pendelversuche, die magnetische Migränekur – alles Phänomene just jenes «animalischen Magnetismus'», die stets mit einer heftigen Gemütsbewegung Ottilies im Zusammenhang stehen. Goethe hat sich seinem eigenen Bekunden nach für diesen Magnetismus interessiert:

«Bey meiner Rückreise durch die Schweiz werde ich auf den Magnetismus achten, die Sache ist weder ganz leer, noch ganz Betrug. Nur die Menschen die sich bisher damit abgegeben sind mir verdächtig.»[262]

So Goethe an Charlotte von Stein von Rom aus im August 1787. Schon zeitgenössische Rezensenten und Leser der *Wahlverwandtschaften* haben deshalb in Ottilie ein Werkzeug des Magnetismus gesehen.[263]

---

262 An Charlotte v. Stein, in: Goethes Briefe, Bd. 8. Weimar 1890 (Goethes Werke, IV. Abt., 8. Bd.), S. 238 f. – S. dazu auch Kiefer, Klaus H.: Goethe und der Magnetismus. Grenzphänomene des naturwissenschaftlichen Verständnisses. In: Philosophia Naturalis 20 (1983), S. 264-311.
263 S. dazu Holtermann, Michael: «Thierischer Magnetismus» in Goethes Roman *Die Wahlverwandtschaften*. In: Jahrbuch der deutschen Schillergesellschaft 37 (1993), S. 164-197.

Naturnotwendig oder freie Wahl, den zwei erwartungsfrohen Damen ist's
noch einerlei. Ihr Mitleid bringt echtes Gefühl ins Spiel:

«Poverini! La lor morte
Mi farebbe lagrimar.»
(I, 15: Die Armen! Sollten sie sterben, müßte ich weinen.)

Als die «Armen» erwachen und die Schwestern glauben machen, sie wähnten sich im Paradies, schwindet der tugendhafte Widerstand allmählich. Die Erwachenden verlangen als belebende Arznei zur besseren Genesung um der Barmherzigkeit Willen zusätzlich noch einen Kuß. Der wird zwar ungnädig verweigert, aber die Damen sind dennoch sichtlich bewegt und berührt. Es wird aber nicht so recht deutlich, ob die Lebensretterinnen den Kuß verweigern, weil es ihrer Natur entspricht oder nur, weil es die Konvention so von ihnen erwartet. Die beiden Scheinvergifteten mutmaßen deshalb ein wenig mißtrauisch, diese Empörung könnte gespielt sein, und sie ahnen, daß die Zurückhaltung nur ein taktisches Manöver sein könnte, ein retardierendes Moment in einem Liebesstück, das unaufhaltsam dem Höhepunkt zustrebt:

«Un quadretto più giocondo
Non s'è visto, in questo mondo.
Ma non so se finta o vera
Sia quell'ira e quel furor.
Né vorrei che tanto fuoco
Terminasse in quel d'amor.»
(I, 16: Ein hübscheres Spielchen hat man auf der ganzen Welt nicht
gesehen. Doch weiß ich nicht, ob echt ist oder gestellt dieser Zorn und
diese Wut. Ich möchte nicht, daß solches Feuer in Liebesglut endet.)

Welche fühlende Frau würde denn nicht einen ihretwegen sterbenden Mann wieder zum Leben erwecken wollen, wenn für diese gute Tat schon ihr liebevolles Entgegenkommen genügt? Ein lebendiger Liebhaber ist eben einem toten Liebesopfer in einem «hübschen Spielchen» allemal vorzuziehen. Aufrichtig gegen sich selbst, waren die Mädchen auch nicht eine Sekunde auf die Idee gekommen, sie könnten von ihren alten oder neuen Verehrern düpiert werden. Fiordiligi hatte ja schließlich doch ihrer Schwester Bereitschaft signalisiert: «Dunque, fa' un po' tu...» (Rezitativ II, 2: Also, tu nur, was du willst...) Da war die Schwester dann schnell mit einem praktischen

Vorschlag beschwingt und zielstrebig zur Hand gewesen: «Tu il biondino, io il brunetto.» (Nr. 20: Du den Blonden, ich den Braunen.) Im Geiste hatten sie sich also doch schon längst die Partner für die neue Wahl ausgesucht. Warum dann nicht auch noch den schon ausgemalten Partnerwechsel vollziehen? Was wäre wenn...? Und was wäre schon dabei? Ein Spiel, an dem sich nur beteiligt, wer sich beteiligen will, wer riskiert und akzeptiert, daß es außer Kontrolle geraten kann. So schwelgt und schmilzt Frau in beseligenden Terzen dahin. Bald werden Liebespfänder die Besitzer wechseln. Damit ist der Partnertausch perfekt. Liebesverrat schließt Liebesvertrag.

Fiordiligi aber ist dabei dennoch in eine quälende Zwickmühle zwischen ihrer Treueverpflichtung und ihrem Liebesverlangen geraten. Rasch wird ihr klar, daß ihr Gefühl gegenüber dem so ganz anderen Guglielmo nur Schwärmerei für ein Männlichkeitsideal war. Guglielmo hatte flimmerndes Herzklopfen verursacht, Ferrando aber löst den stürmischen Gleichklang der Herzen aus: «Io amo! e l'amor mio non è sol per Guglielmo.» (Rezitativ II, 10: Ich liebe! Und diese meine Liebe gilt nicht nur Guglielmo.) Je klarer Fiordiligi dieser Zwiespalt wird, desto heftiger wehrt sie sich gegen das Unvermeidliche, dem sie doch schon längst im Inneren halb unbewußt nachgegeben hat. Als sie sich schließlich wirklich mit Ferrando findet, ist sie auch konsequent, kompromißlos und unbedingt entschlossen, die große, die wahre Liebe einzugehen, will die Erinnerung an die alte Liebe tilgen und nur ihrer beider Zukunft leben. Ein Absolutheitsanspruch, der freilich am feigen Rückzieher der Männer scheitert.

Gefühle und Geschlechter

Ferrando und Guglielmo legen sich anfangs mit den traditionellen Mitteln des chevalresken Verführers ins Zeug. Die Schmach erfolglosen Werbens will keiner von beiden ertragen müssen und auch nicht den Verlust der «onor di soldato». Freilich ist der Preis des Erfolgs die Schande des betrogenen Liebhabers. Deshalb kann Liebe in solchen Beziehungen nicht mehr als ein Mechanismus sein. Grausame Liebschaften: Das Begehren gilt nicht der attraktiven Person, nicht dem reizvollen Körper, sondern nur dem schwer erreichbaren Ziel und damit der Bestätigung ihrer Eitelkeit. Als Offiziere legen sie ihre Ehre darein, nicht nur die Wettregeln einzuhalten, sondern sich auch wechselseitig aufs Kreuz zu legen und die Braut des anderen erfolgreich zu verführen. Die Wette wird zu einem Wettkampf zwischen ihnen beiden. Sie wollen sich im Ausgang des Spiels nicht nur als die Überlegenen gegenüber Don Alfonso erweisen, sondern sich auch gegenseitig den Rang ablaufen. Damit wäre mehr gewonnen als die Wette und ihr Einsatz. Als Gewinn locken nämlich männliches Ansehen und – wichtiger noch – männliche Ehre.

Dafür schlüpfen Guglielmo und Ferrando in die Rolle des Libertins und das Kostüm des Rokokoverführers[264], und sie scheitern damit, als sie die Resultate ihres Handelns an bürgerlichen Moralansprüchen messen. Das aristokratische Verführungskonzept Don Giovannis ist untauglich für bürgerliche Empfindsamkeit. Und so legen die «sehr ernsten Scherze», um Goethes bekanntes Diktum über den *Faust* zu gebrauchen, letztlich doch auch die wahren Bedürfnisse und die echten Empfindungen der Männer schonungslos bloß und bringen deren Gefühlshaushalt in Unordnung. Aus dem Spiel wird Ernst. Je intensiver sich die beiden Freunde bemühen, die Wettbedingungen zu erfüllen, desto weiter entfernen sie sich aus den ursprünglichen Verbindungen und erliegen der Anziehungskraft der jeweils anderen Braut. In diesem beiderseitigen Vertrauensbruch heben sich echte und falsche Empfindungen auf, vermengen sich, bedingen sich. Ein Amalgam aus erotischer Inbrunst, sexueller Erregung, leidenschaftlicher Liebe durchdringt alle vier. Im zweiten Akt ist es mit den fingierten Liebesbeteuerungen und den vorgetäuschten Liebesspielen vorbei. Leidenschaft und Liebe hat alle vier gepackt.

---

264 S. dazu Brophy, Brigid: Mozart the Dramatist. The Value of his Operas to him, to his Age, and to us. Überarb. Aufl. New York 1988, S. 80 ff.

Am Meeresufer des Gartens hat eine Barke angelegt. Oder, um die Metaphorik des Aufbruchs fortzuführen: Hier werden die Hoffnungen und Erwartungen der wettenden Fahrensleute stranden. Die unvermutete Befangenheit aller vier auf dem Gartenfest ist ein Indiz dafür, daß das Spiel in Ernst umschlägt und der erotische Zauber die neuen Liebespaare in seinen Bann schlägt. Das Simulieren von nicht empfundener Liebe hat bei den Herren tatsächlich echte Liebesgefühle ausgelöst: Consuetudo altera natura est. Woran sie sich gewöhnen, wird ihnen zur neuen Natur. Damit ist der Bann gebrochen, aus «plaisir» ist «amour» geworden. Wieder ist es die Musik als psychologische Charaktergestalterin, die die erwachenden wirklichen Gefühle der maskierten Heuchler entschleiert und diese ergriffen und verstört zeigt. Die Moral unterliegt der Erotik. Erst die neue Partnerkonstellation erzeugt echte, aufwühlende Gefühle, die die alten Paare nicht kannten.

Ferrandos neue Liebesgefühle zu Fiordiligi werden nicht zuletzt auch durch seinen kaum überwundenen Schmerz um Dorabella beschleunigt. Dorabellas Kapitulation hat Fiordiligi in eine unglückliche taktische Position manövriert. Nicht nur, daß sie sich von ihrer Schwester raten läßt, dasselbe zu tun, Ferrando braucht sich nun auch keine skrupulöse Zurückhaltung mehr auferlegen und kann hemmungslos loslegen – und sich richtig in die wenig später überrumpelte Fiordiligi verlieben. Daß sich in Ferrando tatsächlich ein Liebeswandel vollzieht, zeigen seine Arie «Ah, lo veggio»[265] (Nr. 24: Ach, ich sehe) und die Cavatina «Tradito, schernito» (Nr. 27: Verraten, verschmäht). Auf Siegesgewißheit und vor allem inniges Hoffen auf Erhörung folgt in großen Intervallsprüngen schmerzvolles Klagen und pathetische Seria-Verzweiflung über die Zurückweisung. Im Monolog mit sich allein lügt Mann nicht:

«Già rispondi a'miei caldi desiri,
Già tu cedi al più tenero amor.
Ma tu fuggi, spietata, tu taci
Ed invano mi senti languir?
(Nr. 24: Schon erwiderst du meine heißen Wünsche, schon ergibst du dich der zärtlicheren Liebe. Doch du fliehst, du Grausame, du schweigst und hörst, wie ich vergeblich schmachte?)

In der Cavatina (Nr. 27) dann zeigt sich Ferrando, der sich in Gegenwart von Don Alfonso und Guglielmo natürlich keine Blöße geben will, hin- und

---

265 Diese Arie sollte nach einer Anmerkung Mozarts im Autograph bei der Aufführung eigentlich entfallen.

hergerissen zwischen dem Zorn über Dorabellas Untreue und seiner konventionellen Liebesverpflichtung ihr gegenüber. Gleichwohl verrät dieses Bekenntnis Ferrando als den empfindsameren der Freunde, der sich gerne von seinen Gefühlen übermannen läßt. Ihn ereilt im Spiel die Wirklichkeit wahrer Liebe als ersten, und nach Dorabellas Treuebruch wirbt er nun noch entschiedener und heftiger um Fiordiligi. Deren Gefühlstiefe erwidert seine Empfindsamkeit auf eine Weise, zu der Dorabella nicht imstande wäre. Ferrandos glühende Liebesbekenntnisse zu Fiordiligi werden gewiß durch den Wunsch erleichtert, dem Freund den einseitigen Triumph zu vermasseln. Kein Zweifel aber, dringliches Flehen, von der Klarinette ausdrucksvoll begleitet, will unverstellt von Fiordiligi erhört werden.

Das Theater, das die Herren spielten, ist zu Ende, und die beunruhigende Handlung entwickelt sich konsequenterweise jetzt weniger aus den Situationen, sondern eher aus den musikalisch hervorgehobenen Charakteren. Dorabella war zum schmerzvollen Leidwesen ihres Bräutigams als erste dem Ansturm übers Kreuz erlegen. Sie relativiert deshalb auch gleichsam noch im nachhinein Ferrandos über jedem Selbstzweifel erhabenes Andante Cantabile in der insistierenden Da-capo-Arie, die mit ihrer Tonart A-Dur das Idealistische von Ferrandos Liebesvorstellungen unterstreicht:

«Un'aura amorosa
Del nostro tesoro
Un dolce ristoro
Al cor porgerà...»
(Nr. 17: Ein Liebeshauch von unserm Schatz bringt süße Labung unserm Herzen.)

Ferrandos Arie ist in ihrer zweiteiligen Liedform und im Andante Cantabile so etwas wie die Ergänzung zu Fiordiligis Felsenarie. Musikalisch und poetisch verweisen beide Arien aufeinander. Stimmumfang von d bis a' und Tonart A-Dur geben der Arie einen starken Empfindungsausdruck. Kurze Gesangsphrasen, Wechsel zwischen längeren und kürzeren Notenwerten, chromatische Schritte, Schwelltöne und Triller, zweiunddreißigstel Streicherfiguren, piano spielende Bläser machen den Triumpfgesang auf die Liebe zum parodistischen Abgesang auf die Herzensbindung zu Fiordiligi, deren Emphase auf gleiche Weise unglaubwürdig klang. So wird Ferrandos Liebeshauch die sich gegen alle Lebensstürme behaupten wollende Fiordiligi, nicht Dorabella, umwehen, und zwar in des Wortes doppelter Bedeutung. Die Funktion der Da-capo-Arie war es traditionell, vorzuführen, wie man der eigenen Gefühle in der Auseinandersetzung mit ihnen Herr wird und danach die Selbstbeherrschung wieder gewinnt oder den Verstand verliert. Ferrando verliert zwar nicht den Verstand, aber Herz und Sinne; deshalb kann von einer Affektkontrolle durch seine Da-capo-Arie keine Rede sein. Es ist in der Tat die falsche Arienform, die Sicherheit nur suggeriert und ihn deshalb nicht vor Gefühlsverwirrungen bewahrt. Schließlich hatte Ferrandos Belcanto ja nicht seine Verlobte, sondern die Liebe schlechthin besungen, hatte einem leblosen Liebesideal, nicht seiner lebendigen Idealliebe ein gefühlvolles Bekenntnis gewidmet.

Natürlich aber wird es Guglielmo nicht besser als dem Leidensgenossen ergehen. Er ist um leibliches Wohlergehen und um ein frugales Nachtmahl mehr besorgt als Ferrando, der sich damit begnügt, vom Odem der Liebe seine Seele nähren zu lassen. Ein draufgängerischer Kavalier, dieser Guglielmo, der vor Männlichkeit birst und von ihr selbst am meisten überzeugt ist, der den Frauen gerne Zeichen seiner Freundschaft schenkt und die weiblichen Reize als Schätze preist. In der gestrichenen «Rivolgete»-Arie porträtiert er sich selbst stolz unter Rückgriff auf das Vorbild des verliebten Rolands aus Boiardos epischer Dichtung *L'Orlando innamorato*:

«Un Orlando innamorato
Non è niente in mio confronto
Un Medoro il sen piagato
Verso Lui per nulla io conto:
Son di foco i miei sospiri,
Son di bronzo i suoi desiri,
Se si parla poi di merto
Certo io sono, ed egli è certo
Che gli uguali non si trovano
Dal Sebeto al Canadà.»
(Anhang, Nr. 15a: Ein verliebter Roland ist nichts im Vergleich zu mir, ein Medoro, das Herz verwundet, ihm stehe ich nicht nach: Meine Seufzer sind von Feuer, sein Sehnen nur aus Bronze, wenn man dann von Tugend spricht, sind er und ich uns sicher, daß man unseresgleichen nicht findet zwischen Sebeto und Kanada.)[266]

---

[266] *Così fan tutte*, hrsg. Csampai/Holland, S. 180/181. – Medoro ist in Ariosts *Orlando furioso* ein Galan, der Angelica umwirbt und ihr Ehemann wird. Sebeto steht als alter poetischer Name für Neapel. Für die Version als Konzertarie (KV 584) hat Mozart den Text Da Pontes leicht verändert und «Sebeto» vermutlich aus Verständnisgründen durch «Vienna» ersetzt.

Das ist noch etwas deutlicher als das G-Dur Andantino «Non siate ritrosi» (Nr. 15). Guglielmo sprüht noch mehr als Ferrando von Sinnlichkeit und platzt vor Stolz auf seine Liebhaberqualitäten. Guglielmo wird deshalb auch in seiner sozialen Rollenidentität stärker verunsichert als Ferrando. Einerseits wirft er sich stolz in die männliche Brust, da er die Braut des Freundes ohne Rücksicht auf deren existentielle Nöte – «Mi fate morir», Ihr tötet mich, so stöhnt Dorabella – und empfindungslos gegenüber den Beziehungsverlusten der Betroffenen erfolgreich erotisch umgarnt. Andererseits wird der Kavalier in seiner männlichen Ehre zutiefst gekränkt, da er sich selbst als Liebesopfer empfindet.

Abb. 18: Paul Haferungs Vorhang für die Posener Inszenierung 1942

Guglielmo hatte es leichter mit Dorabella als Ferrando mit Fiordiligi. Eine Arie, ein Duett reichen aus, um Dorabellas leisen Widerstand rasch schmelzen zu lassen. Der Beau freilich heftet diesen Erfolg nur an seine Fahne. Er besteht darauf, der bessere Mann zu sein und nicht etwa seine Verlobte Fiordiligi für die treuere Frau zu halten. Guglielmos und Dorabellas Liebesduett folgt einem Schema[267], das schon Don Giovanni – freilich letztlich durch ungünstige Umstände immer erfolglos – angewandt hatte. Die Frau ist sich des männlichen Interesses bewußt und diesem durchaus zugetan. Nach dieser Voraussetzung richtet sich die männliche Verführungstaktik. Der Mann eröffnet das entscheidende Duett mit einem Vorschlag. Don Giovanni bittet um Zerlinas Hand, Guglielmo will sein Herz verschenken und fordert dafür Dorabellas:

«Il core vi dono,
Bell' idolo mio.
Ma il vostro vo' anch' io:
Via, datelo a me.»
(Nr. 23: Mein Herz schenke ich Euch, meine schöne Geliebte. Aber ich möchte das Eure. Nun, so gebt es mir!)

Die Frau sträubt sich und zögert noch. Guglielmos Herz wolle sie wohl akzeptieren, aber ihres könne sie nicht herausrücken, da sie es nicht mehr habe. Jetzt fühlt Mann sich erst richtig herausgefordert und Guglielmo forciert deshalb seine Überredungsbemühungen: Wieso das Herz denn dann noch in ihrem Busen klopfen könne? Frau wird schwach und Dorabella, die einen Vesuv in sich fühlt, gibt ihren halbherzigen Widerstand und die zögerliche Unterdrückung ihrer Gefühlseruptionen auf. Die Anspannung löst sich in der innigen Zuwendung zueinander. Don Giovanni konnte so viel Glück nicht mehr auskosten, da sich Donna Elvira unversehens einmischte. Dagegen unbeschwert im Andante Grazioso des F-Dur die muntere Übereinkunft der beiden Herzen von Guglielmo und Dorabella, die in glaubwürdiger Innigkeit den glückhaften Partnerwechsel plappernd bekunden:

«Oh, cambio felice
Di cori e d'affetti!
Che nuovi diletti
Che dolce penar!»
(Nr. 23: O glücklicher Wechsel der Herzen und Gefühle! Welch neue Freuden, welche süße Leiden!)

Im «batte, batte, batte»-Geschäker fängt das Paar Feuer. Die Leidenschaft steigert sich von Achtel- über Sechzehntel- zu Zweiunddreißigstelnoten. Die

---

267 S. dazu Stiefel, Mozart's Seductions, S. 152 f.

Pulse jagen. Er und sie sind je für sich ganz zufrieden mit dem Partnertausch, von dem beide aus unterschiedlichen Voraussetzungen und mit verschiedenen Perspektiven annehmen, daß der andere jeweils nichts davon weiß. Beide freilich wissen, daß der Preis für das neue Glück nicht nur neue Freuden, sondern auch süße Leiden bringen kann oder wird.

Abb. 19: Kleiderentwürfe für Fiordiligi in der Münchner Inszenierung 1941

Guglielmos Vergnügen, als unwiderstehlicher Verführer triumphiert zu haben, ist wenigstens ebenso groß wie die freudvolle Erfahrung einer erfüllten Liebe. Er amüsiert sich noch stürmisch mit der aufregenden Dorabella in der trügerischen und eitlen Annahme, ihm könne durch Fiordiligi nicht so mitgespielt werden. Um so wütender und um so schmerzerfüllter ist seine Reaktion darauf. Seine verletzte Eitelkeit und sein gedemütigter Stolz gewinnen über seine Zuneigung die Oberhand. In die selbstvergessene Fuge kann er deshalb später nicht einstimmen, und der Zauber erfüllt nur noch Ferrando und die Schwestern. Guglielmo reagiert schizophren – und hilflos. Eben noch hatte er mit einem spöttischen G-Dur Allegretto mit ungeheurer Genugtuung über den besiegten Freund dem bedauernswerten Ferrando mit einer herablassenden Lehre, die an Figaros «Aprite un po' quegl' occhi»[268] erinnert, die Augen zu öffnen und natürlich den Damen im Publikum die Leviten zu lesen sucht:

«Donne mie, la fate a tanti,
Che, se il ver vi deggio dir,
Se si lagnano gli amanti
Li comincio a compatir.»
(Nr. 26: Meine Damen, so macht ihr's mit vielen und, um die Wahrheit zu sagen, wenn sich die Liebhaber beklagen, dann beginne ich, sie zu verstehen.)

Doch schon sehr schnell darf er auch selbst die Bedeutung seiner Schlußworte als bittere Wahrheit ungeteilt auskosten:

«Che, se gridano gli amanti,
Hanno certo un gran perché.»
(Nr. 26: Wenn die Liebhaber protestieren, haben sie sicherlich allen Grund dazu.)

Und ob; denn Fiordiligis süße Kapitulation steht ja erst noch bevor und wird den selbstbewußten und sorglosen Draufgänger, der so gerne seinen Freund übertrumpft hätte, zu heftigen Wutausbrüchen verleiten. Fiordiligi, die nicht so rasch die Waffen strecken wollte wie ihre Schwester, läßt die Zofe zwei alte Uniformen der Verlobten holen, um so gewandet zusammen mit Dorabella den Kriegern ins Feld nachzueilen. Bezeichnenderweise will sie aber unbedingt in die Uniform Ferrandos schlüpfen, was den heimlich zusehenden Guglielmo noch nicht allzusehr zu stören scheint: «Si può dar un amor simile a questo?» (Rezitativ II, 12: Hat man je eine Liebe gesehen, die dieser gleicht?) Wie die Soldatenröcke in die Damengarderobe gelangt waren und was sie dort verloren hatten, bleibt unerfindlich. So kriegerisch ausstaffiert

---

[268] *Die Hochzeit des Figaro* (Fn. 220), S. 186/189: «Aprite un po' quegl'occhi,/ Uomini incauti e sciocchi,/ Guardate queste femmine,/ Guardate cosa son! [...] Maestre d'inganni,/ Amiche d'affanni/ Che fingono, mentono,/ Amore son sento,/ Non senton pietà,/ No, no, no, no!» (Öffnet mal etwas die Augen, unvorsichtige und törichte Männer, seht diese Weiber an, seht, was sie sind! [...] Meisterinnen der Täuschung, Freundinnen des Quälens, die betrügen, lügen, Liebe nicht fühlen, Mitleid nicht fühlen, nein, nein, nein, nein!)

war Fiordiligi drauf und dran gewesen, ins Feld zu ziehen; denn ihr hatte im innigen A-Dur Adagio vorgeschwebt:

«Tra gli amplessi in pochi istanti
Giungerò del fido sposo...»
(Nr. 29: In wenigen Augenblicken werde ich dem teuren Verlobten in die Arme sinken.)

A-Dur ist in Mozarts Opern die Tonart der Liebesduette, in denen unverstellt mit Leidenschaft und Hingabe die Geliebte umworben wird. In den Liebesduetten der vertauschten Paare wird die Vereinigung nach den Präferenzen der Wahlverwandtschaften vollzogen. In dieser Tonart unverstellten Liebesverlangens bittet der Verführer Don Giovanni Zerlina, ihm die Hand zu reichen, und in A-Dur fleht auch Ferrando «tenerissimamente» (wie die Regieanweisung das Liebeswerben als aufrichtig ausgedrückt wissen will) Fiordiligi an, ihn zu erhören.

Der uniformierte weibliche Mummenschanz führt vor, wie sehr Fiordiligi ihre alte Identität schon preisgegeben hat und sich ihren Lippenbekenntnissen zum Trotz schon auf den neuen Geliebten eingelassen hat. Fiordiligi hatte es sich sehr viel schwerer als Dorabella gemacht. Ihr Widerstand war härter zu besiegen gewesen. Sie macht sich nichts mehr vor: Das Spiel ist aus. Jetzt, wo sie sich insgeheim ihre Liebe zu Ferrando eingestanden hat, ist ihre Verzweiflung echt, braucht zum theatralischen Ausdruck nicht mehr die exaltierte Emphase von Treueschwüren auf Konventionen.

Die durchdringende chromatische Oboenphrase läßt den Schmerz ertönen. «Partite!» – nur weg von hier! Aber das Schicksal will es anders. Musikalisch zitiert deshalb Mozart an dieser Stelle den Takt 76 aus dem Quintett «Di scrivermi ogni giorno» (Nr. 9), in dem am Ende alle vereint die Grausamkeit des Schicksals besangen: «Il destin...». So zieht Fiordiligi nicht zu Guglielmo ins Feld, sondern wird von Ferrando auf dem Schlachtfeld der Liebe im letzten Gefecht besiegt. Ferrando unterbricht Fiordiligis A-Dur Arie mit seiner Moll-Klage:

«Ed intanto di dolore,
Meschinello, io mi morrò.
(Nr. 29: Und inzwischen sterbe ich Unglückseliger vor Schmerz.)

Damit wissen wir und sie, daß die Sache gelaufen ist. Weil Ferrando den Eindruck haben muß, Amor habe mit seinem Pfeil Fiordiligis Herz verfehlt, hilft er Fiordiligis Stimmungswandel ein wenig mit seiner Bereitschaft zum Liebestod nach. Schon Valmont hat skrupellos gedroht, sich sein angeblich sinnlos gewordenes Leben zu nehmen, um die tugendhafte Präsidentin von Tourvel umzustimmen. Und staunend erlebt der Schuft danach, wie er das Glück eines unbekannten Liebesreizes empfindet. Ähnlich geht es Ferrando. Mit der Drohung, notfalls ihre Hand zu führen, mit der sein eigener Degen sein Herz durchbohren sollte, will Ferrando Fiordiligi zum Bleiben nötigen.

> «Con quel ferro di tua mano
> Questo cor tu ferirai...»
> (Nr. 29: Mit diesem Eisen in deiner Hand wirst du dieses Herz durchbohren...)

Hier nimmt Mozart ironisch aus dem ersten Abschiedsquintett «Sento, oddio» (Nr. 6) die Töne von Dorabellas Gelöbnis auf, mit dem auch diese lieber ihr Herz als ihre Liebe opfern wollte: «Voglio pria cavarmi il core!» (Nr. 6: Eher will ich mir das Herz ausreißen!) Parole, parole!

Noch einmal zögert Fiordiligi ihre Niederlage hinaus. Sie verdrängt Ferrandos Moll und kehrt zu Dur zurück, allerdings nicht mehr ins so selbstgewiß klingende A-Dur, aber immerhin noch ins C-Dur, das in der Partitur die Drei-Kreuze-Vorzeichnung für A-Dur als letzten, leisen Hoffnungsschimmer beibehält. Da Ferrando aber jenes massive Geschütz mit der Androhung sich zu töten auffährt, beginnt Fiordiligis Standhaftigkeit zu wanken. «Cedi, cara!» Ferrandos flehentlicher Imperativ, viermal ausgestoßen, die Geliebte möge nun endlich nachgeben, zitiert fast wörtlich Guglielmos «Cedete, o cara!», mit dem der Verführer Dorabella zur Annahme eines Liebespfandes in Herzform bewogen hatte: «L'accetto.» (Rezitativ II, 5: Ich nehm's an.) So Dorabella kurz und bündig. Wenn es alle so machen, warum nicht auch Ferrando? Fiordiligis rhetorische Frage, was er um Himmels willen von ihr wolle, schwenkt schon auf sein Moll ein, und Ferrando kann nun seinerseits «tenerissimamente» Fiordiligis A-Dur vom Beginn wieder aufnehmen. Eine exquisite Oboenphrase kündigt Fiordiligis Kapitulation an. Jetzt hat sie Konventionen und damit auch Hemmungen abgelegt und ist zu allem bereit. Durch Täuschung war es Ferrando nicht gelungen, Fiordiligi zu gewinnen. Jetzt schwenkt er im Larghetto auf die Tonart ein, die durch die ganze Oper hindurch für Wahrhaftigkeit und Ernsthaftigkeit steht. Ferrando schwelgt in dieser Tonart, in der er schon die süße Labung des Liebeshauches (Nr. 17) besungen und in der

Fiordiligi ihre Liebestreue (Nr. 14) beschworen hatte. Der alte Liebestraum ist ausgeträumt, ein neuer könnte beginnen.

«Abbracciamci, o caro bene,
E un conforto a tante pene
Sia languir di dolce affetto,
Di diletto sospirar!»
(Nr. 29: Umarmen wir uns, mein lieber Schatz, und nach so vielen Qualen mag es tröstlich sein, in süßer Liebe zu vergehen, vor Wonne zu seufzen.)

Als erfolgreiche Liebhaber genießen die «cavaliere dell'Albania» als Eroberer im bitteren Sieg die kostbaren Augenblicke des Glücks voller Poesie mit den neu verteilten Schwestern. Das in der gesellschaftlichen Öffentlichkeit übliche Hofieren der Frau als Plaisir des Mannes und die Verpflichtung zu Liebesaffären für Ruhm und Ehre des Honnête Homme waren erfolgreich. Ein Pyrrhussieg.

Rollenwechsel der Herren: Als gescheiterte Verlobte regen sich die neapolitanischen Verlierer in ihrer schmachvollen Niederlage fürchterlich über die quicke Treulosigkeit ihrer Damen auf – und insgeheim wohl auch über ihre dadurch ja offenbar gewordene eigene Beliebigkeit sowie Austauschbarkeit. Ferrando ist verzweifelt, Guglielmo tobt. Fassungslos sind beide. Beleidigt und empört schäumt Mann über die Untreue von Frau – und weiß die offizielle Sittlichkeit hinter sich. Nichts als Heuchelei im Grunde, der gegenüber die weibliche Strategie ungeheuchelten Begehrens ins Hintertreffen geraten muß. Mann will sich nicht eingestehen, daß aus den gespielten und vorgetäuschten Gefühlen längst jene echten geworden sind, die die Musik seiner Arien ausdrückt. Philiströse Selbsttäuschung wiegt sich in ein trügerisches Sicherheitsgefühl und verhindert die Hingabe an die wahren Gefühle und richtigen Verbindungen.

Männerfreundschaft gerät zur Buhlenrivalität. Eifersüchtig sind die Freunde weniger aus Liebe zu ihren alten Verlobten als aus verletzter Eitelkeit. Ihre Siege haben ihre Niederlage eingeleitet. Ein jeder hatte die Rolle des anderen gespielt und sich selbst ausmanövriert. Was ein jeder als unbewiesenes Glück hochgepriesen hatte, ist vom anderen als Irrglauben an absolute Werte, als mangelnde Kenntnis des eigenen Ichs, als Täuschung in der Geliebten realisiert worden. Ein jeder beansprucht im Grunde beide Frauen. Damit verliert der Freundschaftsbund seinen einenden Wert und seine einigende Kraft, weil er an der individuellen, egoistischen Wunscherfüllung zerbricht. Die Ehemänner in spe sind drauf und dran, sich gegenseitig Hörner aufzusetzen und sich damit rückhaltlosem, hämischem Gelächter auszusetzen. Der Cornuto wird erschüttert in seinem Selbst und an seinem sozialen Ort.[269] Phantasie und Mütchen werden abgekühlt. Jetzt gewinnen Eifersucht und Wut die Oberhand, treiben einen Keil zwischen die Gesinnungsgenossen. Verletzte Eitelkeit und aristokratische Affekte relativieren die früheren glühenden Liebesseufzer und frenetischen Leidenschaftsversicherungen, lassen die Galantuomini in schizophrener Bestürzung zurück. «...una donna che non val due soldi» (Rezitativ II, 8: ...eine Frau, die keine zwei Groschen wert ist) befindet etwa Guglielmo hochmütig und süffisant, sicher wenig freundschaftlich, über seines Kumpans Ferrando Verlobte Dorabella. In seinem Sieg sieht Guglielmo auch den Beweis dafür, daß seine Verlobte Fiordiligi die bessere der beiden Schwestern und demzufolge seine richtige Wahl war. Und natürlich hält er sich auch für die erste Garnitur der beiden Freunde: Nein, ihn betrügt Frau nicht! Der Herzog von Mantua weiß es besser: «La donna è mobile!»

Die Frauen sind beherzt entschlossen, sich ohne weitere Verzögerung dem neuen Glück anzuvertrauen und sich der wahren Liebe hinzugeben. Die zweite Verlobungszeit ist dann doch recht kurz. Flugs ist man noch vor Anbruch der Dunkelheit immerhin ein und desselben Tages zur Doppelhochzeit mit den Siegern bereit. Was österreichischer Staatsräson als Maxime seit jeher billig ist, kommt den verlassenen Kriegsbräuten gerade recht: «Bella gerant alii, tu, felix puella, nube!»[270] Ihre Ex-Verlobten lassen sie Kriege führen, während sie, die glücklichen Frauen, heiraten. Es erscheint nach den Moralvorstellungen der Zeit nicht im geringsten anstößig, daß sogleich eine Heirat ausgehandelt wird. Der naturrechtliche Anspruch auf Glückseligkeit säkularisiert die Ehe zu einem individuell geschlossenen Vertrag zwischen gleichen Partnern. Daß die Wirklichkeit oft ganz anders aussah und die häuslichen Pflichten recht ungleich verteilte, steht wieder auf einem anderen Blatt. Und erneut erliegen Mann und Frau den sozialen Zwängen. Eben haben sie doch

---

269 S. dazu Wunderlich, Werner: Hahnrei, Hahnreiter. In: Enzyklopädie des Märchens, Bd. 6. Berlin, New York 1988/90, Sp. 378-383.

270 «Bella gerant alii, tu, felix Austria, nube!/ Nam quae Mars aliis, dat tibi regna Venus!» (Kriege führen lasse die anderen, du, glückliches Österreich heirate! Denn die Mars anderen gibt, die Königreiche gibt dir Venus!) Das humanistische Epigramm ist auf die geschickte Hausmachtpolitik Maximilians I. gemünzt. Dieses viel zitierte Distichon spielt an auf Ovids *Heroides* 13,84: «Bella gerant alii! Protesilaus amet.» (Kriege mögen andere führen, Protesilaus soll lieben.) – S. dazu Bartels, Klaus: Veni Vidi Vici. Geflügelte Worte aus dem Griechischen und Lateinischen. 9. Aufl. Darmstadt 1992, S. 48.

noch erfahren, daß passionierte Liebe keiner moralischen Begründung bedarf, keiner trügerischen Dauergarantie durch Eheschließung, keiner Sanktionierung durch die Gesellschaft. Eben haben sie noch innerhalb eines kurzen Tages an Leib und Seele erlebt, daß die Begründung rückhaltloser Liebe die Kürze des Lebens und nicht seine Dauer, schon gar nicht das ewige Leben ist. Und doch sucht die Liebe der Damen sich nach Don Alfonsos Hochzeitsvorschlag im sicheren Ehekontrakt juristisch und ökonomisch neu zu formulieren und sich stabile Dauer zu verleihen; denn der sehr nachdrückliche Wunsch nach sofortiger Heirat nach dem erlebten Verdruß der Wartezeit kommt von Fiordiligi und Dorabella. Schließlich hatte Frau sich ja schon beim ersten Auftritt nach dem Ehestand gesehnt.

Abb. 20: Despina verkleidet als Wunderdoktor und als Notar

Und so teilt Despina den etwas verdatterten Bräutigamen mit:

«Vittoria, padroncini!
A sposarvi disposte
Son le care madame [...]

L'ordin mi diero
Di trovar un notario
Che stipuli il contratto [...]»
(Rezitativ II, 14: Viktoria, ihr jungen Herren! Die werten Damen sind geneigt, euch zu heiraten [...] Sie befahlen mir, einen Notar zu suchen, der den Ehekontrakt aufsetzt [...])

Diesmal soll tatsächlich ein Vertrag die passende Verbindung so rasch wie nur irgend möglich besiegeln. Noch einmal will sich Frau nicht in gepflegter Langeweile nach dem Geliebten verzehren. Ein Hochzeitsdinner wird unter der Regie von Despina vorbereitet. Dienerschaft und Musiker stimmen einen feierlichen Chor an, der den Brautpaaren in der deftigen Ausdrucksweise des unverbildeten Volks die Fruchtbarkeit von Hennen wünscht. Die Melodie des Chores (II, 16) klingt mit einem Thema aus, das auf Don Giovannis Begrüßung der drei Masken an seinem Fest anspielt: «Viva la libertà!» Dort wird dieser Willkomm zum Thema eines kurzen Ensembles, das Donna Elvira, Donna Anna, Ottavio, Don Giovanni und Leporello in der Wiederholung des Begrüßungsmottos vereint. Im Nachklang zu den guten Wünschen des Chores für den Kindersegen der künftigen Ehepaare und angesichts der kommenden Entscheidung, die Freiheit zur Liebe zu knebeln und in die alten Verbindungen zurückzukehren, klingen die Trompeten mit dem Motto des Libertins an dieser Stelle fast wie Hohn.

Die Paare nehmen Platz, Despina erscheint als Advokat. Ihre von Mozart «pel naso» vorgeschriebene näselnde, akribische Verlesung des Heiratskontraktes ist eine ergötzliche Parodie auf notarielle Pedanterie. Hier wird im komödiantischen Travestimento das tolle Spiel mit der Ordnung zuchtvoller Sittsamkeit auf die Spitze getrieben. Die Eile des Vertragsabschlusses zeugt von dem festen Willen, sich die Gelegenheit nicht entgehen zu lassen und die Liebhaber am Schopf zu packen. So ein vertraglich gesichertes Jawort würde umfassend die gestörte soziale Ordnung wiederherstellen und die verstörte Seele mit sich aussöhnen. Aber natürlich träumen die zärtlich und sinnlich umworbenen Bräute auch den Traum von einer ehelich verwirklichten Liebesgemeinschaft; sie nehmen gleichsam Freuds Vorstellung vom Liebesverhalten als Seelenbindung und Sinnenlust in der Sehnsucht nach Liebesheirat und der Hoffnung auf Liebesehe – unbewußt natürlich – vorweg. Außerdem würden dann Trieb und Moral wieder Recht und Gesetz; kein schwacher Anreiz für eine Hochzeit in einer Gesellschaft mit so prüden offiziellen Sitten. Nein, laxe Moral wird man den Schwestern, die als einzige den Ehevertrag tatsächlich unterschreiben, nicht vorwerfen können!

Schade eigentlich, daß die Schwestern des Grafen Einsicht aus Goethes *Wahlverwandtschaften* noch nicht kennen können:

> «[...] und leider haben überhaupt die Heiraten [...] etwas Tölpelhaftes; sie verderben die zartesten Verhältnisse, und es liegt doch eigentlich nur an der plumpen Sicherheit, auf die sich wenigstens ein Teil etwas zugute tut. Alles versteht sich von selbst, und man scheint sich nur verbunden zu haben, damit eins wie das andre nunmehr seiner Wege gehe.»[271]

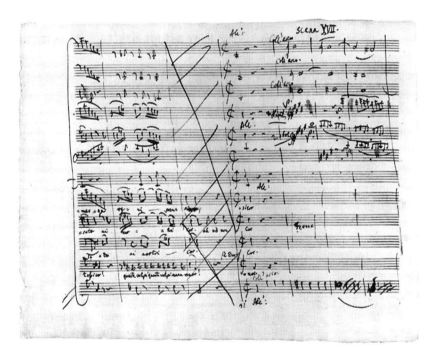

Abb. 21: Autograph der Partitur, Blatt 285ʳ: Beginn der 17. Szene des 2. Aktes

In der allgemeinen Seligkeit, die sich in der selbstvergessenen Vorfreude auf die Hochzeit ausbreitet, wird dann aber jener Hochzeiter doch schlagartig ernüchtert, der durch die Untreue seiner Fiordiligi in seiner Ehre stärker gekränkt ist als durch die Liebe zu Dorabella gefangen. Der Kanon ist im

---

271 *Die Wahlverwandtschaften* (Fn. 196), S. 83.

doppelten Sinne zu hoch für den Bariton, der abseits stehen muß – mit der eigenen Musik, mit dem eigenen Text. Das Ensemble schildert gleichzeitig hingebungsvolle Innigkeit und maßlose Wut darüber. Der perplexe Guglielmo kann's und will's nicht fassen, was sich da vor seinen Augen tut, und er entrüstet sich während des innigen As-Dur Liebeslarghettos des Finales wutbebend, aber vor allem doch auch scheinheilig im Parlando à part:

«Ah, bevessero del tossico,
Queste volpi senza onor!»
(Nr. 31: Ach, tränken sie doch Gift, diese ehrlosen Füchsinnen!).

Ehrlose! Hier ist das entscheidende Stichwort. Der Treuebruch wird als Anschlag vor allem auf die gesellschaftliche Ehre gesehen. Mehr als die erotische Enttäuschung fürchtet der wütende Guglielmo das beschädigte gesellschaftliche Renommé als Kavalier und Offizier. Er glaubte zweifacher Sieger zu sein und fühlt sich jetzt doppelt betrogen. Guglielmos verletzte Männlichkeit überwiegt seine augenblickliche Hingabe an die Macht der Liebe. Also ist auch dieses Gefühl nur Vorwand egoistischer sozialer Interessen.

Die anderen drei prosten sich selbstvergessen und traumverloren zu, begleitet von einem Thema, das aus dem Finale des Konzertes für Klavier in Es-Dur (KV 482) des Jahres 1785 stammt. Für einen kurzen Augenblick begreifen sie die einmalige Chance elementarer Selbstverwirklichung in neu entdeckter Liebeslust und neu erlebter Liebeswonne. Deshalb wollen sie die Vergangenheit tilgen:

«E non resti più memoria
Del passato, ai nostri cor.»
(Nr. 31: ...und jede Erinnerung an die Vergangenheit weiche aus unseren Herzen.)

Was Peter von Matt über die Widersprüchlichkeiten des «Liebesverrats» sagt, gilt uneingeschränkt auch für diesen Fall:

«*Wer liebt, hat recht.* So wenig sich das Axiom begründen läßt, ja so sehr man die Formel mit guten Argumenten in ihr Gegenteil verkehren könnte – wer liebt, ist ungerecht, handelt ungerecht, kann gar nicht recht haben –, so unbezweifelbar macht doch der Grundsatz als unmittelbare Erfahrung die Mitte aller Liebestragödien aus, bestimmt er die charakteristische Spannung zwischen unvereinbaren Handlungsnormen,

die sich in den Geschichten von Liebesverrat, von den Treulosen und
den Verlassenen, den Betrügern und den Betrogenen entwickelt.»[272]

Die Sinnentrunkenheit des Quartetts und die utopische Liebesvision des Trios
verfliegt deshalb rasch und weicht einer allgemeinen Ernüchterung. Freilich,
die Vernunft lassen die Beteiligten danach nicht walten. Auf eine Analyse
ihrer Situation und ihrer Gefühle verzichten sie, weil es ihnen an der
Fähigkeit mangelt, ihren neuen Verhältnissen in gegenseitiger Verständigung
und mit wechselseitigem Verständnis auf den Grund zu gehen. So bleibt nur
die Irritation über das erlebte Paarungsverhalten.

Musikalisch führt Mozart die entstandene Verwirrung in jenen Töne der
Liebe vor, die in der kompositorischen Montage verschiedener Zitate aus den
vorangegangenen Stücken erklingen. Damit wird Täuschung entlarvt und die
Wiederherstellung des privaten «Ancien Régime» vorbereitet. Abgründig geradezu die melancholische Wiederkehr jener Melodie, mit der Ferrando Fiordiligi doch eben noch umgestimmt hatte. Just in dem Augenblick, als die neuen
Paare später vom seligen Glück und Heirat träumen, stimmt Fiordiligi die
Melodie ihres Rondos «Per pietà» (Nr. 25) an und läßt sie in den innigen
Kanon münden, so als hätte sie nie Gewissensbisse gehabt und als sei nun die
Zeit zum Stillstand gekommen.

> «Tutto, tutto, o vita mia,
> Al mio fuoco or ben risponde.»
> (II, 16: Alles, alles, o mein Leben, schürt nun meine Glut.)

So säuseln Ferrando und Guglielmo, und Fiordiligi und Dorabella hauchen
selig:

> «Pel mio sangue l'allegria
> Cresce, cresce e si diffonde.»
> (II, 16: In meinen Adern schwillt die Freude, sie schwillt und breitet
> sich aus.)

Dieser Kanon im Larghettotempo zeigt Mozarts hervorragend ausgeprägtes
operndramatisches Verständnis. Es ist die letzte trügerische Ruhe vor dem
wütenden Sturm. Der Autograph zeigt, daß Mozart ursprünglich Dorabella

---

272 von Matt, Peter: Liebesverrat. Die Treulosen in der Literatur. München, Wien
1989, S. 21.

ihre Partie entsprechend der Melodienführung von Ferrando und Fiordiligi fortsetzen lassen wollte. Dann aber hat er den Abschluß dieses Teils notiert und nach den 21 Larghettotakten im Allegrotempo die Aktion mit dem Auftritt Despinas als Notar fortgesetzt.[273] So verfliegt die musikalische Stimmung innerlicher Ruhe und innigen Einhaltens sehr rasch. Ohne Wenn und Aber – geltende Konvention und herrschende Moral werden nicht abgeschafft. Kaum ist der Hochzeitsvertrag von den ehewilligen Damen unterzeichnet, stellen sich deren alte Verlobte wieder ein.

---

273 S. dazu Klein, Hans-Günter: Komponiert ist schon alles – aber geschrieben noch nicht. Über Kompositionsprozesse während der Niederschrift: Beobachtungen an den Autographen Mozarts. In: Wolfgang Amadeus Mozart. Componieren – meine einzige freude und paßion. Autographe und frühe Drucke aus dem Besitz der Berliner Staatsbibliotheken. Eine Ausstellung zum 200. Todestag des Komponisten vom 5. Dez. 1991 bis zum 8. Febr. 1992 in Berlin. Wiesbaden 1991 (Ausstellungskataloge/Staatsbibliothek Preußischer Kulturbesitz 40), S. 11-17, hier S. 14.

Plural und Geschlecht

Ein Rücktausch als Nachspiel

Zwei Damen aus Ferrara haben keine Wahl, weil der Ehrgeiz einer neuen Verbindung ihre individuellen Kräfte und ihre gesellschaftlichen Möglichkeiten übersteigt. Die Utopie einer Liebesglückseligkeit scheitert am männlichen Veto. Auf Unterschiede zwischen vorgetäuschter oder aufrichtiger Passion kommt es jetzt nicht mehr an, weil das Sicheinlassen auf Liebe nach dem Ehrenkodex der Herren nur noch die paradoxe Möglichkeit zuläßt, sich selbst und auch die anderen zu täuschen.

Ferrando und Guglielmo durchleiden eine «amour passion»: Sie quälen sich mit der unerfüllt bleibenden neuen Liebe, mit der gescheiterten alten, mit der Untreue ihrer Verlobten, mit ihrer eigenen Eifersucht und vor allem mit der Demütigung ihres sozialen und geschlechtlichen Selbstwertgefühls. Jetzt werden die wirklichen Probleme präsent und virulent. Was Luhmann über «Liebe als Passion» konstatiert, wäre als Forderung an die beiden Heimkehrer zu richten:

«Gefühl ist – und das ist das Neue daran – nicht mehr nur aktivierte Passion; sondern Gefühl muß jetzt, wenn es die Tiefenprobleme existentieller Unaufrichtigkeit lösen soll, als *urteilsfähig in bezug auf sich selbst* begriffen werden und damit auch als urteilsfähig in bezug auf die Liebe.»[274]

Damit aber sind die beiden überfordert. Das sich selbst beurteilende Gefühl entwickelt nur Selbstmitleid, Selbstverleumdung und Selbstliebe. An der wahren Liebe scheitert es. Der ungezügelte Eros erscheint ihnen letztlich so verderbenbringend, daß sie seiner gesellschaftlichen Realisierung widerstehen, weil sie fürchten, dadurch mit ihrer Umgebung in Konflikt zu geraten. Das Realitätsprinzip verdrängt gleichsam das Lustprinzip. Die Herren Kameraden drücken sich unisono in einer unheiligen Allianz mit dem Vernünftler und unter wechselseitiger Schützenhilfe vor Wahrheit und Wahrhaftigkeit, und sie schaffen erneut ein Fait accompli. Bestürzt über ihrer aller

---

274 Luhmann, Niklas: Liebe als Passion. Zur Codierung von Intimität. Frankfurt a.M. 1982, S. 134.

Wandlung haben die zwei längst für alle vier entschieden, daß alles beim alten bleiben soll. Nicht Feigheit vor dem Feind ist diesen Kriegern vorzuwerfen, sondern ein totales Versagen an der Liebesfront.

Ihre moralische Mediokrität und ihre mangelnde Courage läßt die Fahnenflüchtigen in eine Ehe mit den vorherigen Partnerinnen fliehen, wo die Hypotheken natürlich ungerecht verteilt werden. Kaum nämlich sind die Unterschriften des Heiratsvertrages getrocknet, ertönt das Signal: Mann kommt zurück vom kürzesten aller Feldzüge, der für seine Teilnehmer mit einem Scheinsieg und einer faktischen Niederlage zugleich endete. Kein Sieger kehrt heim zur Marschmusik aus dem ersten Akt. Kein klingender Triumphmarsch wird den Heimkehrenden geblasen. «Nulla salus bello, pacem te poscimus omnes!»[275] Diese Einsicht Vergils – Niemals bringt Gutes der Krieg, dich Frieden ersehnen wir alle – kehrt sich für die entsetzten Frauen ins Gegenteil.

Mann gibt sich irritiert über die Anwesenheit eines Notars, Mann ist entrüstet über den vorgefundenen Ehevertrag. Zuerst spielt Mann den Getäuschten, dann gibt Mann die Verkleidungsrolle preis, aber seinen niederträchtigen Täuschungsversuch nicht zu. Auf die übelste Weise erniedrigen die Liebhaber ihre Geliebten vor Zeugen. Despina lüftet ihre Perücke, gibt sich zu erkennen und kränkt damit die Gefühle der Schwestern noch mehr. Kein Protest der hilflosen Frauen gegen diese Kabalen. Der Feldzug endet mit der Selbstunterwerfung der unbesiegten Frauen unter den Willen der Männer. Die Offiziere lassen ihre Verlobten zum demütigenden Rapport antreten. Ohne Zögern geben Dorabella und Fiordiligi ihre Persönlichkeit, ihre Hoffnungen, kurz ihre Identität noch eilfertiger auf als sie die Ehe eingehen wollten. Es war alles nur das abgekartete Spiel einer gänzlich fehlgeschlagenen Kriegslist. Rückgängig zu machen im Handumdrehen?

Nein, sicher nicht; denn die Demaskierung der Liebhaber ist zugleich die Entlarvung ihrer Unaufrichtigkeit den eigenen Gefühlen und vor allem denen ihrer Liebhaberinnen gegenüber. Die Liebenden haben sich gegenseitig die Identität und schlimmer noch: die Glaubwürdigkeit geraubt. Das Sotto Voce des Schlußgesangs, in dem Alfonso als eilfertiger Kuppler rasch die Hände derer ineinanderlegt, die sich längst entglitten sind, will nicht die Stimmigkeit der Lösung ausdrücken und will schon gar keine Moral verkünden. Der sich als Initiator kritischer Neubesinnung präsentie-

---

275 Geflügelte Worte. Der Zitatenschatz des deutschen Volkes gesammelt und erläutert von Georg Büchmann. 32. Aufl. vollst. neubearb. von Gunther Haupt und Winfried Hofmann. Berlin 1972, S. 545.

ren wollte, war mit der gleichen Blindheit und Verbohrtheit am Werke wie die beiden «Kriegsveteranen», denen es auch allein um die Präsentation des Ich gegangen war. Der eingebildete Connaisseur weiblicher Psyche und Natur hat im Grunde nichts begriffen. Seine Lebensphilosophie, die glaubt, mit abstrakter Vernunft und heiterer Gelassenheit alles meistern zu können, ist gescheitert. Die gedämpften Stimmen verbrämen nur das Fiasko als heiter-besinnliche Meditation, die die vier vor dem reißenden Strom ihres anarchischen Gefühlslebens zu bewahren vorgibt. Die Fügung ist Unvermeidliche als billiger Trost:

«Fortunato l'uom che prende
Ogni cosa per buon verso
E tra i casi e le vicende
Da ragion guidar si fa.
Quel che suole altrui far piangere
Fia per lui cagion di riso
E del mondo in mezzo ai turbini
Bella calma troverà.»
(Nr. 31: Glücklich der Mensch, der alles von der guten Seite nimmt und in den Wechselfällen des Lebens sich von der Vernunft leiten läßt. Was andere gewöhnlich zum Weinen bringt, das ist für ihn ein Grund zum Lachen; und mitten in den Stürmen der Welt findet er seine gute Ruhe.)

Eine Haltung, die schon die Priesterin Lokutia in Sonnenfels' Schrift *Das weibliche Orakel* als Einstellung den Männern empfohlen hatte:

«Der Weise kämpft nicht wider das Schicksal: er weiß es gelassen zu tragen – So trösteten sich die Männer, und fanden Beruhigung in der Vorstellung: wer kann wider die Natur streiten?»[276]

Der «dernier cri» der Oper, eine Lebensweisheit heiterer Vernunftfreiheit, die von der Musik des Lieto Fine im strahlenden C-Dur stürmisch unterstrichen wird? Epikurs philosophisches Ideal der Atarxie als tröstliche Lebensaussicht? Die Sache ist noch einmal gutgegangen? Das Happy End, das die Vorgänge bereinigt? Vernunft als Kontrollinstanz der Emotionen? Auch hier widerlegt die Musik die Worte als Illusion und Trug, da die mu-

---

276 Sonnenfels gesammelte Schriften, Bd. 5 (Fn. 79), S. 121.

sikalischen Turbulenzen des Orchesters nicht zur Stille passen wollen, von der gesungen wird. Der Gesang lenkt nur von der persönlichen Misere aller ab: Die dem Eros und der Liebe auferlegten Beschränkungen erscheinen um so rationaler, je universeller sie als gesellschaftlicher Gesamtanspruch ausgegeben werden. Als Vernunft gilt den Herren das Vermögen zur Selbstbestimmung nur dann, wenn es planvoll und widerspruchsfrei nach einem allgemein gültigen und gesellschaftlich anerkannten Endzweck denkt und handelt. Moral ist das Regulativ, das dem einzelnen und der einzelnen die Gesetze des Schicklichen und Ehrbaren zu wahren aufgibt. Dies ist die Norm, nach der die Mitglieder der Gesellschaft sich kontrollieren. Diese Norm wirkt auf die vier Betroffenen als gleichsam objektives Gesetz. Die Rationalität wird als soziale Autorität zu einem Gewissensfall und bewirkt indoktrinär die vernünftige Selbstbeherrschung der Individuuen, die ihre kreatürlichen Neigungen disziplinieren lernen.

Das Lachen der Aufklärung als Befreiung zu freiem Vernunftgebrauch in der praktischen Lebensführung wird aber von niemandem mehr angestimmt. Die Oper endet vorher. Alfonso hatte das Lachen als ultima ratio empfohlen, um über die Enttäuschungen und Täuschungen hinwegzukommen:

«Tutti quattro ora ridete,
Ch'io già risi e riderò.»
(II, 18: So lacht denn ihr vier alle zusammen. Ich habe schon gelacht und werde es weiter tun.)

Freilich, dem düpierten Quartett bleibt das Lachen im Halse stecken. Aus welchem Grunde gäbe es denn auch Anlaß zum Lachen? Aus Lebensfreude? Die ist ihnen in diesem Augenblick gründlich vergällt. Unbeschwertes Lachen über die Freiheit des Spiels mit der Wirklichkeit will sich nicht einstellen. Saturnalisches Lachen als Verurteilung unsinniger, antiquierter Wertvorstellungen und als Befreiung von geltenden Lebensformen? Die aber sind ja gerade wieder restauriert worden. Erlösendes Lachen über die Freiheit von falschen Meinungen, die Lebensglück verstellen? Beileibe nicht. Bleibt Alfonsos weises Lachen, daß es zum Trost für ein schlechtes Ende eine gute Moral gibt. Mit einer Weisheit aber, die auf Vernunft gründet und mit deren Hilfe man die Welt meistert, hatte das Experiment vorher, hat sein Resultat jetzt und haben dessen Auswirkungen künftig nichts zu tun; denn gerade die Irrationalität menschlicher Gefühle hat über alle rationalen Berechnungen triumphiert. Die gute Moral ist eine Floskel, und zwar jene Floskel des Ouvertürenschlusses. Bleibt allenfalls ein verlegenes

Lachen, das beschämt die Selbsttäuschung als Botschaft jener Floskel einräumt. Das könnte man bei einigem guten Willen von Alfonso und seinen Schülern erwarten. Aber nichts von alledem. Es ist nur ein Lachen törichter Selbsttäuschung, die ihr Scheitern als banale Binsenweisheit über die Wechselfälle des Leben kompensiert.

Die Konfliktlösung folgt der sozialen Moral und destablisiert nicht die gesellschaftliche Ordnung, so freizügig vielleicht auch die Vision im Spiel gewesen sein mag. Ein kläglicher Rationalismus, der dies als Unzulänglichkeit der Welt akzeptiert und hilflos rät, sich mit einem resignierenden Lächeln mit den Verhältnissen zu arrangieren. Diese unfrohe Einsicht und Aussicht erhellt das Licht der wahren Aufklärung: Die letzte Szene spielt in einem grell erleuchteten Saal. Gleichsam im Lichte einer Goetheweisheit werden darin alle Beteiligten mit ihren begrenzten Erkenntnismöglichkeiten vorgeführt,

«…als doch überall nur *eine* Natur ist und auch durch das Reich der heiteren Vernunftfreiheit die Spuren trüber, leidenschaftlicher Notwendigkeit sich unaufhaltsam hindurchziehen, die nur durch eine höhere Hand und vielleicht auch nicht in diesem Leben völlig auszulöschen sind.»

Goethe hat sich so über die *Wahlverwandtschaften* in einer Selbstanzeige vom 4. September 1809 im *Morgenblatt für gebildete Stände* geäußert.[277]

Was sich die Beteiligten unter dem fadenscheinigen Deckmäntelchen einer pseudo-stoischen Ethik trostspendend versichern, ist nur eine fade Redensart, deren unverbindliche Binsenweisheit vor dem konkreten Fall versagt. Mit derartigen Maximen übertüncht man das zerstörte Glück nicht. Die Oper hat in der unentrinnbaren Verwirrung der Gefühle die Problematik unrealistischer Treuekonventionen und unberechenbarer Leidenschaften vorgeführt. Und entgegen ihres dezidiert geschlechtsspezifischen Titelanspruchs erteilt sie Männern wie Frauen gleichermaßen die Lehre, daß es so etwas gibt und immer geben kann. Freilich, gute Ratschläge, wie diese Problematik im Leben bewältigt werden könnte, erteilt die Oper nicht. Rationalität hat die Unwägbarkeit menschlichen Verlangens und seiner Triebhaftigkeit zwar identifiziert, aber sie hat unvernünftigerweise den Wirkungsbereich allein in der weiblichen Natur isoliert und die tatsächlichen Auswirkungen ignoriert, weil sie einer gesellschaftlichen Vernunftordnung zuwiderlaufen würden. In der Rationalität, die Alfonso vertritt, hat eine freie Partnerwahl, die bestehende Verhältnisse revidiert, offenbar als Anarchie keinen Platz.

---

277 Zit. nach Ritzenhoff, Goethe. *Die Wahlverwandtschaften* (Fn. 193), S. 5.

Hinter den konstruierten Ordnungen einer künstlichen Harmonie und ihrer rhetorischen Rechtfertigung rumoren die existenziellen Bedürfnisse und toben die natürlichen Triebe. Libido und Liebe lassen sich nicht zwangsvermählen, sie müssen sich frei füreinander entscheiden dürfen – oder auch nicht. Gefühle, erotische zumal, Bedürfnisse, sexuelle allemal, lassen sich nicht durch rationales Kalkül planvoll verdrängen oder intrigant steuern. Wie hatte Alfonso, der Philosoph, das in seinem Andante (Nr. 30) raffiniert umschrieben? «Necessità del core»! Herzensangelegenheit – etwas beschönigend übersetzt. Aber so eine «neccessità» ist natürlich nicht auf die Frau als gewissermaßen triebhaftes Naturwesen beschränkt. Schließlich hat dieses «Naturgesetz» Alfonsos grammatische Altherrenvorstellung von der exklusiven Unbeständigkeit allein der Frauen widerlegt. Auch Ferrando und Guglielmo waren ja unversehens von sehr heftigen Leidenschaften bewegt gewesen. Nun hat das Herrentrio diese Wirklichkeit als Wahrheit am Ende zwar gesichtet, aber will sie partout nicht wahrhaben. Der musikalische Kehraus entlarvt die Gesten und Bekenntnisse der paarweisen Viererkonstellation als pure Heuchelei.

«Bella calma», die schöne Gelassenheit in Ruhe und Stille, beschwört hier denn auch weder die philosophische Seelenruhe gegenüber irdischen Wirrnissen noch den romantischen, verzauberten Augenblick der Erinnerung oder des Träumens. Nicht die beglückende Lebensaussicht, die bedrückende Lebensphase wird damit angesprochen. Dieser sichere Hafen der Ehe, in den das reichlich ramponierte Schiff, mit dem die Offiziere so leichtherzig aufgebrochen waren, nach den Sinnenstürmen geflüchtet war, verspricht die Stille der Stagnation. Kein Antrieb oder Impuls wird das Lebensschiff wieder in Bewegung setzen, um Liebesleidenschaften anzusteuern.

Sind also jetzt wirklich alle, die da während des Schlußgesangs mehr oder minder irritiert herumstehen, wirklich klüger, «più saggi» wie Alfonso ihnen – vielleicht begütigend, gewiß aber sich damit selbst rechtfertigend – konziliant unterstellt? Klüger wohl kaum, aber immerhin doch um eine Erfahrung aus der Schule der Liebenden reicher. «La scuola degli amanti» – von Da Ponte als alleiniger Werktitel gebraucht – wird nämlich nicht nur von den Liebhabern, sondern von allen Liebenden besucht. Das substantivierte Partizip «amante» bezeichnet ja beide Geschlechter und kann ‹der Liebende› wie ‹die Liebende› bedeuten. Und als wahre Lebensschule kennt diese Erziehungsanstalt «La scuola degli amanti» natürlich nur das Prinzip der Geschlechterkoeduktion. Die verfängliche Wette hat denn auch eine «scuola», eine Lehre, zur Folge, die das im ersten Teil des Operntitels zitierte Motto des alten Lehrmeisters im zweiten Teil konterkariert und damit alle vier, die männlichen und die weiblichen Liebenden betrifft. In Grundfragen menschlichen Daseins helfen heroische Posen und emphatische Phrasen, hochfliegende Schwüre und eitle Allüren nicht weiter. Unglaubwürdige Ideale halten der Realität nicht stand. Uneingestanden wissen das jetzt alle. Doch mit welchen Folgen? Was sich als Reue gebärdet und als Läuterung ausgibt, hält es auch einer strengen Lernzielkontrolle später statt? Haben Mann und Frau die Reifeprüfung bestanden? Darüber wird kein Zeugnis ausgestellt. Wohl aber herrscht Ernüchterung ob gemachter Erfahrung: Liebe kann simuliert werden und dabei doch im Ernstfall enden und jeden um Verstand und Vernunft bringen. Verführbarkeit ist natürlich und echte Liebe scheut nicht die Leidenschaft, die mehr will als sexuelle Erregung. Die Echtheit der Gefühle wird nicht durch Konventionen garantiert und ist schon gar nicht durch das Geschlecht privilegiert. Deshalb verträgt die Liebe keinen Wahrheitsbeweis.

Und was fängt das neu gemischte, alt verbundene Quartett mit der Erkenntnis an, daß sie alle einer Lebenslüge aufgesessen waren? Etwas verschnupft die Herren, etwas enttäuscht die Damen, findet man sich mit etwas angestrengtem Optimismus wieder in den alten Verbindungen zusammen. Aber wird man sich in diesen auch noch zurechtfinden? Wohl kaum. Wahrheit kam schließlich durch Lüge ans Licht, Wirklichkeit wurde als Täuschung erlebt. Niemand ist dabei ungeschoren davongekommen. Man muß nur richtig hinhören: Das f-Moll des Sotto Voce, eingebettet in das C-Dur, relativiert eben das Lieto Fine. Die Musik weiß vom Leid und vom Schmerz aller. Wieder ist die Musik – wie schon im *Figaro*-Finale – das eigentliche Medium der verdrängten Gefühle und verwirrten Gemüter. Freilich, dort konnten nach aufrichtig gemeinten Vergebungsbitten und Versöhnungsgesten «tutti» im Brustton der Überzeugung von der Zufriedenheit und Freude aller im Allegro Assai beherzt einen glimpflichen Ausgang und ein glückliches Ende besingen:

«A tutti contenti
Sa remo così.
Questo giorno di tormenti,
Di capricci, e di follia,
In contenti e in allegria
Solo amor può terminar.»
(Ah, so werden wir alle zufrieden sein. Diesen Tag der Leiden, der Verrücktheiten und Tollheiten in Zufriedenheit und Freude zu beschließen, ist nur die Liebe fähig.)[278]

---

278 *Die Hochzeit des Figaro* (Fn. 220), S. 208.

Freilich, in Schloß und Park des Grafen Almaviva waren die äußeren Hüllen nur getauscht worden, um am Ende genau diese Hüllen fallen zu lassen, unter denen Aufrichtigkeit und Liebe verborgen worden waren, die dann ohne Verstellung gezeigt wurden.

Und wozu ist die Liebe hier am Ende dieses Tages der Leiden fähig? Entgegen gesellschaftlicher Konvention gewähren die Herren großzügig Versöhnung, ganz im Sinne des Common Sense, den Alfonso so gönnerhaft vertritt. Die Schuldfrage zu stellen, wäre angesichts der eigenen Schuld wohl doch ein zu großes Risiko. Außerdem war es in der Wette ja um ein naturbedingtes, nicht um ein schuldhaftes Verhalten gegangen: Daß Unverläßlichkeit der Gefühle geschlechtsbedingt angeboren sei, war Don Alfonsos Lehrmeinung, die nach der Überzeugung aller drei Herren sich am Ende bestätigt hat. So gilt es jetzt ihrem Standpunkt nach Schlimmeres zu verhüten.

Öffentlicher Anstand und gesellschaftliches Ansehen werden gerettet, die moralische Konvention wieder hergestellt. Aber Versöhnung? Was Alfonso so barsch anordnet und so forsch inszeniert, geschieht ohne die innere Überzeugung des zutiefst verunsicherten Quartetts und demonstriert eigentlich die scheiternde Konfliktbewältigung. Hier kniet kein innerlich erschütterter Almaviva mehr, vor allen Anwesenden alle Aristokratenattitüde überwindend, um «in tono supplichevote», flehentlich, wie das Libretto vorschreibt, seine Gattin zu bitten: «Contessa perdono.» Und keine überlegenkluge Gräfin kommt ihm mit seiner Bitte um Vergebung mit einem gelehrigen Ja entgegen: «Più docile io sono, e dico di si.» (Ich bin gelehriger und sage: Ja!)[279] Entscheidungsschwach scheint niemand aus dem verstörten *Così*-Quartett nach dem Preis der Verdrängung zu fragen, aber alle scheinen die Preisgabe ihres Lebensglücks zu ahnen.

Was vorgefallen ist, hinterläßt einen bitteren Nachgeschmack und verheißt keine Glückseligkeit. Für unsere beiden Herren bleibt auch nach dieser offenkundigen Beziehungspleite moralisch alles wie gehabt. Versöhnung geschieht ohne eigentliches Verzeihen. Die Schüler der «scuola degli amanti» sträuben sich standhaft, die rationale Einsicht in die menschliche Natur eben beider Geschlechter nachzuvollziehen. Die Liebhaber handeln so, daß sie Einsicht und Besonnenheit, also die Vernunft, für sich reklamieren und den Frauen den Trieb als gesellschaftlich zu bändigende Natur zuweisen. Die Versöhnung ist keine, sondern der bindende Charakter von öffentlicher Moral und sozialen Allianzen setzt sich durch. Treulosigkeit wird als charakterliches Defizit hingenommen, wenn nur nicht die Konvention gestört wird.

---

279 Ebd., S. 208/209.

Ein gesellschaftliches Gleichgewicht wäre gefährdet gewesen, wenn die ursprünglichen Verlöbnisse aufgegeben und die Frauen verstoßen hätten werden können. Die Institution der Ehe wird die unruhestiftende Leidenschaft mäßigen, das erotische Begehren zügeln. Diese Stabilität von Verlöbnis und Ehe ist Voraussetzung für die Stabilität der Gesellschaft, und der Männergemeinschaft obliegt es, ihr Geltung zu verschaffen. Daß gesellschaftliche Moralansprüche, die die Beachtung von Konventionen und Normen einfordern, keine allgemein gültige Moral demonstrieren können, sondern immer nur Verhaltensweisen, kommt niemandem in den Sinn. Keuschheit und Treue werden nicht als individuelle Leitbilder aus ethisch-sittlicher Überzeugung in die Tat umgesetzt, sondern sie dienen als ideologischer Vorwand, um Begehren und Leidenschaft gesellschaftlich unterdrücken zu können.

In anderen Mozartopern beruht das glückliche Ende auf aufgeklärter Konfliktlösung oder komödienhafter Versöhnung, die in eine Heirat münden oder eine Ehegemeinschaft wiederherstellen. Das Versprechen der Treue, der Beständigkeit, der Seligkeit beschwört eine glaubhafte Utopie, einen privaten Mikrokosmos der Harmonie. Die natürliche Ordnung der Dinge war nur vorübergehend gestört. Was aber in dieser Oper über ihr Ende hinaus so unruhestiftend ist: sie hat keine kathartische Wirkung und läßt uns mit der Unentwirrbarkeit der Gefühle, mit dem Wissen um die Unbeständigkeit der Liebe und der Ahnung unglücklicher Folgen aus den neuen alten Zwangsverbindungen zurück. Alles war möglich, und nichts davon wird sein. Denn die Oper hatte freie Partnerwahl versuchsweise zugelassen und bewiesen, daß diese möglich ist, wenn sie sich über gesellschaftliche Prinzipien und individuelle Bedenken hinwegsetzt. Der Anspruch auf einen individuellen Zustand, in dem Freiheit und Notwendigkeit übereinstimmten, war damit angemeldet. Aber die Opernhandlung hat auch gezeigt, wie schwer es ist, sich über die Schranken gesellschaftlicher Tabus und herrschender Moral hinwegzusetzen. Es wird nichts von dem geleugnet, was sich an Gefühlsstürmen ereignet hat. Aber die Welt besteht auf der repressiven Modifizierung des Glücks. Die Welt geht über die Macht der Gefühle und des Begehrens hinweg. Innige Gefühle und sinnliche Leidenschaften werden moralischer Einsicht und vernünftiger Besonnenheit geopfert, weil der Liebesverzicht für gesellschaftlich nützlich gehalten wird.

Die Frauen werden dadurch an den Rand gedrückt. Alfonso hatte das lose Treiben provoziert, ihm interessiert und wohlwollend zugesehen, jedoch die Konsequenz daraus den neuen Paaren im Einverständnis mit den Herren verweigert. Wahlverwandtschaften und Liebesspiele waren wie eine Theateraufführung öffentlich inszeniert, die Handelnden haben nur Rollen gespielt. Jetzt ruft Alfono flugs die Spieler von der Bühne ab. Das Spiel ist aus, die Theatralisierung des Lebens aber geht weiter. Alfonso bringt die aufklärerischen und empfindsamen Moralbegriffe – wenn auch halb verlegen und halb gekünstelt ironisch – in Erinnerung. Dabei hatten die Kategorien von Schuld in moralischer Hinsicht vor der Macht der Liebe längst ihre Geltung verloren, freilich nicht vor der Macht gesellschaftlicher Normen. Eine Versöhnung erotischer Emanzipation und gesellschaftlicher Realität findet nicht statt. Der Drang nach Selbstbewahrung in traditionellen Bindungen ist größer als das Bedürfnis nach Selbstverwirklichung in der Liebe. Erlaubt ist, was sich ziemt und nicht was gefällt. Am Ende der Regierungszeit Josephs II. ist der aufklärerische Optimismus geschwunden. Nicht mehr die hoffnungsvolle Utopie freier und selbstbestimmter Beziehungen dominiert, sondern die enttäuschende Realität einer alter Ordnung. Sinnfällig dadurch, daß Don Alfono ganz utilitaristisch als Lösung die Heirat in den alten Konstellationen vorschlägt.

Eine Erfahrung, die auch die Liebenden in Goethes *Stella* machen.[280] Wieder geht es in einem Erprobungsspiel um extreme Gefühlslagen und Verhaltensweisen im Spannungsfeld erotischer Anziehung und Abstoßung. Und um weibliche Unterordnung. Freilich als höchste Erfüllung für die Frau, nämlich als Liebende Eigentum des Mannes zu sein. Auch eine männliche Versuchsanordnung, die keinen Bestand hat. Fallen Stella und Cäcilie 1776 am Ende des «Schauspiels für Liebende» ihrem Fernando in einer «mariage à trois» noch selig um den Hals, bleibt ihnen im «Trauerspiel» von 1806 nur noch die Auflösung der Dreierbeziehung durch den Freitod. Tisch und Bett werden geteilt – und das Grab. Die geheimen Antriebe menschlichen Handelns führen geradewegs dort hinein. Der Sturm im Drang hatte sich gelegt und war von Schillers Tragödienauffassung mit Gift und Blei gebändigt worden.[281] Männer wie Frauen passen sich an die herrschenden Vorstellungen von Moral an, verleugnen damit jene wunderbaren Augenblicke einer freien und erfüllten Liebesentscheidung, vertun die Chance eines neuen Lebensentwurfs. Und das machen alle so!

---

280 Goethe. Poetische Werke, Bd. 5: Dramatische Dichtungen, Bd. 1. 3. Aufl. Berlin 1978, S. 262-311.
281 Die Hamburger Uraufführung von *Stella. Ein Schauspiel für Liebende* hatte 1776 Ablehnung und Widerspruch hervorgerufen. Der zweite, tragische Schluß von *Stella. Ein Trauerspiel* entstand auf Initiative Schillers und wurde 1806 zum ersten Mal auf der Weimarer Bühne gespielt. Am Ende des fünften Aktes erschießt sich Fernando und Stella vergiftet sich.

Treue – das ist eben zuallererst Weiberpflicht! In der Tat, Fiordiligi wie Dorabella sind doch treu geblieben – der Liebe. Und es ist die verletzte Eitelkeit und die beschädigte Ehre ihrer Verlobten, die sie zum Treuebruch an der Liebe und ihren eigentlichen Geliebten zwingt. Die weibliche Treue ist eine Frage der männlichen Ehre. Männliche Untreue ist im Vergleich dazu nicht mehr als ein Kavaliersdelikt. Der Frau wird die höhere Tugendhaftigkeit zugesprochen – und damit natürlich auch abgefordert. Das Spiel darf sie solange mitspielen, solange sie die Konventionen wahrt. Die gesellschaftlichen Anpassungsmechanismen funktionieren, das Talent zum Selbstbetrug hat nicht gelitten. Es stellt sich der Verwirklichung der Liebesbeziehungen entgegen, weil gesellschaftliche Gebote von Ehre und Konvention über die Glücksansprüche der einzelnen Individuen gestellt werden und damit der Einlösung der Liebe Einhalt geboten wird. Der gesellschaftliche Wert der Ehre definiert die soziale Identität der beiden Offiziere. Als sie ihre Triebe und Affekte wieder unter die Kontrolle der öffentlichen Moral gebracht haben, greifen sie erneut zu den Mitteln des Betrugs und der Täuschung. Sie erwecken am Ende den Anschein, als seien sie während ihres Rollenspiels für die Dauer der Wette innerlich völlig unberührt von Versuchung und Leidenschaft geblieben, nur beseelt von dem Gedanken der Treueprobe. Um die Ehre jetzt zu befriedigen, bleibt nur der Ehevollzug in den vorherigen Konstellationen. Damit freilich löschen Ferrando und Guglielmo ihre persönliche Identität als Liebende aus. Im Schutz der Heuchelei können sie sich aber in einer Gesellschaft, in der jene als öffentliche Moral etabliert ist, sicher fühlen und auf die konventionellen Konsequenzen pochen. Während die Männer sich zur alten Verbindung entschließen, sollen sich die Frauen ihren Männern unterordnen. Der Unterschied ist nicht ohne Belang; denn die Unterordnung erscheint als die weibliche Ausprägung der ehelichen Liebe. Die Schwestern akzeptieren dies widerspruchslos, schieben gar Don Alfonso als «Grausamen» und Despina als «Verführerin» die Schuld für ihr eigenes Handeln in die Schuhe und überschütten die beiden mit Tadeln.

So beeilen sich Fiordiligi und Dorabella denn auch zerknirscht, ihren beiden Verlobten ergeben zu versichern, sie nunmehr immer treu zu lieben. Ein Treueschwur, wie sie ihn schon einmal geleistet hatten, als sie die Portraits ihrer Verlobten besangen. Da tönt die Passivität und die resignative Bereitschaft an, alles zu ertragen und nie wieder eigenständig zu agieren oder gar aufzumucken. Und wie reagieren Ferrando und Guglielmo darauf? Geläutert? Keineswegs. Wie verstockte und lächerliche Hahnreie, unbelehrbar und borniert ihren eigenen Schwächen und Fehlern gegenüber. Wenn auch die in die eigene Falle Getappten das Gesetz des Handelns wieder an sich gerissen haben – sie bleiben doch Gefangene ihrer kleingeistigen und intoleranten Weltanschauung. Sie handelten nicht zynisch, sondern zollten ihrem Ehrenkodex und der gesellschaftlichen Ordnung auf fast größenwahnsinnige Weise Tribut:

> «Mancheran forse donne
> Ad uomin come noi?»
> (Rezitativ II, 13: Wahrscheinlich gibt es keine Frauen für Männer unseres Formats?)

Der Hintersinn solcher Behauptung geht dem kleinformatigen Ferrando freilich nicht auf, und Guglielmo schwelgt in der Vorstellung, seine wortspielerisch in «Fior di diavolo» (Teufelsblume) umbenannte Ex-Braut Fiordiligi als «briccona, assassina, furfante, ladra, cagna», als Schurkin, Mörderin, Gaunerin, Diebin, Hündin kräftig zu züchtigen. Denn immer noch können die Heuchler in ihren plumpen Chauvi-Sprüchen nur sich selbst als die potentiellen Opfer einer erneuten Treueprobe aufs Exempel vorstellen. Fiordiligi und Dorabella schwören deshalb ihren Ex-Partnern vor Erneuerung der alten Beziehung:

> «Idol mio, se questo è vero,
> Colla fede coll'amore
> Compensar saprò il tuo core,
> Adorati ognor sparò.»
> (Nr. 31: Mein Schatz, wenn das wahr ist, will ich mit Treue und Liebe dein Herz entschädigen und dir immer zu Füßen liegen.)

Patzig erwidern die Angesprochenen:

> «Te lo credo, gioia bella,
> Ma la prova io far non vo'.»
> (Nr. 31: Das glaube ich dir gern, meine Liebe, aber die Probe aufs Exempel will ich nicht machen.)

Die Untreue einer Frau ist die Ehrverletzung des Mannes, der deshalb die Keuschheit der Frau vorsichtshalber unter strenge Aufsicht stellen möchte. Die Ehe scheint den beiden Männern offenbar als Feste, die ihre Frauen vor der Zügellosigkeit schützen wird. Ein zweifelhaftes Glück, das alle mit Mißtrauen und Langeweile bezahlen werden. Welches Glück die Gatten auch immer genießen wollen, immer wird es durch die Erinnerung an die wirklich erfüllten Augenblicke wahrhafter Liebe getrübt sein; denn jetzt hat sich die Lüge nicht nur in die Liebe eingeschlichen, sondern sich in Beziehungen eingenistet, die unausgefüllt und leblos bleiben werden. Galten den Albanern die beiden Schwestern als erotische Partnerinnen, so sehen die Neapolitaner diese nur noch als ihre Besitzgüter. Hier zeigt sich: Liebe und Ehe haben nicht grundsätzlich und von vornherein etwas miteinander zu tun. Das stoizistische Gelassenheitsideal, das der Schlußgesang artikuliert, erteilt der empfindsamen Gefühlskultur eine Abfuhr, verspricht aber auch den Eheverbindungen eine leidenschaftslose und unausgefüllte, eben lieblose Zukunft. Keine Rede mehr von einem Lebensverständnis, das nicht ängstlich der Triebwelt den Rücken kehrt, individuelle Erfahrungen nicht unterdrückt. Was die Klassik einmal als Formprinzip des Lebens aus den individuellen Erscheinungen als Ideal entwickeln wird, tönt leise durch die Musik als ungenutzt verstrichene, vielleicht aber utopische Möglichkeit. In der Wiederherstellung der alten Bindungen werden nicht Freiheit und Naturnotwendigkeit verknüpft, die ein einseitiges moralisches Ideal überwinden, zugunsten der Idee einer höheren Totalität, in der sinnliche, geistige und moralische Wirkungen, frei von der Dominanz nur eines einzigen Prinzips, im Zusammenspiel der Kräfte ineinandergreifen sollen.[282] Keine Gegensätze, die sich im Ideal einer Beziehung so treffen wie das zur Liebe erwachende Mädchen Pamino und der vitale Trieb- und Naturmensch Papageno: «Mann und Weib und Weib und Mann reichen an die Gottheit an» – weil sich diese finden und nicht verlieren.

Letztlich geht es im Lösen und Binden, Abstoßen und Verknüpfen der wahlverwandten Bindungen auch um mehr als nur um die individuellen Liebesbeziehungen. Das Arrangement des erotischen Konflikts im wahlverwandtschaftlichen Mikrokosmos vollzieht sich nach dem Maß des gesellschaftlichen Makrokosmos. Die erotische Leidenschaft erhält in der Oper die Macht einer Naturnotwendigkeit, die außer Kontrolle derer gerät, die von ihr erfüllt sind. Liebe und Leidenschaft hatten die Tendenz, die Lebensverhältnisse von Grund aus umzugestalten. Am Ende aber wirken sie zerstörerisch, weil sie von den schwächlichen, zaudernden und illusionistischen Protagonisten, die sich die Einsichten selbst verwehren, nicht ergriffen und geformt werden. *Così fan tutte* reflektiert die Desillusionierung angesichts des Scheiterns materieller Lösungen für gesellschaftliche Probleme. In den

---

282 S. dazu Schwan, Werner: Goethes *Wahlverwandtschaften*. Das nicht erreichte Soziale. München 1983, S. 92 ff.

Wahlverwandtschaften verstehen sich die mutigen Nachbarskinder darauf, die Macht der Naturnotwendigkeit in den Zusammenhang einer glückbringenden und lebensvollen Verbindung zu integrieren. Aufklärung und Ancien Régime sind durch Klassik und Französische Revolution abgelöst worden. *Così fan tutte* hat deutlich gemacht, daß das wissenschaftliche Experiment als Praxistest für die Ideale bürgerlicher Aufklärung, seien sie rational, sentimental oder auch materialistisch, an den gesellschaftlich-moralischen Schranken zerbricht.

Am Ende sind die beiden Herren zweifach gescheitert: Sie haben eine Wette verloren, weil ihre Verlobten ihnen untreu wurden, und sie haben ein Glück verspielt, weil sie ihre und ihrer Geliebten Liebe weggeben haben. Fiordiligi und Dorabella werden die sein, die Ferrando und Guglielmo aus ihnen gemacht haben: Marionetten. Das ist der eigentliche Liebesverrat, der darin besteht, daß er die wahre Liebe der Frau im nachhinein zu einem solchen erklärt. Der Wahrheitsbeweis für die Instabilität des männlichen Treueideals ist erbracht, aber seine Opfer verweigern sich der aus Empirie erwachsenen Einsicht. Damit ist das letzte Wort gesungen. «Fine». Daß darüber aber auch schon das letzte Wort gesprochen sein soll, möchte man Dorabella und Fiordiligi nicht wünschen; denn sonst bliebe nicht nur eine enttäuschte Liebeshoffnung zurück, sondern stünde auch noch eine hoffnungslose Zukunft mit einer schalen Lust an einer erzwungenen Tugend bevor. So läßt dieses Ende nichts Gutes für die Paare erwarten. Es ist kein glückliches Ende, sondern wohl eher ein trauriger Anfang.

Darf Mann so mit Frau umspringen? Die Lust an einer frei gewählten Liebe durch die verordnete Last einer erzwungenen Tugend ersetzen? Auch nur auf den Gedanken zu kommen, daß sie «tutte» nun doch wirklich durch «tutti» ersetzten müßte, ist dieser selbstgerechten Männermoral sehr fern. Man darf ihr getrost als klammheimliches Eingeständnis Goethes Paralipomenon zu seinen «Wahlverwandtschaften» unterstellen: «Sind wir nicht mit dem Gewis[sen] auch verheiratet und wären's gerne los?»[283] Und auch das spricht der Operntitel doppeldeutig-hintergründig aus. «La scuola degli amanti» lehrt, daß die Geschlechtergrammtik des «tutte» falsch ist. Der Untertitel verwendet deshalb auch bewußt einen Plural, der sowohl alle Liebenden als auch die Liebhaber meinen kann. Drei Herren mit Zopf, die sich am Ende daran nicht mehr aus dieser Affäre ziehen können. Così facciamo tutti...

---

283 Goethe. Berliner Ausgabe, Bd. 22: Kunsttheoretische Schriften und Übersetzungen II. Berlin 1978, S. 315.

Was die Oper und ihr raffiniertes Kammerspiel in heiterem Ernst und ernster Heiterkeit auf dem dramaturgischen Schachbrett vorführen, ist nichts anderes als die Einsicht in die schlichte Tatsache, daß das Leben unübersichtlicher und rätselvoller ist, als man so gemeinhin denkt, daß Dinge nicht so sind wie sie scheinen, daß Liebe zerbrechlich und Treue vergänglich ist. Liebesbeziehungen richten sich nicht nach idealisierten Harmoniegesetzen und folgen auch nicht den manierierten Schwüren überschwenglicher Damen und Herren, sondern erliegen den Gefühlsverwirrungen, die der Eros anstiftet. Es geht um mehr als das Recht auf Lusterfüllung, das der Marquis de Sade jedermann verbindlich zubilligen will. Es geht um das Lebensglück. Lassen sich die Menschen auf das Spiel der Anziehungen ein, müssen sie erleben, daß künstliche Dämme brechen und sie dem Ansturm der Leidenschaften relativ hilflos ausgeliefert sind. Das Spiel läßt den Konflikt aufbrechen zwischen der Liebe als kreatürlichem Urtrieb des Menschen einerseits und den moralischen Ansprüchen wie der sozialen Organisation der Gesellschaft andererseits. Und aus dem Spiel darf nicht Ernst werden, weil vor diesem das Spiel ja warnen soll.

Mozarts Oper stellt letztlich die ultimative Frage, wie der Mensch, der seinem kreatürlichen Urtrieb folgen will, damit in der konkreten sozialen Umwelt zurechtkommt: Wie reagiert eine Gesellschaft auf ein Geschehen und einen individuellen Anspruch, die beides, tradierte soziale Konventionen und geltende moralische Werte außer Kraft setzen? Die Gesellschaft reagiert mit dem Gebot der Einordnung, oder besser Unterordnung. Der Exponent der als «natürlich» sanktionierten Ordnung der Gesellschaft, Don Alfonso, hat es den vieren am Ende als Lehre erteilen wollen: Ordnung ist die wiederherzustellende alte Ordnung; denn wenn Mann und Frau der natürlichen Gesetzmäßigkeit ihrer Wahlverwandtschaften folgen, verletzen sie damit die höher einzustufende natürliche Ordnung der Gesellschaft, die Lust- und Liebeserfüllung außerhalb der festgelegten Konventionen nicht vorsieht. Nichts, was außerhalb dieser Betrachtungsweise liegt, ist vernünftig. Wenn also die Paare der Vernunft Alfonsos folgen, dann halten sie sich an eine nützliche Ordnung. Wie lange noch?

Auswahlbibliographie zu *Così fan tutte*

Titel aus der Bibliographie werden in den Fußnoten in Kurzform zitiert. Die übrigen Titel in den Fußnoten werden beim ersten Mal vollständig, danach mit Rückverweis auf die erste Nennung ebenfalls in Kurzform zitiert.

Partitur und Libretto

Così fan tutte («So machen's Alle»). Opera buffa in zwei Akten. Text von Lorenzo Da Ponte. Musik von Wolfgang Amadeus Mozart. KV 588. First performed 26th January 1790 in Vienna. Foreword by Hans F. Redlich. London, Zürich, New York [o.J.] (Edition Eulenberg).

Wolfgang Amadeus Mozart. Neue Ausgabe sämtlicher Werke, Serie II: Bühnenwerke, Werkgruppe 5, Bd. 18: *Così fan tutte ossia La scuola degli amanti*, 2 Bde. Hrsg. von Faye Ferguson und Wolfgang Rehm. Kassel [u.a.] 1991.

*

Lorenzo Da Ponte. Tre libretti per Mozart. Hrsg. von P. Lecaldano. Mailand 1956 (Biblioteca Universale Rizzoli).

Lorenzo Da Ponte. Memorie/Libretti mozartiani. Hrsg. von Guiseppe Armani. Mailand 1976 (Collezione I Garzanti), S. 597-687: *Così fan tutte*.

Così fan tutte ossia La scuola degli amanti. In: Pietro Metastasio. Opere. Hrsg. von Mario Fubini. Appendice: L'opera per musica dopo Metastasio (Calzabigi, Da Ponte, Casti). Hrsg. von Mario Fubini und Ettore Bondora. Mailand, Neapel [1994] (La Letteratura Italiana, Bd. 41), S. 953-1024.

*

Wolfgang Amadeus Mozart. *Così fan tutte*. Textbuch (Italienisch/Deutsch). Einführung und Kommentar von Kurt Pahlen unter Mitarbeit von Rosemarie König. 2. Aufl. Mainz, München 1988 (Piper Schott Serie Musik, Bd. 8004).

Wolfgang Amadeus Mozart. *Così fan tutte*. Texte, Materialien, Kommentare. Hrsg. von Attila Csampai und Dietmar Holland. Reinbek 1984 (rororo opernbuch 7823).

Wolfgang Amadeus Mozart. *Così fan tutte*. KV 588 [...] Textbuch Italienisch/Deutsch. Libretto von Lorenzo Da Ponte. Übersetzung und Nachwort von Dietrich Klose. Stuttgart 1992 (Universal-Bibliothek Nr. 8685). [Alle italienischen und deutschen Zitate des Librettos mit Nummernangabe hieraus.]

Forschungsliteratur

Abert, Amalie: Die Opern Mozarts. Wolfenbüttel, Zürich 1970, S. 94-99: *Così fan tutte*.

Abert, Hermann: W.A. Mozart, Bd. 2. 10 Aufl. Wiesbaden 1990, S. 525-564: *Così fan tutte*.

Ackermann, Peter: Zwischen Kritik und Provokation. *Così fan tutte* in den Programmheften. In: *Così fan tutte*. Beiträge zur Wirkungsgeschichte, S. 175-182.

Ackermann, Peter: *Così fan tutte*. Zur Rezeption von Mozarts Oper in der Musikwissenschaft. In: Mitteilungen der Internationalen Stiftung Mozarteum 33 (1985), S. 17-24.

Andrees, Günther: Mozart und Da Ponte oder Die Geburt der Romantik. Leipzig, Wien 1936, S. 176 ff.

Angermüller, Rudolph: Bemerkungen zu den französischen Bearbeitungen. In: *Così fan tutte*. Beiträge zur Wirkungsgeschichte, S. 67-90.

Angermüller, Rudolph: *Così fan tutte* – Werk und Wirkung auf dem Theater. In: Salzburger Festspiele 1979, S. 21-22.

Angermüller, Rudolph: Anmerkungen zu *Così fan tutte*. In: Österreichische Musikzeitschrift 37 (1982), S. 379-386.

Angermüller, Rudolph: Mozart. Die Opern von der Uraufführung bis heute. Berlin, Zürich 1988, S. 197-219: *Così fan tutte*.

Autexier, Philippe A.: Mozart. Paris 1987 (Musichamp l'essentiel, Bd. 3), S. 124-126: *Così fan tutte*.

Bachmann, Claus-Henning: Experiment, Ambivalenz und utopisches Innehalten. In: Salzburger Festspiele. Programmheft 1982, S. 67-71.

Balsano, Maria Antonella: L'ottava di *Così fan tutte*. In: Liedstudien. Wolfgang Osthoff zum 60. Geburtstag. Hrsg. von Martin Just und Reinhard Wiesend. Tutzing 1989, S. 279-291.

Baresel, Alfred: Wolfgang Amadeus Mozart. Leben und Werk. Hamburg 1956 (Kleine Musikbücherei, Bd. 5), S. 60-61: *Così fan tutte*.

Becker, Max (Hrsg.): Mozart. Sein Leben und seine Zeit in Texten und Bildern. Frankfurt a.M., Leipzig 1991, S. 185-189: *Così fan tutte*.

Benn, Frederick Christopher: Mozart on the Stage. Mit einer Einführung von Richard Capell. London 1946, S. 105-133: *Così fan tutte*.

Biaggi, Girolamo Alessandro: Delle condizioni dell'arte melodrammatica e de'compositori principianti in Italia [...] *Così fan tutte* del Mozart [...]. In: Nuova antalogia di lettere, scienze ed arti 26 (1874), S. 772-782.

Bie, Oskar: Die Oper. Berlin 1913; Nachdruck München 1980, S. 181-185: *Così fan tutte*.

Blume, Friedrich [u.a.]: Mozart. In: Die Musik in Geschichte und Gegenwart, Bd. 9. Kassel, Basel 1961, Sp. 699-839, hier Sp. 799 f.

Boesch, Christian: *Così fan tutte*. Spiegelung von Mozarts unbewältigtem Schicksal. Analyse und Dokumentation aus der Sicht eines Mozartsängers. Diss. Wien 1984.

Bouillon, Elisabeth: Genèse de l'œuvre (KV 588). In: Wolfgang Amadeus Mozart, *Così fan tutte*, 1978, S. 4-5.

Bouillon, Elisabeth: Un exemple de désarticulation de la musique et du livret. In: Wolfgang Amadeus Mozart. *Così fan tutte*, 1979, S. 131-134.

Brandstetter, Gabriele: So machen's alle. Die frühen Übersetzungen von Da Pontes und Mozarts *Così fan tutte* für deutsche Bühnen. In: Musikforschung 35 (1982), S. 27-44.

Branscombe, Peter: *Così* in Context. In: The Musical Times 122 (1981), Nr. 1661, S. 461-464.

Braunbehrens, Volkmar: Mozart in Wien. München, Mainz 1989, S. 357-365.

Braunbehrens, Volkmar; Jürgens, Karl-Heinz: Mozart. Lebensbilder. Bergisch Gladbach 1990, S. 146 ff.

Braunbehrens, Volkmar: Mozart. Ein Lebensbild. München 1994 (Serie Piper Schott), S. 109 f.

Brèque, Jean-Michel: Prima la musica, dopo le parole. In: Mozart. *Così fan tutte*, 1991, S. 146-157.

Brophy, Brigid: Da Ponte and Mozart. In: The Musical Times 122 (1981), Nr. 1661, S. 454-456.

Brunel, Pierre: *Così fan tutte* ou la naissance de la comédie. In: Wolfgang Amadeus Mozart. *Così fan tutte*, 1979, S. 126-130.

Csampai, Attila: Zur Aktualität Mozarts 200 Jahre nach seinem Tod, Teil Teil 2: Das anarchische Prinzip der Erotik. In: Musik & Theater 12 (1991), H. 4, S. 14-17, 19.

Caruso, Carlo: *Così fan tutte*, o sia *La scuola dell'Orlando furioso*. In: Il saggiatore musicale 2 (1995). [im Druck]

de Cenzo, Paolo Mezzacapo; Mac Grabham, Liam: «...vi voliamo davanti ed ai lati e dal retro...» Notizen über *Così fan tutte*. In: Mozart. Die Da Ponte-Opern. München 1991 (Musik-Konzepte, Sonderband), S. 281-291.

Cesari, Laura: L'ambiguo gioco di Mozart e Da Ponte. In: *Così fan tutte* di Wolfgang Amadeus Mozart, S. 3-20.

Chantavoine, Jean: Mozart dans Mozart. Paris 1948 (Temps et Visages), S. 123-151: *Così fan tutte*.

Cohen, Hermann: Die dramatische Idee in Mozarts Operntexten. Berlin 1915, S. 97-105: *Così fan tutte*.

Conrad, Leopold: Mozarts Dramaturgie der Oper. Würzburg 1943 (Das Nationaltheater, Bd. 8), S. 318-338: *Così fan tutte*.

Così fan tutte. Beiträge zur Wirkungsgeschichte von Mozarts Oper. Hrsg. vom Forschungsinstitut für Musiktheater der Universität Bayreuth. Redaktion Susanne Vill. Bayreuth 1978 (Thurnauer Schriften zum Musiktheater, Bd. 2).

Così fan tutte. Wolfgang Amadeus Mozart. Hrsg. von Nicholas John. London, New York 1983 (Opera Guide Series, Bd. 22).

Così fan tutte di Wolfgang Amadeus Mozart. Guida all'ascolto per studenti di scuola media superiore e università. Hrsg. von Laura Cesari. Venedig 1990.

Christiansen, Rupert: *Così fan tutte*. London 1993 (The Spectator 270).

Corte, Andrea della: Tutto il teatro di Mozart. [o.O.] 1957 (Edizioni Radio Italiana), S. 153-157: *Così fan tutte*.

Csampai, Attila; Holland, Dietmar: Opernführer. Hamburg 1990, S. 233-241: *Così fan tutte*.

Dechant, Hermann: Arie und Ensemble. Zur Entwicklungsgeschichte der Oper, Bd. 1: 1600-1800. Darmstadt 1993, S. 173 ff.

Degrada, Francesco: Splendore e miseria della ragione. A proposito di *Così fan tutte*. In: Ders.: Il palazzo incantato. Studi sulla tradizione del melodramma dal Barocco al Romanticismo. Fiesole 1979, S. 3-18.

Dent, Edward J.: Mozart's Operas. A critical Study. 2. Aufl. New York 1991, S. 188-208: *Così fan tutte*.

Dibelius, Ulrich: *Così fan tutte* – eine «Schule für Liebhaber» mit doppelter Moral. In: Salzburger Festspiele. Programmheft 1985, S. 89-90.

Dietrich, Margret: Dokumentation zur Uraufführung. In: *Così fan tutte*. Beiträge zur Wirkungsgeschichte, S. 24-53.

Diez, Werner: Phönix aus Arabien und das Leben als Roman. Zu Mozarts *Così fan tutte*. In: Neue Zeitschrift für Musik (1970), S. 87-88.

Dumesnil, René: Mozart présent dans ses ouvres lyriques. Brüssel 1965, S. 169-180: *Così fan tutte.*

Edge, Dexter: Mozart's Fee for *Così fan tutte.* In: Journal of the Royal Musical Association 116 (1991), S. 211-235.

Einstein, Alfred: Mozart. Sein Charakter, sein Werk. Frankfurt a.M. 1983 (Fischer Taschenbücher 2039), S. 417 ff.; zuerst englisch: Mozart. His Work, his Character. New York 1945.

Ewen, David: European Light Opera. Westport 1977, S. 57-60: *Così fan tutte.*

Farnsworth, Rodney: *Così fan tutte* as Parody and Burlesque. In: The Opera Quarterly 6 (1989/90), S. 50-68.

Ferguson, Faye; Rehm, Wolfgang: Vorwort. In: Mozart. Neue Ausgabe sämtlicher Werke, II, 5, Bd. 18, Teilband 1: Akt 1, S. VIII-XXIX.

Finscher, Ludwig: Mozarts ‹musikalische Regie› – eine musikdramaturgische Analyse. In: *Così fan tutte.* Beiträge zur Wirkungsgeschichte, S. 9-23.

Floros, Constantin: Mozart Studien I. Zu Mozarts Sinfonik, Opern- und Kirchenmusik. Wiesbaden 1979, S. 64-69: Die Ouvertüre zu *Così fan tutte.*

Floros, Constantin: Stilebenen und Stilsynthese in den Opern Mozarts. In: Hamburger Jahrbuch für Musikwissenschaft 5 (1981), S. 155-168, bes. S. 165 ff.

Ford, Charles: *Così?* Sexual Politics in Mozart's Operas. Manchester, New York 1991 (Music and Society).

Friebe, Freimut: Idealisierung und skeptischer Realismus bei Mozarts Frauengestalten. In: Musikforschung 26 (1973), S. 180-190.

Friedrich, Heinz: Die menschliche Komödie des Eros. Anmerkungen zu Mozarts *Così fan tutte.* In: Salzburger Festspiele. Programmheft 1972, S. 81-83.

Gallarti, Paolo: L'enigma di *Così fan tutte.* In: Wolfgang Amadeus Mozart. *Così fan tutte.* Venedig 1990, S. 297-310.

Gerhartz, Leo Karl: ‹Die Seele ist ein weites Land…› Zur intimen Spannweite und ästhetischen Radikalität von Mozarts *Così.* In: Csampai/ Holland (Hrsg.): Mozart. *Così fan tutte,* S. 9-45.

Genée, Rudolf: Mozarts *Così fan tutte* in neuem Gewande. In: Mitteilungen für die Mozart-Gemeinde in Berlin (1911), H. 32, S. 139-148.

Glaga, Gisela: Ein seltenes Beispiel der Rezeption in der philosophischen Ästhetik. In: *Così fan tutte.* Beiträge zur Wirkungsgeschichte, S. 127-131.

Glaga, Gisela: Das Spiel mit der Wahrheit - Götz Friedrichs Hamburger Inszenierung 1975 und das Berliner Konzept 1962. In: *Così fan tutte.* Beiträge zur Wirkungsgeschichte, S. 213-220.

Glöckner, Hans-Peter: Die Popularisierung der Unmoral. *Così fan tutte* in der Belletristik. In: *Così fan tutte*. Beiträge zur Wirkungsgeschichte, S. 112-125.

Gloede, Wilhelm: Die Ouvertüre zu *Così fan tutte*. In: Mitteilungen der Internationalen Stiftung Mozarteum 32 (1984), S. 35-50.

Goes, Albrecht: Mit Mörike und Mozart: Studien aus fünfzig Jahren. Frankfurt a.M. 1991 (Fischer Taschenbücher 10835), S. 190-196: Der leichte Sinn. Zu *Così fan tutte*, S. 297-301: Halb schon im Abschied. Zu einem Terzettino aus *Così fan tutte* «Weht leiser, ihr Winde».

Goetz, Friedrich: Zur Inszenierungskonzeption von *Così fan tutte*. In: Jahrbuch der Komischen Oper 3 (1963/64), S. 34-56.

Goldin, Daniela: L'eccezione e la regola. Da Ponte e il libretto di *Così fan tutte*. In: *Così fan tutte*. Venedig 1990, S. 311-318.

Goldowski, Boris: Accents on *Così fan tutte*. In: Opera News 17 (1953), S. 20-30.

Goléa, Antoine: *Così fan tutte* à la lumière de la psychoanalyse. In: Musica 31 (1956), S. 33-40; deutsche Übersetzung: *Così fan tutte* im Lichte der Psychoanalyse. In: Neue Zeitschrift für Musik (1960), H. 1, S. 48-53.

Gollmick, Carl: Die wichtigsten Momente aus dem Leben Mozarts. Nebst einem Rückblick auf Mozarts frühere Opern und die Werke: *Zaide, Der Schauspieldirektor* und *Così fan tutte*. In: Ders. [Hrsg.]: Rosen und Dornen. Eine Sammlung von Novellen und Zeitbildern aus dem Künstlerleben von... Darmstadt 1852, S. 72-130.

Gombrich, Ernst H.: *Così fan tutte* (Procris included). In: Journal of the Warburg and Courtauld Institutes 17 (1954), S. 372-374.

Gregor, Joseph: Kulturgeschichte der Oper. Ihre Verbindung mit dem Leben, den Werken des Geistes und der Politik. Zürich 1941, S. 229 ff.

Gregor, Joseph: Der Streit um *Così fan tutte*. In: Mozart Almanach auf das Jahr 1941. Wien 1941, S. 79-93.

Greither, Aloys: *Così fan tutte*. In: Ders.: Die sieben großen Opern Mozarts. Versuche über das Verhältnis der Texte zur Musik. Heidelberg 1956, S. 150-169.

Gruber, Gernot: Mozart verstehen. Ein Versuch. Salzburg, Wien 1990, S. 274 ff.

Gruber, Gernot: Mozart. Leben und Werk in Bildern und Texten. Frankfurt a.M. 1995 (insel taschenbuch 1695), S. 233 f.

Gueullette, Alain: Le climat de Lorenzo Da Ponte dans *Così*. In: Wolfgang Amadeus Mozart. *Così fan tutte*, 1979, S. 6-8.

Hampe, Michael: *Così fan tutte* – ein dialektisches Spiel. In: Wolfgang Amadeus. Summa Summarum – Das Phänomen Mozart: Leben, Werk, Wirkung. Hrsg. von Peter Csobádi. Wien 1990, S. 256-258.

Hanslick, Eduard: Die moderne Oper. Kritiken und Studien. Berlin 1875, S. 43 ff.

Heartz, Daniel: Mozart's Operas. Ed., with contributing Essays, by Thomas Baumann. Berkley [u.a.] 1990, S. 229-253: Citation, Reference, and Recall in *Così fan tutte*.

Heartz, Daniel: Trois écoles des amants. La trilogie Mozart-Da Ponte. In: Mozart. *Così fan tutte*, 1991, S. 16-22; engl.: Three schools for lovers. The Mozart-Da Ponte trilogy. In: About the House. Covent Garden. London 1981, S. 18-22.

Hennenberg, Fritz: Wolfgang Amadeus Mozart. Leipzig 1970, S. 283 ff.

Herz, Joachim: Erziehung der Gefühle. Zur Inszenierung *Così fan tutte*. In: Walter Felsenstein, Joachim Herz: Musiktheater. Beiträge zur Methodik und zu Inszenierungskonzeptionen. Leipzig 1976, S. 179-182.

Hocquard, Jean Victor: La pensée de Mozart. Paris 1958, S. 480-493: *Così fan tutte*.

Hocquard, Jean Victor: *Così fan tutte*. Paris 1978 (Les grands opéras de Mozart).

Hocquard, Jean-Victor: L'opéra des équivoques. In: Wolfgang Amadeus Mozart. *Così fan tutte*, 1979, S. 9-11.

Hocquard, Jean-Victor: *Così fan tutte*. Eine Höhepunkt der Gesangskunst. In: Mozart 1791-1991. Paris 1991 (Evénement Média), S. 64-65.

Holland, Dietmar: Die Unberechenbarkeit der Gefühle oder: Geht Don Alfonsos Rechnung auf? Zur ernsten Opera buffa *Così fan tutte*. In: Wolfgang Amadeus. Summa summarum, S. 189-193.

Hortschansky, Klaus: Gegen Unwahrscheinlichkeit und Frivolität. Die Bearbeitungen im 19. Jahrhundert. In: *Così fan tutte*. Beiträge zur Wirkungsgeschichte, S. 54-66.

Hortschansky, Klaus: Tendenzen der Fabel. *Così fan tutte* im Opernführer. In: *Così fan tutte*. Beiträge zur Wirkungsgeschichte, S. 164-174.

Hunter, Mary: *Così fan tutte* et les conventions musicales de son temps. In: Mozart. *Così fan tutte*, 1991, S. 158-164.

Hutchings, Arthur: Mozart. The Man, the Musician. London 1976, Reprint London 1978, S. 107-108: *Così fan tutte*.

Istel, Edgar: Das Buch der Oper. Die deutschen Meister von Gluck bis Wagner. 2. Aufl. Berlin 1920 (Max Hesses illustrierte Handbücher, Bd. 54), S. 135-140: *Così fan tutte*.

Jacob, Heinrich Eduard: Mozart. Der Genius der Musik. 8. Aufl. München 1980, S. 497-507: *Così fan tutte*.

Jameux, Dominique: Mais que font-elles donc toutes? In: Mozart. *Così fan tutte*, 1991, S. 165-172.

Jerde Keahey, Dolores: *Così fan tutte*: Parody or Irony? In: Paul A. Pisk. Essays in his Honour. Hrsg. von John M. Glowacki. Austin 1966, S. 116-130.

Josephson, Nors S.: Zu Mozarts dramatischen Ouvertüren. In: Mozart-Jahrbuch (1992), S. 26-50, bes. S. 31 f., 47 f.

Jost, Christa: Sichtbarer Gesang? Die Konzeption von Lothar Wallerstein und Ludwig Sievert 1928. In: *Così fan tutte*. Beiträge zur Wirkungsgeschichte, S. 183-189.

Kaiser, Joachim: Mein Name ist Sarastro. Die Gestalten in Mozarts Meisteropern von Alfonso bis Zerlin. Erw. Neuausg. 5. Aufl. München, Mainz 1991 (Serie Musik Piper/Schott, Bd. 8311), S. 23-26: Don Alfonso, S. 77-79: Despina, S. 80-87: Dorabella, S. 99-102: Ferrando, S. 108-115: Fiordiligi, S. 130-136: Guglielmo.

Keaky, Dolores J.: *Così fan tutte*: Parody or Irony? In: Paul A. Pisk. Essays in his Honor. Hrsg. von John Glowacki. Austin 1966, S. 116-130.

Keller, Hans: Mozart's wrong key signature. In: Tempo (1972), H. 98, S. 21-27.

Kerman, Joseph: Opera as Drama. New York 1956; Reprint Westport 1981, S. 109 ff.

Kesting, Hanjo: Ein fröhlich maskiertes Endspiel. Anmerkungen zur Mozarts *Così fan tutte*. In: Salzburger Festspiele 1983, S. 98-101.

Killer, Hermann: Die Tenorpartien in Mozarts Opern. Ein Beitrag zur Geschichte und Stil des Bühnengesanges. Kassel 1929, S. 67-75: *Così fan tutte*: Ferrando.

Klotz, Volker: Publikumsdramaturgie im Musiktheater. In: *Così fan tutte*. Beiträge zur Wirkungsgeschichte, S. 235-240.

Komorzynski, Egon: *Die Schule der Liebenden*. In: Österreichische Musikzeitschrift 9 (1954), S. 219-221.

Konold, Wulf: *Così fan tutte* auf der Schallplatte. Bemerkungen zu einer medienspezifischen Rezeption. In: *Così fan tutte*. Beiträge zur Wirkungsgeschichte, S. 222-234.

Kramer, Kurt: Da Pontes *Così fan tutte*. Göttingen 1973 (Nachrichten der Akademie der Wissenschaften, Nr. 1.)

Kraus, Gottfried: Die Wahrheit liegt allein in der Musik. Bemerkungen zu den Charakteren in Mozarts *Così fan tutte*. In: Salzburger Festspiele 1970, S. 115-116.

Krause, Ernst: Lehrstück und komödiantisches Spiel. *Die Bürger von Calais* und *Così fan tutte* in der Berliner Staatsoper. In: Musik und Gesellschaft (1965), H. 7, S. 454-456.

Kritsch, Cornelia; Zeman, Herbert: Das Rätsel eines genialen Opernentwurfs. Da Pontes Libretto zu *Così fan tutte* und das literarische Umfeld des 18. Jahrhunderts. In: Die Österreichische Literatur. Ihr Profil an der Wende vom 18. zum 19. Jahrhundert (1750-1830). Hrsg. von Herbert Zeman. Graz 1979, S. 355-377.

Kühn, Hellmut: *Così fan tutte* oder: Von der Freundlichkeit. In: Salzburger Festspiele 1969, S. 66-68.

Küster, Konrad: Mozart. Eine musikalische Biographie. Stuttgart 1990, S. 356-371: *Così fan tutte*.

Kunze, Stefan: Über das Verhältnis von musikalisch autonomer Struktur und Textbau in Mozarts Opern. Das Terzettino «Soave sia il vento» (Nr. 10 aus *Così fan tutte*). In: Mozart-Jahrbuch (1973/74), S. 217-232.

Kunze, Stefan: Schein und Sein in Mozarts Ouvertüre zu *Così fan tutte*. In: Schweizer Jahrbuch für Musikwissenschaft NF/Annales Suisses de Musicologie NS 3 (1983), S. 65-78.

Kunze, Stefan: Mozarts Opern. Stuttgart 1986, S. 432-522: *Così fan tutte*.

[Lambert, J. W.:] *Così fan tutte* or the Triumph of Ambiguity. In: Glyndebourne Festival Programme Book. 1969, S. 32-36.

Landon, H[oward] C. Robbins: Mozart. Die Wiener Jahre 1781-1791. München 1990, S. 174 ff.

Lang, Thomas: Ein Metastasio-Zitat in *Così fan tutte*. In: Bühnen der Stadt Bonn. Spielzeit 1981/82: *Così fan tutte*. S. 22-23.

Leibowitz, René: Histoire de l'opéra. Paris 1957, S. 49-59: *Così fan tutte*.

Lert, Ernst: Mozart auf dem Theater. Berlin 1921, S. 360-373: *Così fan tutte*.

Levey, Michael: Fioridiligi's two arias. In: The Musical Times 110 (1969), S. 477-479.

Liebner, János: Mozart on the Stage. London 1977, S. 198-220: *Così fan tutte*.

Lingg, Ann: Fiordiligi arrives. In: Opera News 36 (1972), Nr. 9, S. 24-25.

Link, Dorothea: The Viennese Operatic Canon and Mozart's *Così fan tutte*. In: Mitteilungen der Internationalen Stiftung Mozarteum 38 (1990), S. 111-121.

Livermore, Ann: *Così fan tutte.* A well-kept Secret. In: Music and Letters 56 (1965), S. 316-321.

Mann, William: The Operas of Mozart. New York 1977, S. 519-563: *Così fan tutte.*

Martinoty, Jean-Louis: *Così*: une éducation sentimentale au siècle des lumières. In: Wolfgang Amadeus Mozart. *Così fan tutte,* 1979, S. 135-140.

Massin, Jean und Brigitte: Wolfgang Amadeus Mozart. Paris 1970, S. 1099-1116: *Così fan tutte.*

Mayer, Gerhard: Mozarts «Reigen». Zur angewandten erotischen Relativitätstheorie in *Così fan tutte.* In: Salzburger Festspiele. Programmheft 1974, S. 66-68.

Mayer, Hans: *Così fan tutte* und die Endzeit des Ancien Régime. In: Ders.: Versuche über die Oper. Frankfurt a.M. 1981, S. 9-52.

Meckbach, Wilhelm: Die Ouvertüre zu *Così fan tutte.* In: Neue Musik-Zeitung 46 (1925), S. 275-278.

Merian, Hans: Mozarts Meisteropern. Leipzig [o.J.], S. 58 ff.

Michot, Pierre: Frivole, immorale et invraisemblable. Les adaptations du XIXe siècle. In: Mozart. *Così fan tutte,* 1991, S. 171-176.

Mila, Massimo: Razionalismo di *Così fan tutte.* In: Ders.: Mozart. Milano 1955, S. 195-206.

Mohr, Albert Richard: Frankfurt erlebt die erste deutschsprachige Aufführung von *Così fan tutte* (1791). In: Ders.: Das Frankfurter Mozart-Buch. Ein Beitrag zur Mozartforschung. Frankfurt a.M. 1968, S. 147-156.

Moindrot, Isabelle: *Così fan tutte* ou les artifices de l'idéal. In: Mozart. *Così fan tutte,* 1991, S. 23-34.

Wolfgang Amadeus Mozart. *Così fan tutte.* (So machen's alle). Dramma giocoso in 2 Akten von Lorenza da Ponte [...]. München 1978. [Programmheft zur Neuinszenierung an der Bayerischen Staatsoper; Red. Klaus Schultz]

Wolfgang Amadeus Mozart. *Così fan tutte.* Paris 1979 (L'Avant-Scène Opéra, Nr. 16/17).

Mozart. *Così fan tutte.* Paris 1991 (L'Avant-Scène Opéra, Nr. 131/132).

Mozart-Handbuch. Chronik – Werk – Bibliographie. Hrsg. von Otto Schneider und Anton Algatzy. Wien 1962, S. 125-126: *Così fan tutte.*

Mozart's *Così fan tutte.* Essays by Edward J. Dent, Eric Blom, Clemence Dane. London 1946 (Sadler's Wells Opera Books, Nr. 2).

Murr, Sylvia: La pédagogie du rire fêlé. In: Wolfang Amadeus Mozart. *Così fan tutte*, 1979, S. 120-125.

Nef, Albert: Das Orchester in Mozarts Oper *Così fan tutte*. In: Schweizerische Musikzeitung (1933), Nr. 24, S. 787-793.

Newman, Ernest: More Stories of famous Operas. Philadelphia 1946, S. 218-240: *Così fan tutte*.

Noiray, Michel: Commentaire musical et littéraire. In: Mozart. *Così fan tutte*, S. 39-144.

Noske, Frits: The Signifier and the Signified. Studies in the Operas of Mozart and Verdi. Oxford 1990, S. 93-120: *Così fan tutte*.

Nys, Carl de: *Così fan tutte* - eine esoterische Oper. In: Salzburger Festspiele 1976, S. 99-100.

Osborne, Charles: The complete Operas of Mozart. A critical Guide. New York 1978, S. 277-293: *Così fan tutte*.

Oulibicheff, Alexander: Mozart's Opern. Kritische Erläuterungen. Leipzig 1848, S. 254-282, 387 f.

Pahlen, Kurt: Zur Wirkungsgeschichte von *Così fan tutte* oder: Seltsame Schicksale einer Mozartoper. In: Wolfgang Amadeus Mozart. *Così fan tutte*, hrsg. von Pahlen, S. 328-336.

Paumgartner, Bernhard: Gustav Mahlers Bearbeitungen von Mozarts *Così fan tutte* für seine Aufführungen an der Wiener Hofoper. In: Musik und Verlag. Karl Vötterle zum 65. Geburtstag am 12. April 1968. Hrsg. von Richard Baum und Wolfgang Rehm. Kassel [u.a.] 1968, S. 476-482.

Paumgartner, Bernhard: Mozart. 10. Aufl. München, Mainz 1991, S. 411-421: *Così fan tutte*.

Pines, Roger: *Cosi fan tutte*. In: The Opera Quarterly 8 (1991), No. 3, S. 137-141.

Porena, Boris: La parola intonata in *Così fan tutte*, ovvero l'esplorazione musicale di una lingua e del suo uso sociale. In: Analecta Musicologica 18 (1978), S. 198-204.

Porterfield, Christopher: K. 588 *Così fan tutte*. In: The Complete Mozart. A Guide to the Musical Works of Wolfgang Amadeus Mozart. Hrsg. von Neals Zaslaw und William Cowdery. New York, London 1991, S. 63-65: *Così fan tutte*.

Pougin, Arthur: Petite histoire de *Così fan tutte*. Opéra de Mozart. In: Le Ménestrel 75 (1909), Nr. 12, S. 91-92.

Prod'homme, Jacques-Gabriel: *Così fan tutte* de Mozart et ses transformations depuis 1790. In: Le Ménestrel (1925), H. 25, S. 265-267, H. 26, S. 277-289.

Publig, Maria: Mozart. Ein unbeirrbares Leben. München 1991, S. 299-305: *Così fan tutte*.

Puntscher Riekmann, Sonja: Mozart, ein bürgerlicher Künstler. Studien zu Mozarts Libretti *Le nozzi di Figaro*, *Don Giovanni* und *Così fan tutte*. Wien, Köln, Graz 1982 (Junge Wiener Romanistik, Bd. 4), S. 212-237: *Così fan tutte*.

Reiss, Gunter: Komödie und Musik. Bemerkungen zur musikalischen Komödie *Così fan tutte*. In: Die Musikforschung 20 (1967), S. 8-19.

Remus, Matthias: Mozart. Stuttgart 1991, S. 187 ff.

Ronconi, Luca: *Così fan tutte* ovvero «La scuola delle affinità». In: Gran Teatro La Fenice. Venedig 1990, S. 376-380.

Rosen, Charles: Der klassische Stil. Haydn, Mozart, Beethoven. München, Kassel 1983 (dtv 4413), S. 357 ff.

Rosenberg, Wolf: Ist *Così fan tutte* eine frauenfeindliche Oper? In: Dissonanz (1991), Nr. 27, S. 12-19.

Sadie, Stanley: Mozart. Stuttgart, Weimar 1994 (The new Grove, Die großen Komponisten), S. 162 ff.; zuerst englisch: Mozart. New York, London, 1983. S. 143 ff.

Saint-Foix, George de: Quelques observations sur le livret de *Così fan tutte*. In: Revue de musicologie (1930).

Schenk, Erich: Mozart. Eine Biographie. 2. Aufl. München, Mainz 1989, S. 538-540: *Così fan tutte*.

Schiedermair, Ludwig: Mozart. Sein Leben und seine Werke. München 1922, S. 381 ff.

Schmidt, Eberhard: Stufen der Welterkenntnis. Dialog über Mozarts Opernschaffen. In: Musikbühne 75. Probleme und Informationen. Hrsg. von Horst Seeger. Berlin 1975, S. 17-28: *Così fan tutte*.

Schreiber, Wolfgang: Zauberprobe mit Zauberspiegeln. Mozarts verdeckte Seelenwahrheit in *Così fan tutte*. In: Salzburger Festspiele 1984, S. 102-104.

Schuckmann, Marie-Luise von: Charakter Despina. In: Fono Forum (1994), Nr. 3, S. 20-21.

Sellars, Peter: Bei näherer Betrachtung erschreckend: *Così fan tutte*. In: Wolfgang Amadeus. Summa Summarum, S. 259-260.

Siegmund-Schultze, Walther: Mozarts Melodik und Stil. Eine Studie. Leipzig 1957, S. 40 f.

Singer, Irving: Mozart and Beethoven. The Concept of Love in their Operas. Baltimore, London 1977, S. 87-101: *Così fan tutte*.

Solomon, Maynard: Mozart. A Life. New York 1995, S. 508 ff.

Spence, Keith: Doctor Despina. In: Musical Times 117 (1976), Nr. 1601, S. 569-570.

Splitt, Gerhard: Gespielte Aufklärung: *Così fan tutte* oder die Umkehrung der Moral. In: Freiburger Universitätsblätter 27 (1988), H. 101, S. 47-71.

Steptoe, Andrew: The Sources of *Così fan tutte*. A Reappraisal. In: Music and Letters 62 (1981), S. 281-294.

Steptoe, Andrew: Mozart, Mesmer and *Così fan tutte*. In: Music and Letters 67 (1986), S. 248-255.

Steptoe, Andrew: The Mozart-Da Ponte Operas. The cultural and musical Background to *Le nozze di Figaro, Don Giovanni*, and *Così fan tutte*. Oxford 1988, S. 208-242: *Così fan tutte*.

Stiefel, Richard: Mozarts Seductions. In: Current Musicology 36 (1983), S. 151-166.

Stone, John: The Background to the Libretto. In: *Così fan tutte*. Wolfgang Amadeus Mozart, hrsg. von John, S. 33-45.

Stone, John: Note on «Rivolgete a lui». In: *Così fan tutte*. Wolfgang Amadeus Mozart, hrsg. von John, S. 124-125.

Strauss, Richard: *Così fan tutte*. In: Blätter der Staatsoper Berlin 1 (1921), H. 5, S. 12-16.

Stricker, Rémy: Mozart et ses opéras. Fiction et vérité. [Paris] 1980, S. 273-294: *Così fan tutte*.

Tenschert, Roland: Ein Skizzenblatt Mozarts zu *Così fan tutte*. In: Zeitschrift für Musikwissenschaft 13 (1930/31), S. 222-225.

Tiénot, Yvonne: W.-A. Mozart. Esquisse biographique. Paris, Brüssel [o.J.], S. 136 f.

Till, Nicholas: Mozart and the Enlightenment. Truth, Virtue, and Beauty in Mozart's Operas. London, Boston 1992, S. 229-257: *Così fan tutte*.

Trowell, Brian: Mozart at the time of *Così fan tutte*. In: *Così fan tutte*, Wolfgang Amadeus Mozart, 1983, S. 7-16.

Tschitscherin, Georgi W[assiliwitsch]: Mozart. Eine Studie. Hrsg., übers. und mit einem Nachwort versehen von Christoph Rueger. Mit einem Geleitwort von Attila Csampai. Reinbek 1990 (rororo 8389), S. 142 ff.; erste deutsche Ausgabe Leipzig 1975.

Turner, W. J.: Mozart. The Man and his Works. New York 1938, S. 391-394: *Così fan tutte*.

Tyson, Alan: Notes on the Composition for Mozart's *Così fan tutte*. In: Journal of the American Musicological Society 37 (1984), S. 356-401.

Ulibischeff [Oulibicheff], Alexander: Mozart's Leben und Werke. 2. Aufl. neu bearb. und erw. von Ludwig Gantter, Bd. 4. Reprint der Ausgabe von 1849 Vaduz 1991, S. 206-209.

Valentin, Erich: Komödie der Irrungen. Bemerkungen zu *Così fan tutte*. In: Musik und Szene 5 (1960/61), H. 1, S. 1-5.

Valentin, Erich: Mozarts «Aktions»-Drama. In: Programm zum 19. Deutschen Mozartfest der Deutschen Mozartgesellschaft. Augsburg 1970, S. 36-46.

Vieuille, Marie Françoise: *Così* ou les fausses symétries. In: Wolfgang Amadeus Mozart. *Così fan tutte*, 1979, S. 104-119.

Vignal, Marc: Sources, composition et créatures. In: Mozart. *Così fan tutte*, 1991, S. 6-15.

Vill, Susanne: Die Ausstellung «*Così fan tutte* – Werk und Wirkung auf dem Theater» in Mozarts Geburtshaus, Salzburg, Sommer 1979. In: Mitteilungen der Internationalen Stiftung Mozarteum 27 (1979), H. 3/4, S. 20-24.

Vill, Susanne: Das psychologische Experiment in de Laclos' *Les Liaisons Dangereuses* und in Mozarts *Così fan tutte*. In: Aufklärungen. Studien zur deutsch-französischen Musikgeschichte im 18. Jahrhundert. Einflüsse und Wirkungen, Bd. 2. Hrsg. von Wolfgang Birtel und Christoph-Hellmut Mahling. Heidelberg 1986, S. 132-142.

Vill, Susanne: *Così fan tutte ossia La scuola degli amanti*. In: Pipers Enzyklopädie des Musiktheaters. Oper, Operette, Musical, Ballett. Hrsg. von Carl Dahlhaus, Bd. 4. München, Zürich 1991, S. 327-334.

Voigt, Thomas: Schöne Momente im Überfluß. Mozarts Repertoir-Opern auf CD, 1. Teil: *Don Giovanni, Così fan tutte, Le Nozze di Figaro*. In: Fono Forum (1989), Nr. 7, S. 22-26.

Wadsworth, Stephen: The course of love. In: Opera News 40 (1975), Nr. 8, S. 14-16.

Wapnewski, Peter: *Così fan tutte*. Die sehr ernsten Scherze eines Dramma giocoso. In: Dieter Borchmeyer (Hrsg.): Mozarts Opernfiguren. Grosse Herren, rasende Weiber – gefährliche Liebschaften. Stuttgart, Bern 1992 (Facetten deutscher Literatur, Bd. 3), S. 115-134.

Weber, Horst: Mozarts «Reigen». Zur Wirkungsgeschichte im Fin de siècle. In: *Così fan tutte*. Beiträge zur Wirkungsgeschichte, S. 148-163.

Werba, Erik: Mahlers Mozart-Bild (V): *Così fan tutte*. In: Wiener Figaro 45 (1978), S. 11-17.

Werner-Jensen, Arnold: Wolfgang Amadeus Mozart, Bd. 2: Vokalmusik. Stuttgart 1990, S. 224-250: *Così fan tutte*.

Werner-Jensen, Karin: *Così fan tutte* im Angebot der Musikverleger. In: *Così fan tutte*. Beiträge zur Wirkungsgeschichte, S. 99-111.

Werba, Robert: Mahlers Mozart-Bild (V): *Così fan tutte*. In: Wiener Figaro 45 (1978), S. 11-17.

Westphal, Nikolaus: Das Aufführungsmaterial des Frankfurter Opernarchivs. In: *Così fan tutte*. Beiträge zur Wirkungsgeschichte, S. 91-98.

Wienold, Hanns; Hüppe, Eberhard: *Così fan tutte* oder die hohe Kunst der Konvention. In: Mozart. Die Da Ponte-Opern. München 1991 (Musik-Konzepte, Sonderband), S. 293-321.

Willaschek,Wolfgang: Mozart-Theater. Von *Idomeneo* bis zur *Zauberflöte*. Stuttgart, Weimar 1995, S. 245-293: *Così fan tutte o sia La scuola degli amanti*.

Williams, Bernard: Passion and Cynicism. Remarks on *Così fan tutte*. In: The Musical Times 114 (1973), S. 361-364.

Williams, Bernard: Mozart's Comedies and the Sense of an Ending. In: The Musical Times 122 (1981), Nr. 1661, S. 451-454.

Wodnansky, Wilhelm: Die deutschen Übersetzungen der Mozart-Da-Ponte-Opern *Le nozze di Figaro*, *Don Giovanni* und *Così fan tutte* im Lichte text- und musikkritischer Betrachtung. Diss. Wien 1949, S. 101-119.

Wolzogen, Alfred von: Mozart's *Così fan tutte* auf der deutschen Bühne. In: Deutsche Musik-Zeitung 2 (1861), S. 137-140, 145-148.

Wunderlich, Werner: Grammatik und Partnertausch. Liebesspiele in *Così fan tutte*. In: Deutsche Vierteljahrsschrift für Literaturwissenschaft und Geistesgeschichte [im Druck].

Zaubertöne: Mozart in Wien 1781-1791. Ausstellung des Historischen Museums der Stadt Wien im Künstlerhaus, 6. Dezember 1990 bis 15. September 1991. Wien 1990, S. 391-422.

Zentner, Wilhelm: Eine dramaturgische Willkür in *Così fan tutte*. In: Neue Zeitschrift für Musik 112 (1951), S. 645-646.

Zietsch, Heinz: Die Berichterstattung in den Musikzeitschriften und Tageszeitungen des 19. Jahrhunderts. In: *Così fan tutte*. Beiträge zur Wirkungsgeschichte, S. 132-146.

Compact Disc-Gesamtaufnahmen in Auswahl

Aufnahmejahr	1935	1954	1954	1955	1956
Edition	EMI/AS DISC	EMI 7 69653-2	Orfé C 357 94 21	Decca 417 185 - 2DM02	Philips 438 678 - 2PM3
Leitung	F. Busch	H. von Karajan	K. Böhm	K. Böhm	R. Moralt
Orchester	Royal Philharmony Orchestra	Berliner Philharmoniker	Wiener Philharmoniker	Wiener Philharmoniker	Wiener Symphoniker
Fiordiligi	I. Souez	E. Schwarzkopf	I. Seefried	L. della Casa	T. Stich-Randall
Dorabella	L. Helletsgruber	N. Merriman	D. Hermann	C. Ludwig	I. Malaniuk
Despina	I. Eisinger	L. Otto	L. Otto	E. Loose	G. Sciuti
Ferrando	H. Nash	L. Simoneau	A. Dermota	A. Dermota	W. Kmentt
Guglielmo	W. D.-Fassbaender	R. Panerai	E. Kunz	E. Kunz	W. Berry
Don Alfonso	J. Brownlee	S. Bruscantini	P. Schoeffler	P. Schoeffler	D. Ernster

Aufnahmejahr	1956	1962	1967	1972	1974
Edition	Stradivarius/Fono 73 597/8/9	EMI 7 69330-2	RCA GD 86677	Foye 2 - CF 2066	RCA/BMG GD 86 677
Leitung	G. Cantelli	K. Böhm	E. Leinsdorf	K. Böhm	E. Leinsdorf
Orchester	Mailänder Scala	Londoner Philharmoniker	New Yorker Philharmoniker	Wiener Philharmoniker	New Yorker Philharmoniker
Fiordiligi	E. Schwarzkopf	E. Schwarzkopf	L. Price	G. Janowitz	L. Price
Dorabella	N. Merriman	C. Ludwig	T. Troyanos	B. Fassbaener	T. Troyanos
Despina	G. Sciutti	H. Steffek	J. Raskin	R. Grist	J. Raskin
Ferrando	L. Alva	A. Kraus	G. Shirley	P. Schreier	G. Shirley
Guglielmo	R. Panerai	G. Taddei	S. Milnes	H. Prey	S. Milnes
Don Alfonso	F. Calabrese	W. Berry	E. Flagello	D. Fischer-Diskau	E. Flagello

Aufnahmejahr	1977	1982	1984	1986	1987
Edition	Erato 2292 - 45 683 - 2	EMI 7 69580 - 2	Decca 414 316-1	EMI 7 47727 - 8	EMI 667-169 569-8
Leitung	A. Lombard	R. Muti	A. Östman	B. Haitnik	W. Gönnenwein
Orchester	Straßburger Philharmoniker	Wiener Philharmoniker	Schloß Drottningholm	Londoner Philharmoniker	Ludwigsburger Festspiele
Fiordiligi	K. te Kanawa	M. Marshall	R. Yaker	C. Vaness	M. Kaufmann
Dorabella	F. von Stade	A. Baltsa	A. Nafé	D. Ziegler	V. Schweizer
Despina	T. Stratas	K. Battle	R. Resick	L. Watson	M. Borst
Ferrando	D. Rendall	F. Araiza	G. Winbergh	J. Aler	D. Van der Walt
Guglielmo	P. Huttenlocher	J. Morris	T. Krause	D. Duesing	K. Ahrens
Don Alfonso	J. Bastin	J. van Dam	C. Feller	C. Desderi	F. Schmidt

Aufnahmejahr	1988	1988/89	1989	1990	1990
Edition	Deutsche Grammophon	Philips 422 381 - 2PH3	Erato 2292 - 45475 - 2	Naxos 866 0008/10	Orfé C 2439 13F
Leitung	J. Levine	N. Marriner	D. Barenboim	J. Wildner	G. Kuhn
Orchester	Wiener Philharmoniker	St Martin's in the Fields	Berliner Philharmoniker	Capella Istropolitana	Marchigiano Phil. Orchester
Fiordiligi	K. te Kanawa	K. Mattila	L. Cuberli	J. Borowska	A.C. Antonacci
Dorabella	A. Murray	A.S. von Otter	C. Bartoli	R. Yachmi-Caucig	M. Bacelli
Despina	M. McLaughlin	E. Szmytka	J. Rodgers	P. Cotes	L. Cherici
Ferrando	H.P. Blochwitz	F. Araiza	K. Streit	J. Dickoe	R. Decker
Guglielmo	T. Hampton	T. Allen	F. Furlanetto	A. Martin	A. Dohmen
Don Alfonso	F. Furlanetto	J. van Dam	J. Tomlinson	P. Mikulás	S. Bruscantini

Aufnahmejahr	1991	1974/1991	1992	1992	1993
Edition	Teldec 9031 - 7 1381 - 2	Philips 416 633 - 2PH3	ACCE ACC 9296/8D	Archiv 437 829 - 2AHr	TELA CD 80360
Leitung	N. Harnoncourt	C. Davis	S. Kujken	J.E. Gardiner	C. Mackerras
Orchester	Concertgebouw Orchester	Covent Garden	Petite Bande	EBS	Scotish Chamber Orchestra
Fiordiligi	C. Margiono	M. Caballé	S. Isokoski	A. Roocroft	F. Lott
Dorabella	D. Ziegler	J. Baker	M. Groop	R. Mannion	M. McLaughlin
Despina	A. Steiger	I. Cotrubas	N. Argenta	E. James	N. Focile
Ferrando	D. van der Walt	N. Gedda	M. Schäfer	R. Trost	J. Hadley
Guglielmo	G. Cachemaille	W. Ganzarolli	P. Vollestad	R. Gilfry	A. Corbelli
Don Alfonso	T. Hampston	R. Van Allan	H. Claessens	C. Feller	G. Cachemaille

Video-Produktionen in Auswahl

Aufnahmejahr	1958	1963	1975	1976	1986
Edition	NBC Video	ZDF Video	IMP	DDRF	MCEG
Aufnahmeort	NBC-Studio	Bayerische Staatsoper	Glyndebourne Festival	Deutsche Staatsoper Berlin	Schloß Drottningholm
Leitung	P.H. Adler	M. von Zallinger	J. Pritchard	O. Suitner	A. Östman
Regie		G. Weitzel	A. Slack		T. Olofsson
Fiordiligi	P. Curtin	A. Waas	H. Döse	C. Caspietra	A.C. Biel
Dorabella	F. Bible	G. Vordemfelde	S. Lindenstrand	A. Burmeister	M. Höglund
Despina	H. George	M. Kienzl	D. Perriers	S. Geszty	U. Severin
Ferrando	J. Alexander	H.B. Ernst	A. Austin	P. Schreier	L. Tibell
Guglielmo	M. Morgan	H. Weber	T. Allen	R. Lauhöter	M. Lindén
Don Alfonso	J. Pease	K. Engen	F. Petri	A. Adam	E. Florimo

Aufnahmejahr	1989	1989	1989	1992	1994
Edition	Castle Vision	Decca	Landseer Films	Deutsche Grammophon	Decca
Aufnahmeort	Mailänder Scala	Wiener Studioproduktion	London Opera Factory	Bühenproduktion	Wiener Studioproduktion
Leitung	R. Muti	C. Smith	P. Daniel	J.E. Gardiner	N. Harnoncourt
Regie	M. Hampe	P. Sellars	D. Freeman	P. Mumford	J.-P. Ponnelle
Fiordiligi	D. Dessi	S. Larson	M. Angel	A. Roocroft	E. Gruberova
Dorabella	D. Ziegler	J. Felty	C. Botes	R. Mannion	D. Ziegler
Despina	A. Scarabelli	S.E. Kuzman	J. Kelly	E. James	T. Stratas
Ferrando	J. Kundlak	F. Kelly	N. Archer	R. Trost	L. Lima
Guglielmo	A. Corbelli	J. Maddalena	G. Dolton	R. Gilfry	F. Furlanetto
Don Alfonso	C. Desderi	S. Sylvan	T. McDonnell	C. Nicolai	P. Montarsolo

Abbildungen

1. Neapel mit Blick über Hafen und Bucht auf den Vesuv
   Aus: Godefroid, Annette: Wolfgang Amadeus Mozart. Ein Genie verzaubert die Welt. Köln: Naumann & Göbel, 1991, S. 25.

2. Karikatur von Mesmers tierischem Magnetismus
   Aus: Medizin und Esoterik. Düsseldorf, Wien: Econ, 1979, [S. 112c].

3. Joseph von Sonnenfels (1733-1817)
   Aus: Gruber, Gernot: Mozart. Leben und Werk in Bildern und Texten. Frankfurt a.M.: Insel, 1995 (insel taschenbuch 1695), S. 173

4. Theaterzettel zur Uraufführung am 26. Januar 1790
   Aus: Mozart. Sein Leben und seine Zeit in Texten und Bildern. Hrsg. von Max Becker. Frankfurt a.M., Leipzig: Insel, 1991, S. 188.

5. Altes Burgtheater
   Aus: Braunbehrens, Volkmar; Jürgens, Karl-Heinz: Mozart. Lebensbilder. Bergisch Gladbach: Lübbe, 1990, Nr. 178.

6. Dorothea Stocks 1789 entstandenes Mozart-Porträt
   Aus: Gruber, S. 181.

7. Antonio Salieri (1750-1825)
   Aus: Gruber, S. 201.

8. Joseph von Eybler (1765-1846)
   Aus: Gruber, S. 261.

9. Mozarts Handschrift der Partitur des 1. Akts, Blatt 105^r: Beginn der Arie «Rivolgete a lui lo sguardo»
   Aus: Wolfgang Amadeus Mozart. Neue Ausgabe sämtlicher Werke. Serie II: Bühnenwerke, Werkgruppe 5, Bd. 18: *Così fan tutte ossia La scuola degli amanti*, Teilband 1: Akt I. Hrsg. von Faye Ferguson und Wolfgang Rehm. Kassel [u.a.]: Bärenreiter 1991, S. XXXIII.

10. Titelblatt des Librettos
    Aus: Libretto-Druck Wien 1790. Exemplar der Wiener Stadt- und Landesbibliothek, Signatur A 44.404

11. Frontispiz der Leipziger Erstausgabe des Klavierauszugs von *Così fan tutte* aus dem Jahre 1794
    Aus: Braunbehrens/Jürgens, Nr. 169.

12. Lorenzo Da Ponte (1749-1838) zur Entstehungszeit von *Così fan tutte*
    Aus: Mozart, hrsg. von Becker, S. 157.

13. Bühnenbildentwurf zu Jean-Pierre Ponnells Inszenierung im Kleinen Festspielhaus Salzburg 1969
    Aus: Wolfgang Amadeus. Summa Summarum. Das Phänomen Mozart. Leben, Werk, Wirkung. Hrsg. von Peter Csobádi. Wien: Paul Neff, 1990, S. 258.

14. Kostümentwürfe von Mauro Pagano für die Inszenierung an der Mailänder Scala 1983
    Aus: Remus, Matthias: Mozart. Stuttgart: Parkland, 1991, S. 188.

15. Abschiedsszene des 1. Aktes aus der Inszenierung an der Mailänder Scala 1975.
    Aus: Conforti, Alberto: Mozart. Rastatt: Moewig, 1991, S. 70.

16. Tony Munzlingers Karikatur des Rollentausches
    Aus: Angermüller, Rudolph; Munzlinger, Tony: Ich, johannes Chrisostomus Amadeus Wolfgangus sigimundus Mozart. «Eine Autobiographie». Bad Honnef: Bock, 1991, S. 187.

17. Tony Munzlingers Karikaturen von Fiordiligi, Despina und Dorabella
    Aus: Angermüller/Munzlinger, S. 186.

18. Paul Haferungs Vorhang für die Posener Inszenierung 1942
    Aus: Angermüller, Rudolf: Mozart. Die Opern von der Uraufführung bis heute. Frankfurt a.M., Berlin: Ullstein, Propyläen, 1988, S. 202.

19. Kleiderentwürfe für Fiordiligi in der Münchner Inszenierung 1941
    Aus: Angermüller, S. 200.

20. Despina verkleidet als Wunderdoktor und als Notar
    Aus: Remus, S. 189.

21. Autograph der Partitur, Bl. 285^v: Beginn der 17. Szene
    Aus: Wolfgang Amadeus Mozart. Componiern – meine einzige freude und paßion. Autographe und frühe Drucke aus dem Besitz der Berliner Staatsbibliotheken. Wiesbaden: Reichert, 1991, S. 66.